新时代背景下
区域经济发展与产业转移研究

颜文杰　张　茅　刘　琪　著

吉林出版集团股份有限公司
全国百佳图书出版单位

图书在版编目（CIP）数据

新时代背景下区域经济发展与产业转移研究 / 颜文杰, 张茅, 刘琪著. -- 长春 : 吉林出版集团股份有限公司, 2021.12
ISBN 978-7-5731-1052-7

Ⅰ.①新… Ⅱ.①颜… ②张… ③刘… Ⅲ.①区域经济发展—关系—产业转移—研究—中国 Ⅳ.①F127

中国版本图书馆CIP数据核字(2022)第001011号

新时代背景下区域经济发展与产业转移研究

著　　者	颜文杰　张　茅　刘　琪
责任编辑	杨亚仙
装帧设计	万典文化
开　　本	787 mm × 1092 mm　1/16
印　　张	15
字　　数	300 千字
图　　片	0 幅
印　　数	1—1000
版　　次	2021 年 12 月第 1 版
印　　次	2022 年 10 月第 2 次印刷
出　　版	吉林出版集团股份有限公司
发　　行	吉林音像出版社有限责任公司 （吉林省长春市南关区福祉大路 5788 号）
印　　刷	北京四海锦诚印刷技术有限公司
标准书号	ISBN 978-7-5731-1052-7
定　　价	80.00 元

如发现印装质量问题，影响阅读，请与出版社联系调换。

前　言

改革开放以来，我国东部地区通过承接国际产业转移，实现了经济的快速增长。在承接国际产业转移促进我国经济快速发展，使我国成为制造大国的同时，也引发了一些问题。其中，对中国区域经济协调发展的影响主要表现在两个方面：第一，使我国东、中、西部地区经济发展差距拉大。如何加快落后地区发展，缩小与东部发达地区的差距是当前促进我国区域经济协调发展亟待解决的问题。第二，这轮国际产业转移的一个显著特征就是分割生产下的产业不完全转移，即产业价值链中附加值较低环节（生产工序）的转移。而具有较高附加值的环节仍然控制在发达国家主导企业手里，并没有向发展中国家转移。制约了经济的持续发展。在此背景下，探寻促进中西部地区经济发展、东部发达地区产业升级的路径是当前中国经济持续健康发展的必然要求，对实现我国区域经济协调发展具有重要意义。

本书在编写过程中，曾参阅了相关的文献资料，在此谨向作者表示衷心的感谢。由于水平有限，书中内容难免存在不妥、疏漏之处，敬请广大读者批评指正，以便进一步修订和完善。

目　录

第一章 区域经济发展与产业转移概述

第一节 中国区域经济协调发展概述

一、区域经济协调发展的内涵

协调绝不是简单的妥协、折中和迁就，协调是对区域内部各个利益群体的利益格局进行统一考虑，求大同、存小异，找出同等的区域利益目标，通过协调，要求各群体目标一致、行为一致，从而同心协力，共同完成区域经济发展的总目标。区域经济协调发展是保证国家各种生产要素达到最理想的空间配置，是实现国民经济整体以较高的速度持续稳定发展的一个基本状态，除此之外还有各部门经济的协调、各种经济因素和环境条件等的协调。它是各区域间所形成的相互依存、相互适应、相互促进、共同发展的状态和过程。区域经济协调发展，就是要按照经济规律把东部发达地区的区域优势向中、西部延伸，与内地的资源优势和经济技术优势有机结合起来，以较大范围和各自不同特点进行区域经济规划，使资源合理配置，从不平衡中求平衡发展，达到共同富裕。

从系统论角度看区域经济协调发展就是要通过协调区域经济系统里各子系统内部的关系，优化区域经济结构，以此实现区域经济的增长。协作与调解不能代表区域协调的全部内容，协调应包含三个含义：协作、调整、和谐，其中最本质的含义是协作。区域经济协调发展就是区域之间在经济交往上日趋密切、依赖性日益加深、发展上关联互动，从而达到各区域的经济均持续发展的过程。区域经济协调发展具有四个标志，即区域之间经济联系日益密切、区域分工趋向合理、区域经济整体高效增长、区域间经济发展差距在一定的"度"内，且逐步缩小。以生态文明为新取向赋予区域经济协调发展新的内涵。张可云认为区域经济协调发展是在人口、资源、环境约束下，区际经济与社会、政治、文化和生态等因素关联互动的科学发展，包括经济效益、社会公平、生态平衡、政治联合和文化融合五方面要求。

二、区域经济协调发展战略研究

自我国区域经济发展差距拉大后，区域经济协调发展战略一直是我国学者着力探讨的问题。主要有以下观点：

（一）总体战略论

区域经济协调发展存在两个难点，宏观经济管理有无必要设置地区调控层，新体制下的区际经济关系是什么性质；提出了网络开发模式；提出适度不平衡协调发展战略；应建立区域协作组织机构及运作机制，加强管理框架下的区域规划和实施体系建设；东部应从个体增长取向到区域整体协调发展，西部应注重公共品供给和区域市场培育，中部应探寻区域发展战略的定位和政府制度的创新。只有这样才能实现总体经济的协调发展。

（二）区域政策与产业政策结合论

要实现区域经济协调发展的目标，就应把区域政策和产业政策有机地结合起来，区域政策产业化和产业政策区域化，形成经纬交织的"双复位"体系；区域分工和区域产业结构的协调对国民经济和区域协调发展具有重要意义；国家产业政策的制定要符合地域分工规律，国家宏观产业政策应该尽快向西部倾斜；应通过产业转移促进区域产业结构有序调控，并协调区域经济发展的形成；经济发展的核心是产业发展和产业结构升级，只有从产业发展的角度研究西部大开发，才能达到区域经济协调发展；落后地区的发展要拉长产业链，政府应有意识地引导培育"非完全意义"上的产业集群；区域经济协调发展的路径是产业转移；区域产业协调发展是区域经济协调发展的主干部分。区域之间产业转移是引起区域产业结构有序调整、协调发展的有效方式。

（三）区域利益与合作论

在充分论证区域利益存在的客观性的前提下提出，正确处理区域利益与国家利益的关系，建立健全区域利益协调机制；以强制性、自发性、诱导性为机制协调区域经济利益。市场、计划与行政手段的综合协同，是区域经济联合的运行机制。在联合中，政府起桥梁和纽带的作用，企业是全面参与区域经济联合的主体。在市场机制基础上提出新型的"利益分享机制"和"利益补偿机制"。从区域财政政策、税收政策、金融政策等角度进行制度安排，以促进区域经济协调发展。应通过优化财政支出结构，完善财政转移支付制度，实施税收优惠政策，以促进我国区域经济协调发展。政府干预是区域经济差异缩小的重要措施。

国内学者对区域产业协调发展的内涵、条件和战略的研究进行了较多的探讨，虽然研究观点不能达成一致，但是这些研究所涉及的一些基本观点，如关于区域经济协调战略中产业转移方面的研究。基于这些理论的指导，我们可以从区域经济协调发展的战略高度把握我国区域产业转移问题。

第二节　产业转移理论概述

一、国外的产业转移理论

国外对产业转移的研究开始于20世纪30年代，随后不断发展深化，形成了很多理论，它们互相补充，为西部地区承接发达地区产业转移和产业结构调整提供了理论基础。

（一）雁行模式理论

赤松要提出的雁行模式是较早形成的产业转移理论，他以后起工业国日本棉纺工业为例分析了产业国际转移的过程，提出产业转移遵循的三个模式（雁行模式）：第一个基本模式认为某一产业的发展是按照从接受转移到国内生产，再到向外出口的三个阶段，即按照"进口—国内生产（进口替代）—出口"的模式相继更替发展；第二个模式是从一般消费品到资本品或者是从低附加值产品到高附加值产品的第一模式演进，产业结构不断高度化；第三个模式是某一产品的第一模式动态演化会在国与国之间传导，工业化的后来者会效仿工业化的先行者。事例一国某产业从进口、国内生产、产品出口形成三只"大雁"的发展模式，形象地显示了工业化过程中某一产业在发展中国家由进口、国内生产再到出口的全过程，由发达国家转移到次发达国家、再转移到不发达国家的动态转移过程。赤松要的雁行模式解释了明治维新以后日本产业发展的路径，随后许多学者对日本许多产业（包括纤维、钢材、汽车等）及东亚经济内部产业转移进行了经验研究证实。雁行模式理论主张的国际分工主要是垂直分工。如果以"雁阵"比喻这种传递，那么最上层的国家可称为"雁头"，居中的国家可称为"雁身"，居后的国家可称为"雁尾"。东亚地区形成的日本—亚洲新兴工业（ANIES）—东盟（ASEAN）的由高到低的多层次的分工梯次结构，便是这种典型的垂直分工的具体表现。后来学者对雁行模式进行补充，通过引入跨国公司和直接投资因素，使雁行模式发生了变化。该模式认为跨国公司可以在产品生命周期一开始就在国外投资生产，无须通过出口开发东道国市场，外商直接帮助东道国建立起有竞争力的消费品工业。但该理论未触及先进国家的产业发展问题，同时对许多东亚国家经济结构的趋同问题，该理论也无法解释。

（二）产品生命周期理论

弗农在《产品周期中的国际投资与国际贸易》中提出了"产品生命周期说"。弗农依据产品说明，周期的变化，以发达国家为视角解释了产业国际转移现象。弗农将产品生命周期划分为新产品阶段、成熟阶段、标准化阶段三个不同阶段，伴随着产品经历"新产品—成熟产品—标准化产品"的转换，产品的特性也发生变化，由知识或技术密集型，转变为资本密集型，最后转变为劳动密集型。那么，相应的，在该产品不同阶段，对不同生产要素的重视程度也会有所差异，其结果就理所当然地表现为该产品的生产活动在要素丰裕程度不同的国家之间进行转移。产业转移发生在产品成熟阶段，而到了标准化阶段，技术发明国的生产和出口竞争优势受到技术模仿国的劳动成本优势和其他成本优势的重大挑战，技术发明国将大规模进行产业转移。弗农认为发达国家向发展中国家转移产业在于企业为了顺应产品生命周期的变化，回避某些产品在生产上的劣势。该理论从技术层面分析了产业产生、成熟和衰退的完整历史过程，揭示了发达国家和发展中国家在产业转移和产业发展中的本质区别。然而，弗农的产品生命周期理论依据的是二战后美国的对外投资模式，运用该理论，很难解释主动性的投资行为，也无法解释发达国家之间和没有技术优势的发展中国家的对外投资行为。

（三）劳动密集型产业转移理论

在 20 世纪 60 年代非熟练劳动密集型产业由发达国家转移至发展中国家的现象。该理论认为由于"二战"后发达国家人口自然增长率下降，而工业增长速度又很快，导致非熟练劳动力的相对不足，劳动力成本上升，由此发达国家在劳动密集型产业的比较优势逐渐下降，于是发达国家将部分劳动密集型产业转移到发展中国家，并从发展中国家进口该产品，同时加快国内产业结构升级。这种观点是建立在赫克歇尔—俄林的要素禀赋论基础之上的，把劳动密集型产业作为产业转移的主体，并且把产业转移与比较优势的变化相联系，认为影响产业转移的因素主要是发达国家与发展中国家之间在非熟练劳动力丰裕程度方面的差别。由于历史的限制，当时的产业转移活动主要集中在劳动密集型产业领域，所以并没有建立起关于产业转移的完整理论，仅仅较为简单地解释了劳动密集型产业转移，而对资本密集型与技术密集型产业转移问题没有涉及。

（四）边际产业扩张理论

小岛清在其代表作《对外直接投资》中，根据日本对外直接投资的实践，在比较优势原理的基础上提出了"边际产业扩张理论"。该理论认为一个国家的对外直接投资活动应当立足于"比较成本原理"，对外直接投资应从本国已经处于或即将陷于比较劣势的产业，而对方国家具有显在或潜在比较优势的产业，即边际产业，开始依次进行。边际产业的对外转移不仅将使本国（转出国）产业结构得以升级并促进本国国际贸易的发展，而且有利于东道国（承接国）劳动密集型行业的发展和产业的调整。总之，边际产业的对外转移对双方都产生有利的影响。小岛清的"边际产业扩张理论"研究了发达国家对发展中国家进行直接投资的动机与形式，揭示了比较优势进行国际转移的规律。但该理论以投资国为主体而不是以企业为主体，在某种程度上忽视了企业对外直接投资的动机。

（五）依附发展理论

普雷维什与其他经济学家不同，他从发展中国家的角度来研究产业转移现象。他指出发展中国家的进口替代战略，是产业转移发生的根源。他用依附理论分析了中心——发达资本主义国家和外围——发展中国家之间的经济关系。由于原材料和初级产品的需求弹性低而工业制成品的需求弹性高，导致发展中国家的巨额贸易逆差，迫使发展中国家实施国内工业化替代大量进口工业品的替代战略，因此进口替代战略成为产业转移发生的根源。普雷维什强调了发展中国家为迅速实现工业化而产生的被迫性产业移入需求。但是普雷维什没有认识到产业转移是区域间经济关系发展变化的必然产物，对于产业转移能够加快欠发达地区经济发展的积极影响认识不足。

（六）国际投资发展周期理论

20世纪80年代初期，将国际生产折中理论与国家经济发展阶段联系起来，提出了"国际投资发展周期理论"。在经济发展初期，一国基本上处于产业单向移入阶段。随着经济的发展（表现为人均国内生产总值的增加、产业结构的调整升级等），一国企业的国际竞争力逐步提高，该国开始走上国际化道路，通过外商直接投资（FDI）活动，在全球地理空间上寻求更加有效率的资源配置，从而加入产业国际转移的行列当中。理论为解释一些新兴工业化国家和地区（如亚洲"四小龙"）在国际产业转移发展历程中的地位转变问题提供了理论依据。

二、国内的产业转移理论

我国学者对区域产业转移的研究起步较晚，但由于20世纪80年代末期至今，我国大陆特别是东部沿海地区在国际产业转移的过程中扮演了重要的承接角色，此外，近十年来，随着东部沿海发达地区经济的发展，劳动力、土地等要素成本的提高，部分产业面临着向外转出的压力，因此相关研究成果日趋全面和深入。

（一）产业转移的动因研究

从国内来看，20世纪90年代出版的《国际产业转移论》书中，以产业分化为起点，价值盈余为核心范畴，根据马克思主义经济学原理，对产业转移问题从理论角度进行阐释。产业贸易和产业投资是产业转移的两种基本形式，并提出"重合产业论"；认为发达国家产业转移的动因是各国劳动力价值的差异所引起的重合产业价值构成的差异。重合产业是指发达国家和发展中国家在一定时期内存在的技术构成相似的同类商品生产部门。该研究主要从理论角度进行阐述，没有实证分析的支撑，也未涉及我国如何利用国际产业转移规律提升产业结构层次等问题。

发生产业转移的动因有两个：一是不同地区间存在的成长差；二是不同区域产业主体之间的相关利益差。成长差的存在使得区域间的产业升级持续；利益差的存在使得各类产业总是向着能获取最大利益的区域转移。运用史密斯的盈利空间界限理论解释了企业迁移的决策行为。产业转移和产业结构调整有着明显的互动关系，产业结构调整对产业转移有着更多的要求等。工资差距是国家之间产业转移的直接动因，但在国内地区之间产业转移中，地价差距比工资差距的推动力更强，这种差异是劳动力流动差异的结果。

（二）产业转移路径的研究

国内对于产业转移路径的研究主要有梯度转移理论和反梯度理论两种。为适应我国经济建设实践的需要，许多学者在20世纪80年代中后期结合我国实际提出了梯度产业转移的构想。在《科研管理》杂志上发表题为《论国内技术的梯度转移》，这是我国最早提出技术的梯度转移的理论文章。其在论文中系统地提出了"国内技术转移的梯度推移规律理论"。该理论认为区域之间存在着经济技术梯度，整体上将技术水平分为传统技术、中间技术和先进技术三个梯度，鼓励有条件的地区首先掌握先进技术，然后将这些技术逐步向中间技术地带和传统技术地带转移。这里讲的"梯度"是指技术梯度，它研究的是国内技术的转移问题。技术梯度转移理论认为技术梯度的存在是产业转移的动因，一定程度上忽视了要素禀赋和相关制度的作用。在《区域大战与区域经济关系》中对区域产业转移进行了分析，并得出两个基本结论：一是经济与技术发展的区域梯度差异是客观存在的；二是产业与技术存在着由高梯度地区向低梯度地区扩散与转移的趋势。总之，从宏观经济运行规律看，产业的梯度转移在我国区域产业转移中占主导地位，这种转移无论对转出地还是承接地来说都是有利的，它促进了区域经济的协调发展。

反梯度理论认为，从我国经济建设的实践来看，技术梯度理论并不能全面客观地概括国内技术转移的主要特征。随着改革和开放的深入，我国次发达的中部地区和不发达的西部地区（中间技术和传统技术地带）也成功地引进了不少国外的先进技术，并且取得了较好的收益。这说明技术的跨梯度转移是存在的。仅仅讲技术的梯度转移，不讲技术的跨梯度转移，或者把技术梯度转移作为主导国内技术转移的规律来认识，具有一定的片面性，这种片面性在实践中可能会对内地和西部地区的发展造成不同程度的阻碍。20世纪80年代，发表了题为《何为"反梯度理论"》的文章。

文中分析了经济技术梯度推移理论的局限性，提出了反梯度理论。现代科学技术的转移有三大基本走向：一是向商业和贸易比较发达的地区转移；二是向智力和生产力发展水平较高的地区转移；三是向自然资源较丰富的地区转移。由于我国自然资源大多分布在内地和不发达的西部，国外先进技术便会有相当一部分采取跨梯度方式，不经沿海的消化吸收直接向内地和西部不发达地区转移。该理论改变了那种认为经济、技术的发展应该从东到西、按部就班的观念，有利于实现生产力的非均衡性跳跃式发展。反梯度理论具有以下两个特征：一是承认经济技术发展不平衡的梯度，也承认国内技术按梯度转移是一种较好的方式，但不承认其是主导国内技术转移的地位；二是反梯度理论是针对国内技术梯度转移规律而言，并非针对生产力区域布局的"梯度"而言。这是反梯度理论的理论基础。反梯度推移的实质是双重产业革命，是经济增长方式由粗放型增长向集约型增长的本质转变，是落后地区发挥后发优势进行赶超的跨越式发展方式。反梯度理论包括两种，一种是后发经济体将自身的传统特色产业转移到先进经济体；另一种是先进经济体将制造业等产业转移出去后形成了"产业空心化"，造成本地生产力降低。而先进经济体对经济增长的要求又导致出现了将转移出去的产业再转移回来的"再工业化"。"反梯度转移理论"与"梯度转移理论"并不矛盾，前者是后者的有益补充，两理论共同解释了产业转移实践中的"梯度"和"反梯度"转移现象。然而，即使梯度转移不是国内产业转移的唯一形式，也在实践中占有多数。即便是国外的先进技术跨梯度转移到中西部地区，接受技术转移的也往往是中西部相对发达的地区。

（三）产业转移效应的研究

产业转移会给产业转出地和移入地带来不同的影响，对于具体效应的分析，很多学者都从不同角度进行了研究。国际产业转移对发展中国家有积极的影响，同时也有消极影响，而积极的作用主要有：要素转移效应、结构成长效应、引起就业结构的变化、提高社会平均资本的有机构成、加速国民生产总值的提高。所以在整体意义上，产业转移的正效应明显大于负效应。从产业转移和要素流动的角度比较分析了产业转移和要素流动对发达地区和落后地区的收入水平和经济发展所产生的不同影响。

发达地区把已经丧失比较优势和竞争优势的产业不断向落后地区转移，以及伴随着先进的管理经验和企业家精神的资本流动，有助于缩小区际发展差距，而劳动力流动则趋向于扩大区际发展差距。以竞争力为切入点，从企业和区域两个层面考察了产业区域转移的效应问题。企业迁移或者产业转移有利于提高企业的整体竞争力；同时，产业转移会导致转出区产业竞争力下降，就业机会减少，而转入区该产业竞争力提升，就业机会增加。解决这一矛盾的关键就是转出区能够迅速调整产业结构，促进产业升级，把更多的精力放在发展新兴产业上。产业区域转移是发达地区产业结构调整升级的重要途径，也是区域产业竞争优势转换升级的有效方式，同时也是欠发达区域经济发展的良好契机，主要体现在产业转移带来的要素效应、技术溢出效应、关联带动效应、优势升级效应、结构优化效应、竞争引致效应、观念更新效应等。

但是，提出承接地在对待产业转移要持审慎的态度，产业转移会使业承接地在垂直型国际分工格局中处在产业链和价值链的低端，不能及时推动技术的进步，并会产生拉大转出地与移入地之间技术差距的威胁；同时，各地区为争夺产业转移会产生恶性竞争、限制技术的开发等消极影响。国际产业转移对中国经济有明显的积极效应，但这些积极效应不会自动发生，而是受到各种条件的限制，要促进这种积极效应的实现，就要从约束条件设计入手，设计合理的经济政策。提出产业转移对环境既有污染效应，也有保护效应，产业转移通过产业结构的调整与升级对环境发挥这两个作用。运用安徽面板数据实证分析，结果表明区域产业转移在整体上对承接地自主创新存在显著的正向溢出效应。

虽然国内学者在产业转移的理论研究中并不具有系统性，均是从产业转移的动因、路径以及效应等某个角度出发来提出自己的观点，但是这些研究所涉及的一些基本观点对于指导我国区域产业转移具有重要意义。基于这些理论的指导，我们可以从理性角度把握我国区域产业转移的具体途径，这对加快经济增长、实现地区经济协调发展起到积极的作用。

第三节 区域经济发展与增长

一、区域经济发展的概念

（一）区域

迄今为止，学术界对区域一词并没有明确的定义，其大小也完全取决于研究的目的和问题的性质。区域概念之所以难以界定，主要源于以下几个限制：一是根据研究问题的重要性和类型，区域的大小可以在相当大的范围内变动；二是区域的邻接性问题，即在把国家划分成区域时，不能出现飞地；三是由于许多学科都涉及区域问题，不同学者从本学科的研究目的出发，对区域的界定和划分往往具有不同的看法。地理学家一般把区域定义为地球表壳的地域单元；政治学家则将区域看作是国家管理的行政单元；而社会学家视区域为具有相同语言、相同信仰和相同民族特征的人类社会聚落。

在经济学界，目前国内学者大多采用在《全俄中央执行委员会直属俄罗斯经济区划问题委员会拟订的提纲》中给区域下的定义："所谓区域应该是国家的一个特殊的经济上尽可能完整的地区。这种地区由于自然特点，以往的文化积累和居民及其生产活动能力的结合而成为国民经济总锁链中的一个环节。"事实上，这里所指的区域，是能够在国民经济分工体系中承担一定功能的经济区概念。

从更一般的角度看，所谓区域是指根据一定的目的和原则而划定的地球表面的一定范围的空间，是因自然、经济和社会等方面的内聚力而历史奠定，并具有相对完整的结构，能够独立发挥功能的有机整体。它具有以下几方面的含义。

1. 区域既是一个实体概念，又是一个抽象的空间概念，它具有典型的二重性

我们所说的区域，通常是指地球表面存在的特定范围的空间，即特定的地区。然而，在理论研究中，"区域"一词又经常被看成是一个抽象的、观念上的空间概念，没有严格的范围、边界以及确切的方位。正因为如此，在区域经济学文献中，"区域"和"空间"这两个概念往往可以相互换用，而不必做细致的区别。

2. 区域的内聚力、结构、功能、规模和边界是构成一个区域的五个基本要素

其中内聚力是区域形成和演变的基础，它决定了区域内部的结构和功能，进而决定了区域的规模和边界。正是由于这种内聚力的存在，从而在一个区域各组成部分之间形成了一种相互依存的关系，并由此产生了一种共同的区域利益和区域意识。正如美国经济学家胡佛（Edgar Malone Hoover）所指出的："一个区域，它之所以成为一个区域，就在于区内有一种认识到某种共同区域利益的一般意识。"这种意识是区域采取一些积极的措施，做出共同努力，提高区域福利水平的前提条件。

3. 区域具有客观性和动态性两个最根本的特征

一方面，区域是一个客观存在的现实现象，由此可以根据一定的目的对其加以描述，进而划区并揭示其一般规律性；另一方面，区域又处于不断演进变化之中，随着社会经济的发展，区域的内聚力将不断发生变化，继而导致区域特别是经济区域的结构、功能、规模和边界也随之发生变化。但是，在某一特定时期，区域一般具有一定的规模和比较明确的边界。根据区域类型的不同，区域边界可能是一条明确的边界线，或者是一条相互交叉融合的边界带。由于商品经济的不发达，在两个经济区域之间可能会暂时出现一些空隙地带即飞地。

4. 区域具有一定的等级体系，不同等级区域的规模可能相差甚大

一个城市工业区、一个大的经济地带甚至一个国家都可以看作是一个区域。区域经济学主要以国内的区域作为其研究的地域单元。按照地域规模的大小，国内区域大体可分为地带级、大区级、省区级、市级、县级、乡镇级等多个层次。当然，区域并非是无限可分割的，它具有一定的最小规模即单元区规模。

（二）区域经济发展

区域经济发展是与区域经济增长密切相关的问题。区域经济增长是区域经济发展的基础。区域经济发展是一个包括经济增长、结构升级、技术创新、社会进步、社会

福利提高等在内的更为宽泛、更为深刻的过程。区域经济发展包括三方面的含义。

1. 人均收入水平的提高，通常用人均 GDP 来衡量

这既是衡量经济增长的重要指标，也是衡量经济发展的重要标准。所不同的是，仅仅有人均 GDP 的增长是不够的，还需要有与此相伴随的工业化和城市化水平的提高。

2. 以技术进步为基础的产业结构升级

有没有产业结构的升级是是否实现区域经济发展的基本判断标准。在发展中国家，产业结构的升级包括在 GDP 中，工业和第三产业的比重不断提高，第一产业所占比重则持续下降；在工业中，深加工工业和技术密集型产业的比重不断提高，传统的资源型产业和劳动密集型产业的比重不断下降；在第三产业中，新兴的、现代化的服务业比重不断提高，传统的一般性服务业比重则呈现出下降的态势。产业结构的升级都是以技术进步和技术创新为前提条件的，技术层次更高的产业逐步成为经济发展的主要动力，就意味着区域经济发展到一个新的阶段。

3. 城市化水平的提高

经济发展意味着更多的民众参与经济发展过程中来，他们由传统的农民转化为现代产业工人，集聚到城镇中从事着效率更高的第二、第三产业活动，从而带动城市化水平的不断提高。如果一个国家和地区的工业化长期局限在少数地区或者城市进行，大量的民众生活在农村，并且限制进入城市，他们长期生活在贫困的边缘，与城市中迅速发展的工业化无关，既不能够参与其中，也不能够分享其成果。这样的将大部分人排除在外的工业化也不能算作经济发展。正因为如此，人们把工业化和城市化作为现代经济发展的两条主旋律，缺一不可。

二、区域经济增长的概念

在统计学上，经济增长是指工农业生产总值的增加，或社会总产值的增加，或国民生产总值、国内生产总值的增加，或国民收入的增加。总之，经济增长是指社会财富增多或国民产出（output）量的增多。这里的"产出量"，既包括产品（物质产品、精神产品），也包括劳务。

美国经济学家西蒙，库兹涅茨（S.Kuznets）给经济增长所下的定义，可以说是经典性的。他在出版的《现代经济增长》一书中指出："一个国家的经济增长，可以定义为给居民提供种类日益繁多的经济产品的能力长期上升，这种不断增长的能力是建立在先进技术以及所需要的制度和思想意识之相应的调整的基础上的。"

库兹涅茨的这个定义，包括三个有机联系、不可分割的组成部分：一是经济增长集中表现在提供经济产品的能力长期上升或不断增长。这里的经济产品，与前述产品和劳务是一致的，而且，提供经济产品的能力要"不断增长"或"长期上升"，而不是偶尔爆发或时增时降；二是技术进步是实现经济增长的必要条件。只有依靠先进技术，才能使提供经济产品的能力不断增长；三是社会制度与思想意识的相应调整是先进技术得以发挥作用从而促进经济增长的充分条件。这就是说，经济增长不仅要依靠先进技术，而且要依靠社会制度和思想意识的相应调整，先进技术也只有在这种调整中才能发挥推动经济增长的作用。由此可见，库兹涅茨的这个定义，不仅体现了经济增长的实质性内容，即要给居民提供日益繁多的经济产品，而且包括了"索洛－斯旺经济增长模型"和罗默尔"新经济增长理论"中关于技术进步是促进经济增长的重要因素的思想，还在诺思等人之前强调必须对社会制度和思想意识做相应调整，才能使提供经济产品的能力长期上升。因此，库兹涅茨的这个定义，是对各国经济增长历史经验的高度概括，是对现代经济增长理论的超前和精心提炼。

为此，对区域经济增长可定义为：是指一定区域内生产的经济商品和劳务在一定时期内增加，这里的增长是指区域经济总量增长，表现为规模增长、质量增长和效益增长的统一。作为判定区域经济是否增长的标准，一般采用一系列的经济指标，主要有国民生产总值的年增长率（GDP）、人均总产值、国民收入、价格变动、就业状况和人口基数等。

三、国外区域经济发展理论的演进

区域经济发展理论主要研究区域发展的规律、特点与战略，出现于第二次世界大战以后的欧洲。该理论源于区位理论，如"杜能的农业区位论""韦伯的工业区位论"和"克里斯托勒的中心地理论"等。这些传统的区位理论，只是较为单纯地分析经济活动的分布特征与成因，很少触及现实中的区域发展问题。但是，随着战后各国经济的重建和工业化、城市化进程的加快，区域发展过程和城市开发过程中所出现的问题不断增多，人地关系失衡、资源开发无序、生态环境恶化，特别是城市扩散引发的土地紧缺和交通拥挤等问题日益突出。这些区域发展问题的出现引起了经济学家、地理学家的高度关注，从而兴起了区域发展研究的热潮。区域发展理论也因经济学、地理学和社会学等学科的介入，形成了众多理论流派。主要有：历史经验学派、现代化学派、乡村学派、主流经济学派等。

（一）历史经验学派

该学派是总结西方国家区域发展进程中的历史经验而形成的，代表理论有部门理论、输出基础理论、倒"U"形理论等。

1. 部门理论

部门理论揭示的是区域不同产业部门的转换规律。美国经济学家埃德加·胡佛与约瑟夫·费雪对部门理论做了系统研究，认为区域发展存在一个从自给自足到专业化生产的"标准阶段次序"。

2. 输出基础理论

输出基础理论的主要观点是：区域经济增长主要由区域外生产需求增减量推动，最终取决于区域输出产业的增长情况。输出基础概念是由美国经济史学家道格拉斯·诺思最早提出的，主要用于预测区域经济长期变化趋势。在此基础上，蒂博特、罗曼斯和博尔顿等人进一步完善，形成了输出基础理论。

3. 倒"U"形理论

倒"U"形理论的主要观点是："随着国家经济发展，区域间增长差异呈倒'U'形变化。"该理论是由美国经济学家威廉姆逊，在库兹涅茨倒"U"形假说的基础上，将时序问题引入区域空间结构变动分析，从而进一步实证研究区域经济不平衡发展趋势而得出的。

（二）现代化学派

20世纪50年代中期至60年代末期，受发展经济学结构主义思潮的影响，区域发展理论以城市化、工业化为核心。其中，影响力最大的区域发展理论是"增长极理论"和"核心—外围理论"。

1. "增长极理论"

"增长极理论"是法国著名经济学家弗朗索瓦·佩鲁在熊彼特创新思想及厂商作用的理论基础上，于《略论增长极概念》一文中最早提出的。不过，他认为的增长极只是相对抽象的经济空间，并不是与区域紧密相关的地理空间，因此对增长空间特征的研究比较浅显。后来，许多学者经过努力，将佩鲁的增长极概念转换成了地理空间，并以此解释、预测区域经济发展的结构与布局。再后来，法国经济学家雅克·布德维尔将增长极理论引入区域经济理论体系，瑞典经济学家缪尔达尔在专著《经济理论和不发达地区》中、美国发展经济学家艾伯特·赫希曼在《经济发展战略》中，分别丰富和发展了这一理论，使区域增长极理论成为区域开发研究的流行观点。

2. 核心—外围理论

美国城市与区域规划学者约翰·弗里德曼最早对该理论进行了完整论述。他对发展中国家的空间发展规划进行了长期而有针对性的研究，形成了空间发展规划理论体系，在其代表著作《区域发展政策》一书中最早提出了核心–外围理论的基本思想。后来，他又在代表性论文《极化发展的一般理论》中对其思想理论进行了深化拓展。弗里德曼认为"核心区域"是创新变革中心，"外围区域"是赖以"核心区域"而存在的其他地区，它们的发展取决于核心区域制度。该理论几乎涉及所有空间，把各地区变量看作一个更大系统的构成因素，并将政治、文化过程放入经济过程进行探究，不再将区域发展视为孤立现象。

（三）乡村学派

20 世纪 70 年代以来，广大发展中国家的经济发展实现了满足基本需求的战略转型，不再以实现国民生产总值最大增长为导向，取而代之的是以实现公平、消除贫困和增加就业为目标。与此同时，在区域空间上，区域发展理论也由以城市化为中心、空间不平衡发展为内容转向了以乡村地区发展为内容、空间均衡发展为核心，从而形成了"村学派"。代表观点有：选择性空间封闭理论、地域式发展理论等。

1. 选择性空间封闭理论

该理论是由斯特尔和托德林最早在《空间平等：对当代区域发展学说的异议》论文中提出的发展理论。他们认为一个区域可根据自身需求规划区域内的人力、物力情况，并对发展产生不利影响的外界联系进行限制。他们在论述该理论时，初步形成"功能变革""地方自主性"两种模式，主张在运用功能变革和地域整合协调的复合系统模式基础上，优先考虑自主性地域发展模式，即在不同层面，采用选择性空间封闭发展模式，将决策权从按功能划分的纵向单元上分散到按地域组织的横向单元上，以便最大限度地发挥欠发达地区的发展潜能。

2. 地域式发展理论

美国学者弗里德曼与威弗在共同著作《地域与功能》中认为，区域发展可依据"功能式""地域式"两种形式进行规划，并对"功能式""地域式"区域发展模式进行了详细论证。功能式方法假设增长由外部需求与创新推动，视发展与经济增长等同，重视效率，并且主张发展能以自发或诱导方式从城市中心或主导经济部自动渗透到系统内其他部分中。与之相反，地域式方法则一改区域规划中的"城市偏向"思潮，力图促进绝大多数人基本需求的满足，使更多人拥有平等发展权利，重建地方与区域"社区"，避免了决策集中化带来的弊端。

（四）主流经济学派

自 20 世纪 80 年代以来，保罗·克鲁格曼、迈克尔·波特、巴巴拉·伯格曼、弗塞尔等一大批著名主流经济学家逐步涉足区域经济发展研究领域。在主流经济理论框架下，面向产业空间集聚形式多样性拓展了新的研究空间，形成了主流经济学派区域发展理论。主要有：以波特为代表的"产业集群理论"、以克鲁格曼等为代表的"新经济地理学"等。

1. 产业集群理论

该理论也称为新型区域发展理论，最早是由哈佛大学商学院教授波特在代表性著作《国家竞争优势》中提出的。波特仔细调研美、德、法、日等国家的产业集群情况，奠定了集群学派区域发展理论。波特认为，集群是在区域内纵向上紧密关联的一组企业，它们的良好协作能提高整个产业竞争力，进而提升产业所在地的竞争力。随后，波特又在《集群与新竞争经济学》一文中详细阐述了产业集群理论，他进一步认为：集群具有较强的路径依赖性，只要形成集群，一种"自我强化循环"机制就能促动其自然成长发展；同时，作为产业政策的制定者，政府的作用在于因势利导制定适宜的集群发展政策，支持现有的和正在发育的集群进一步健康发展，而非刻意创造一个全新的产业集群。

2. 新经济地理学

"新经济地理"理论是由克鲁格曼在《收益递增与经济地理》一文中最先提出的。后来，他又在一系列论著中对该理论进行了详细阐述。该理论主张将空间问题纳入主流经济学研究范畴。克鲁格曼研究产业集聚现象时，坚持报酬递增原则，将产业集聚性、区域专业化作为分析依据，主要分析报酬递增规律如何影响产业空间集聚，重点考察市场和地理的联系。他还指出报酬递增能通过规模经济和正的外部性形式表现出来，导致产业空间分布失衡。目前，新经济地理学研究内容主要聚焦在企业投资的区位选择及其对区域空间结构的影响上。

四、区域经济分工协作

区域经济分工协作是指各个区域之间以及区域内部之间，利用自身比较优势，就资源、产品、技术、劳动力等要素生产进行特定分工与协作，以提高资源配置效率，促进提升区域经济综合效益和整体竞争力。区域经济基础条件的差异是区域经济分工协作的基础。任何一个区域都无法在每个部门或行业具有同样的比较优势，差异化的经济条件促使区域通过发展最具比较优势的部门或行业才能最大限度地提高区域整体竞争力，促进异质区域之间的互补发展，形成规模经济效应，从而获得最大的效益。正如马克思所说"由协作和分工产生的生产力，不费资本分文"，区域经济分工协作能够为各区域之间的资源、产业、技术、信息等要素在更大范围内进行优化组合，将分散的生产以更优的组合方式形成新的生产力，降低劳动损耗。

（一）绝对成本理论

英国经济学家亚当·斯密（A.Smith）在《国家财富的性质和原因的研究》中提出绝对成本理论。他认为不同区域的自然禀赋和发展条件的优劣导致了商品成本的差异，从而形成了该区域商品的价格和成本优势，以致获得区域生产的绝对利益。这种商品成本的差异正是国际或区域贸易的起因。每个区域都具有某些特定部门或行业的绝对有利生产条件或者绝对低的生产成本。当这些区域都发挥这种优势进行专业化生产，再进行彼此交换，将会促进参与区域的资源、资本、劳动力等要素得到最有效的利用，大大提高劳动生产率，增加整体物质财富，这对参与区域都是有利的。该理论的提出为扩大国际或地区贸易奠定了理论基础，强化了区域经济分工协作的必要。但是该理论仍然无法解释一个区域的多种商品相对另一个区域的同种商品都在生产成本方面处于绝对劣势时，贸易是否存在并将如何进行。

（二）比较优势理论

不论一个国家或地区处于何种发展阶段，不论其经济发展实力是强或弱，都能有自身的相对优势。在资本和劳动力不能在不同区域之间完全自由流动和转移的前提下，不同区域应该把自身的资本、劳动力、信息、资源等要素用在具有相对优势的部门或行业，生产、出口相对优势较大或相对劣势较小的商品，进口相对优势较小或相对劣势较大的商品，并通过区域之间的专业化生产和商品贸易来获得"比较利益"。这揭示了区域贸易的互利性，并提出依据各自劳动成本和劳动生产率的差异进行互利发展的思路。

（三）要素禀赋理论

该理论又称赫克歇尔—俄林模型，是由瑞典经济学家赫克歇尔（E.F.Heckscher）率先提出，再由俄林（B.C.ohlin）在《区际贸易和国际贸易》中进一步深化。该理论是在批评和继承比较成本理论的基础上发展起来，用土地、劳动力、资本等生产要素的稀缺程度来解释区域贸易产生的原因以及商品的流向。他们认为，各个区域的商品直接可比较的绝对价格差异是区域之间进行贸易的必要条件，而产生这种差异的原因在于生产商品所需的要素禀赋条件在各个区域不尽相同。由于自然资源、劳动力、资金等要素的数量和质量各有千秋，各个区域应当生产、出口那些本区域要素禀赋充沛的产品，进口那些本区域要素禀赋相对稀缺的产品；商品贸易的流向则以要素禀赋的密集程度为重心，向要素禀赋稀缺区域倾斜，形成最有效的区域分工协作格局。该理论是在综合考虑了土地、劳动力、资本等生产要素基础上推导而来的，较好地揭示了区域经济分工与要素禀赋之间的关系，从而成为现代区域经济分工协作的基础性理论。

（四）技术差距理论

美国经济学家波斯纳（M.Posner）在《国际贸易与技术变化》中提出技术差距理论，并将时间因素纳入技术变动中。该理论假定了技术成果在区域之间难以传递和最初技术进步必须建立在某一区域经济的一系列"制度性内生变量"基础上的两个前提条件，并且认为工业化区域之间进行工业品交易，大多数是在技术差距基础上进行的。这里所指的技术成果难以在区域之间传递主要是由于三个原因制约：一是产生巨大利润的源泉来自技术成果，创新地区必然采取封锁、垄断等措施来确保自身利益。二是技术创新是一项高风险投资，需要耗费大量的劳动力、资本、资源等要素，因此，技术成果的转让费用一般都非常高昂。三是非创新地区试图开展技术研发来变相转移技术成果，但短时间内难以实现。波斯纳利用"模仿时滞"概念来解释区域之间进行贸易的可能性。他提出，创新地区在成功研制一种新产品后率先拥有领先的技术优势。在占领本地区市场后，该创新产品开始向其他地区出口，并随之出现产品贸易、专利权转让、技术合作、直接投资等活动。其他进口地区借助自身的劳动力成本比较优势，通过自行模仿或引进吸收等方式提升自身技术水平，生产同类产品并减少进口。由于技术差距水平的缩小而导致了区域之间的贸易减少，创新地区也因此逐步丧失该产品的出口市场，直到全部消失。

五、区域经济一体化

区域经济一体化理论的现有观点众说纷呈，尚未建立比较权威或比较系统的理论体系。"一体化"最初来源于企业组合。当区域之间经济联盟开始出现后，"一体化"又被赋予了新的内涵。20世纪20年代以来，世界经济朝着一体化方向不断发展，即经济全球化和区域经济一体化。市场经济越来越被世界所认同和生产要素在全球范围内实现更加自由的流动，促进了资源要素在全球范围内配置和形成一体化发展的市场经济，大大推动了全球范围内的经济贸易的合作与深化。区域经济的一体化作为经济全球化的重要表现和组成部门则随着经济全球化的推进而形成，并相互促进。

一般来说，区域经济一体化是指通过制度性或非制度性的安排，在特定区域内实行经济联盟，促进商品和生产要素在区域内自由流动与优化配置，最终实现区域内经济乃至社会的高度协调统一。美国经济学家弗里茨·马克鲁普（Machlup Fritz）认为区域经济一体化从内容上看应该是"一切市场上供应的商品、服务、资本、劳动力等要素的充分流动""无差别的待遇是一体化的必要条件，经济一体化的本质特征是劳动分工"，并指出"这是一般的经济一体化的本质"。美国经济学家贝拉·巴拉萨（Balsa，Bela）则同时期在《经济一体化理论》中提出："经济一体化既是一个过程，又是一种状态，经济一体化就是指产品和生产要素的活动不受政府的经济限制。就过程而言，它包括旨在消除各国经济单位之间的差别待遇的种种举措；就状态而言，则表现为各国间各种形式的差别待遇的消失。"

尽管区域经济一体化理论与国际贸易有着密不可分的关系，但是同样适用于某一区域范围内不同地区之间的关系。从地域空间的来看，区域经济一体化有区域之间和区域内部经济一体化两个层次。区域之间层面的区域经济一体化表现为超国家或地区的经济联合体的形式，如欧洲联盟等。而区域内层面的区域经济一体化则以突破行政区划为前提条件的都市圈发展形势，或者以地域相近或相似的区际的合作形式，如珠三角一体化、泛珠三角区域合作等。因国际分工而产生更高的经济利益，增强自身国际竞争力是不同区域之间经济一体化的主要目的，区域内部经济一体化的目的也如此。因此，很大程度上需要依赖具有内在经济联系的主权国家采取有意识的制度来推动区域经济一体化。根据经济联合的紧密程度或干预的深度，区域经济一体化又可分为经济同盟、关税同盟、共同市场、自由贸易区、完全经济一体化等多种形式。

区域经济一体化理论与区域经济分工协作理论同样具有密不可分的联系。区域经济一体化是区域经济分工的必然结果。区域经济分工提高了劳动生产效率，促进了技术创新，产生了规模经济效应。区域经济一体化与区域经济协作亦有紧密的联系。区域经济一体化的整个推进过程中都伴随着区域经济协作的存在，区域经济一体化的不断深化就是由更多的区域经济协作活动来实现的。从状态角度来说，区域经济协作是通过要素在区域之间流动而实现协作性和互利性的资源配置活动，进而促使区域之间经济融合得以实现和深化。可以说，没有区域经济协作的发展，就没有区域经济一体化的兴盛，区域经济协作的发展必然推动发展区域经济一体化，区域经济一体化的深化又更好地推动了区域经济协作。相对于在区域经济关系中存于松散化状态的区域经济协作，区域经济一体化在组织形式上有着更为严格的组织形式和政策制度约定，可能打破行政区界限或让渡一定主权，并对区域的发展目标进行了较为严格的设计和安排。

第二章 区域发展模式与结构

区域经济发展具有很强的阶段性，不同的阶段有不同的发展模式，产业发展是区域经济发展任何一个阶段的核心内容。一个区域的产业发展状况在一定程度上决定着该区域经济发展的潜力和水平，产业结构是区域经济能否健康发展的重要影响因素之一。

第一节　区域发展阶段与模式

区域经济发展是一个动态的过程，在这一过程中，量的变化和质的飞跃使区域经济发展呈现出不同的阶段性，也形成不同的发展模式。

一、区域经济的发展阶段

国外的专家学者按经济增长的程度、经济结构的成熟和高级化以及生活质量的改善等标准提出了不同的发展阶段理论。

美国经济学家惠特曼·罗斯托（Whitman Rostow）在20世纪60年代出版的《经济增长的阶段》一书中，以主导产业、制造结构和人类的追求目标为标准，采用部门总量分析方法，根据对已经完成工业化的一些发达国家的经济增长过程所作的研究结果，对区域经济发展的阶段性规律作了颇有影响的探讨分析，在宏观经济层面上提出了一个国家或区域的经济增长需经历传统社会阶段、起飞准备阶段、起飞阶段、成熟阶段、高额消费阶段五个阶段的观点。在20世纪70年代出版的《政治与增长阶段》一书中，罗斯托又补充了一个阶段——追求生活质量阶段。罗斯托认为，在这六个阶段中，起飞阶段和追求生活质量阶段是两个关键性的阶段。

（一）第一阶段：传统社会阶段

罗斯托认为，传统社会的社会结构虽然是在生产功能有限的情况下发展起来的，但增长在一定条件下还是存在的。他认为，传统社会生产力水平低下，产业结构单一，区域内的经济活动基本上是原始的农业活动，农业是居民和国家的主要收入来源。传统社会的思想观念和价值判断与现代社会差别很大。

（二）第二阶段：准备阶段

起飞准备阶段即是为起飞创造前提条件的阶段，是向起飞阶段过渡的阶段。在这一阶段中，农业制度开始变化，农业生产技术有所改良；家庭手工业和商业逐渐兴起，出现了专业化的分工和协作；资本市场开始发育，金融制度应运而生；区域不断发展，经济活动开始突破地域的限制，进行国内外贸易扩张。罗斯托认为，这个阶段经济和整个社会的变化对以后的经济增长具有关键意义，为经济起飞创造了条件。

（三）第三阶段：起飞阶段

经过长期的积累，经济增长发生了质变，由缓慢增长进入持续、高速的增长阶段，即起飞阶段。在人类经济增长的六个阶段中，"起飞阶段"相当于工业化的初期，是一个具有决定性意义的转变时期，是传统社会进入现代社会的分水岭，是社会变化质的飞跃。在这一阶段中，人均国民收入快速、持续地增长；农业技术进一步提高，农村经济走向商品化，劳动力向工业领域的流动加速；资本在部门间的转移加快；近代工业和交通运输业带动了其他产业的快速发展，成为推动经济增长的主导力量。从主导部门和内在机制的角度，讨论了突破传统社会经济停滞状态实现经济"起飞"的三个基本条件：一是高积累率，通过私人储蓄、国家积累或国外（区外）资本输入等多种形式，确保生产性净投资率达到国民收入的10%以上；二是培植区域主导产业，保证一个或几个具有高生产率的现代产业部门产生，这些部门通过回顾、旁侧和前瞻影响对整个经济产生扩散效应；三是变革制度，根据具体的国情和经济背景来建立一个有利于现代产业扩张的政治结构、社会结构和制度结构。罗斯托认为，如果一个国家具备了这三个基本条件，经济就能"起飞"，从而步入工业化之路。

（四）第四阶段：成熟阶段

经济起飞之后再经过大约五六十年的持续、稳定的增长，就将进入成熟阶段。成熟阶段的标志是技术上的成熟。这一阶段，新的主导产业部门（钢铁、电力、煤炭等）逐渐替代了旧的主导产业部门，成为带动经济增长的"火车头"；劳动力素质提高了，农业劳动力持续向工业部门转移；人口继续向区域集聚；新的管理方式、新的融资方式以及新的销售方式不断出现。

（五）第五阶段：高额消费阶段

经过成熟阶段的发展，经济水平大幅度提高，物质生活较为丰富，人们的基本生活已经得到满足，社会的注意力由生产转向消费，经济增长进入高额消费阶段。这一阶段，在满足基本生活必需品消费需求的基础上，人们对耐用消费品和服务业的需求空前增长，导致消费结构发生了重大变化；为了满足耐用消费品需求的增长，主导工业部门开始转移到生产耐用消费品和服务业方面来，汽车工业成为这一阶段具有代表性的主导部门，标志着"高额消费阶段"的形成。这一阶段的经济特点主要是"服务型"经济和"福利型"经济。

（六）第六阶段：追求生活质量阶段

随着物质生活水平的进一步提高，耐用消费品的边际效用趋于递减，人们开始追求生活的舒适，开始偏好文化娱乐方面的享受，这一消费倾向的改变对第三产业提出了更高的要求。由此，提供劳务和提高生活质量的服务部门（包括公共投资的教育、卫生保健、住宅建筑、区域和郊区的现代化建设、文化娱乐、社会福利等）替代了生产耐用消费品的部门，成为推动经济增长的新的主导部门。人类不再以有形产品数量的多少来衡量社会的成就，而是以"生活质量"的增进程度作为衡量区域是否成熟的标志。

在罗斯托经济增长阶段理论中，第三阶段即起飞阶段与生产方式的急剧变革联系在一起，意味着工业化和经济发展的开始，在所有阶段中是最关键的阶段，是经济摆脱不发达状态的分水岭，罗斯托对这一阶段的分析也最透彻，因此罗斯托的理论也被人们叫做起飞理论。其是在考察了世界经济发展的历史后提出的，它正确地强调了国际贸易对一国经济发展的重要性，对落后国家追赶先进国家具有重要的指导意义，所以是一种重要的现代化理论。一些国家在现代化进程中曾经自觉地实践了罗斯托的理论并取得了巨大的成功。所以该理论对发展中国家选择发展战略、重点和模式，揭示主导部门带动经济增长的作用及资本积累的重要性有一定的指导意义。但是，由于世界各国的历史、文化、制度和经济发展水平存在着很大的差异，不可能选择完全相同的发展道路，因此，不能机械地照搬这一理论。

二、区域经济的发展模式

区域经济发展模式是指经过长时期的实践形成的较为固定的发展定式，是实践经验在理论上的升华。区域经济发展模式按照形成的源流，并根据多年来我国区域经济发展实践的总结，大致可以分为三类：区域经济发展的组织模式、区域经济发展的产业模式和区域经济发展的空间模式。

（一）区域经济发展的组织模式

区域经济发展的组织模式指区域经济发展中对区域经济活动的组织方式，主要是与产权和管理相关。例如，我国改革开放以来形成的"温州模式"，即是以发展民营经济、股份制经济为特征的模式；20世纪90年代以来形成的"苏州模式"，则是以扩大开放、吸引外资、发展多种形式的所有制形式为特征。

（二）区域经济发展的产业模式

区域经济发展的产业模式是指区域经济产业发展的战略模式。

1. 初级产品生产和出口的产业模式

初级产品生产和出口的产业模式的特点是利用本国本地区丰富的自然资源，以发展农业、矿业产品的出口，来带动本国本地区经济的发展，属外向型经济发展战略。这种发展战略最大的局限性，就是严重依赖国际或外部市场，内部经济结构单一，经济具有很大的脆弱性。对于落后地区，由于缺少发展的机会，只有开发某种优势资源才能启动经济发展，所以在发展的初期，选择这种战略具有客观必然性，但是，其后必须寻找新的发展机遇，进行发展战略的升级。

2. 发展进口替代产品的产业模式

进口替代模式，就是用本国本地区产品替代进口产品的战略，是处于工业化初级阶段的发展中国家和地区应付国际竞争，发展本国本地区现代工业的一种内向型战略。从面向市场的消费品入手，用本国产品替代进口产品，是下游产业的进口替代，如优先发展食品工业、服装工业及轻纺工业等。从生产资料的生产部门，如钢铁、化工、机械等产业开始的称为上游产业的进口替代。上游产业的发展需要大量的投资，上游产业开始的进口替代，对技术和劳动力的要求都相应较高，生产的规模一开始就比较宏大，因此，一般只有在国家的统一安排下，调集巨大的人力和财力，才有可能实现。

3. 发展出口替代产品的产业模式

出口替代的产业模式，主要含义是用工业制成品的出口来代替农矿产品的出口，并利用劳动力价格低的优势，以廉价的产品打开国际市场。出口替代的类型很多。有的国家以增加本国出口农矿产品的加工深度为主，有的以加工外来原料为主，等等。依据加工深度的不同，出口替代可分为初级出口替代和高级出口替代两种。初级出口替代是指以发展技术水平较低的消费品（如食品、服装、玩具等）为主的替代战略，高级出口替代是指以发展高档耐用消费品（如机械设备、电子仪器等）为主的替代战略。一般来说，各国都有一个从初级出口替代向高级出口替代转化的过程。

4. 优先发展赶超部门的产业模式，即工业赶超战略

这种模式主张以发展优势工业来带动经济的发展，缩小同发达国家的差距。一个落后的国家或地区，要想在短期内赶上先进国家，就必须大规模发展工业，以工业的快速增长来促进其他产业的增长，实现国家社会的跃进。工业赶超战略的关键是选准优先发展的工业部门。要考虑到发展该部门所需的资金、劳动力、原料来源和产品的市场等。我国选择优先发展现代制造业，印度选择优先发展软件产业，都具有前瞻性。

（三）区域经济发展的空间模式

1. 增长极模式

区域空间开发的理论基础是增长极理论，并由此产生了增长极模式。增长极理论最初是由法国经济学家弗朗索瓦·佩鲁于20世纪50年代提出来的。其基本思想是：经济增长并非同时出现在所有地方和部门，而是首先集中在某些具有创新能力的行业和主导产业部门，这些主导部门通常积聚在大城市中心。经济的增长首先出现在增长极上，然后通过不同的渠道向外扩散，并对整个区域产生影响。增长极通过支配效应、乘数效应、极化效应、扩散效应等对区域经济活动产生作用。

第一，支配效应。增长极上的产业具有技术、经济方面的先进性，能够通过与周围地区的要素流动关系和商品供求关系对周围地区的经济活动产生支配作用。也就是说，周围地区的经济活动是随增长极的变化而发生相应的变动的。

第二，乘数效应。增长极的发展对周围地区的经济发展产生示范、组织和带动作用，从而加强了与周围地区的经济联系。在这个过程中，受循环积累因果机制的影响，增长极对周围地区经济发展的作用会不断地得到强化和放大，影响范围和程度也随之增大。

第三，极化效应。即增长极周围区域的生产要素向增长极集中，增长极本身的经济实力不断增强。我们现在一般把一个区域内的中心城市称为增长极，把受到中心城市吸引的区域称为"极化区域"。为什么主导产业的产生会在增长极出现极化作用？这主要是由于规模经济作用引起的产业聚集作用使增长极能够不断成长壮大的缘故。

第四，扩散效应。扩散效应是与极化效应同时存在、作用力相反的效应，是生产要素从增长极向周边区域扩散的趋势效应。由于技术发展水平的不断提升，增长极上的产业不断发生更替，被更替下来的产业向增长极周边地区转移；随着社会经济发展水平的提高，增长极的产业部门存在的机会成本增加，使效率相对较低的产业向周边扩散。扩散效应又被称为"涓滴效应"，即通过扩散而促进增长极周边所有地方的发展，从而缩小地区之间的差异。

增长极的形成，必然改变区域的原始空间平衡状态，使区域空间出现不平衡。增长极的成长将进一步加剧区域的空间不平衡，导致区域内地区间的经济发展的差异。不同规模等级的增长极相互联结，就共同构成了区域经济的增长中心体系和空间结构的主体框架。区域经济的空间开发的其他各种模式，都是从增长极当中演化出来的。

2. 发展轴模式

发展轴模式是增长极模式的扩展。由于增长极数量的增多，增长极之间也出现了相互联结的交通线，这样，两个增长极及其中间的交通线就具有了高于增长极的功能，理论上称为发展轴（或称为"点轴"）。

随着地区开发的深入和增长极数量的增加与质量的提高，根据区域经济空间相互作用理论和空间近邻效应，区域经济增长极之间产生相向的聚集与扩散，建立起各种交通线路以及各种经济社会联系，产生相对密集的要素流，从而形成区域内经济相对发达的轴线。这种轴线一旦形成就可激活沿线地区经济的发展潜力。同时，由于轴线地区具有良好的区位优势，因此，它将吸引区域内其他地区的资源，使企业和经济部门等向此集聚。

发展轴同样存在着聚集和扩散效应，而且效应的强度更强，对周边的影响更大。发展轴在不断地丰富之后，力量更强大，最后将成为一条发展地带。发展地带是发展轴的成长结果及其演化的最后形式。

3. 网络型模式

发展轴还有一种演化的结果，就是由若干个发展轴联合在一起，形成你中有我、我中有你的局面，从而形成增长的网络。增长网络的形成，使极化效应产生的聚集规模经济在更大的范围内表现出来，而不仅仅是从一个点上表现出来。对于网络所在的区域来说，这意味着增长结果的分散化和增长极点的分散化；而对于更大的区域来说，这意味着整个网络区域都被视为一个巨大的增长极，所以其极化的效应可能更强，对区域经济的影响也可能更大。

网络型模式的联系方式组成了具有不同层次、功能各异、分工合作的区域经济系统，并能够将区域外的一些资源纳入这个系统之中，对其他地区的影响作用也最明显，它一般发生在发达地区。这种模式是区域一体化和城乡一体化的基础。

第二节　产业与产业结构

确定了区域经济的发展模式之后，发展产业成为关键的内容。目前，在区域经济研究中主要采用三次产业的划分方法，对产业结构的分析也是从三次产业的比例的角度进行的。

一、产业划分

区域产业分类是对区域经济活动进行分解与归类，是建立产业结构概念和研究产业结构的基础。由于研究的目的与角度的不同，人们采取了多种多样的产业分类法。一般而言，产业分类依据的是产业的同质性与功能。下面是几种流行的产业分类法。

（一）三次产业分类法

三次产业的划分是英国著名的经济学家科林·克拉克（C.G.Clark）20 世纪 40 年代在他发表的著名经济学著作《经济进步的条件》中提出来的。克拉克关于三次产业的理论总结了伴随经济发展的产业结构的演变规律，从而开创了产业结构理论，成为分析国家和地区产业发展的有力工具。

克拉克将产业部门归并为三类，具体来讲是：

第一产业：取自于自然物的生产。它包括种植业、畜牧业、林业和狩猎业等。

第二产业：加工于自然物的生产。它包括采矿业、制造业、建筑业、煤气、电力、供水等。

第三产业：繁衍于自然物之上的无形财富的生产。它包括商业、金融及保险业、运输业、服务业、其他公益事业和其他各项事业。

这种分类法从经济学理论上来看并非很严密，其中采矿业、煤气、电力、供水、其他公益事业等行业的产业归属问题也有争议，但从应用经济分析上看，它是研究伴随经济发展的资源分配结构变化趋势的一种有用工具。

我国在20世纪80年代规定了对三次产业的划分标准。

第一产业：农业（包括种植业、林业、牧业和渔业）。

第二产业：工业（包括采掘业、制造业、自来水、电力、蒸汽、热水、煤气）和建筑业。

第三产业：除第一、第二产业外的其他各业。它又分为四个层次：第一层次——流通部门，包括交通运输业、邮电通信业、商业、饮食业、物资供销和仓储业；第二层次——为生产和生活服务的部门，包括金融、保险业、房地产业、公用事业、地质勘探业、咨询服务业和综合技术服务业、居民服务业、农业服务业、水利业、公路及内河（湖）航道养护业，等等；第三层次——为提高科学文化水平和居民素质服务的部门，包括文化、教育、广播电视、科学研究、卫生、体育及社会福利事业，等等；第四层次——为社会公共需要服务的部门，包括国家机关、党政机关、社会团体及军队、警察等。

（二）国际标准产业分类法

为了统一各国的产业分类，联合国于20世纪70年代颁布了《全部经济活动的国际标准产业分类索引》。这一分类法将全部经济活动分为10大项：一是农业、狩猎业、林业和渔业；二是矿业和采石业；三是制造业；四是电力、煤气、供水业；五是建筑业；六是批发与零售业、餐馆与旅店业；七是运输业、仓储业和邮电业；八是金融业、不动产业、保险业及商业性服务业；九是社会团体、社会及个人服务；十是不能分类的其他活动。国际标准产业分类与三次产业分类之间存在很强的对应关系。这种分类比较规范，便于进行国际或区际比较。

（三）两大部类和农轻重分类法

两大部类和农轻重分类法是把社会总产品从实物形态上按其最终使用方向划分为生产资料部类和生活资料部类，并相应地把生产这些产品的部门也划分为两大部类，即生产生产资料部类和生产生活资料部类。

马克思曾用这种分类法说明社会再生产的实现条件和社会经济需要的满足过程。这种产业分类法是产业结构理论的基本来源之一，是投入产出表的基础。其局限性是：覆盖面窄、实际应用困难。两大部类分类方法未能将一切物质生产领域和非物质生产领域包括进去，从分类界限来看，有些产品难以确定为两大部类中的生产资料或消费资料。

在具体的应用中，两大部类和农轻重分类法将社会生产划分为农业、轻工业和重工业三大部门。一般属于重工业的工业部门有冶金工业、建材工业、机械工业、化学工业、煤炭工业、石油工业等；轻工业的工业部门一般有食品工业、纺织工业、造纸工业等。

两大部类和农轻重分类法由于没有包括对服务业的分类，今天已经很少使用。

（四）要素密集度分类法

根据各类生产要素的密集程度，经济活动一般可分为：资源密集型产业、劳动密集型产业、资本密集型产业与技术密集型产业。这种分类有利于揭示区域要素禀赋构成与生产优势，研究区域分工与要素密集程度差异对区域经济发展与区际经济关系的影响。

要素密集度分类法产业划分的特征在于，它存在于将各个产业使用的各种资源的组合在产业之间进行的比较中，因此，它是一种相对的划分，不存在绝对的划分标准。一般而言，像钢铁工业、石油化学工业等被认为是资本密集型产业，采矿业等被认为是资源密集型产业，纺织工业等被认为是劳动密集型产业，而像电子计算机工业等则既是技术密集型产业又是劳动密集型产业。

生产要素密集程度分类法可以说明区域产业结构的素质，揭示区域产业结构的发展趋势，并在区域产业结构规划中发挥重要作用。

（五）区域产业功能分类法

根据产业在区域经济发展中所发挥的功能作用，各类区域经济活动可分为三类：主导产业、辅助产业与基础产业。

主导产业又称专业化产业，是决定区域在区域分工格局中所处地位与作用的、对区域整体发展具有决定意义的产业。

辅助产业是围绕主导产业发展起来的产业，主要是为主导产业的发展进行配套的产业以及主导产业产前和产后的延伸产业。

基础产业是为保证区域主导产业与辅助产业发展与生活需要而形成的产业，主要包括基础设施产业和服务业。

在一个区域中，主导产业是其经济核心，主导产业的兴衰决定区域经济的兴衰。

辅助产业与主导产业之间存在着前向联系和后向联系，在很大程度上取决于主导产业的构成与规模。基础产业主要面向区内，受区内生产与生活需求的量与结构影响较大。区域产业功能分类一般用于研究区域主导产业选择与区域规划，是最常用的区域产业分类法之一。

二、产业结构演进

按照一定的分类而形成的产业之间的比例，就是产业结构。随着经济的发展，区域产业结构会发生相应的转换和演变。这种结构变化不是随意的，而往往表现出一定的规律性。西方一些学者和专家，像配第、克拉克、库兹涅茨、霍夫曼等，都对产业结构演变规律进行过研究，并作出了较大贡献。

（一）配第－克拉克定理

早在 17 世纪，英国经济学家威廉·配第在他的名著《政治算术》中就指出：制造业比农业，进而商业比制造业能够得到更多的收入。在经济发展中，这种不同产业之间相对收入上的差异，会促使劳动力向能够获得更高收入的部门移动。

20 世纪 50 年代，科林·克拉克就此问题作了进一步研究。克拉克搜集和整理了若干国家按照年代的推移，劳动力在三次产业之间移动的统计资料，得出如下结论：随着经济的发展，即随着人均国民收入水平的提高，劳动力首先由第一产业向第二产业移动，当人均国民收入水平进一步提高时，劳动力便向第三产业移动。劳动力在产业间的分布状况是，第一次产业将减少，第二次、第三次产业将增加。这就是所谓的"配第－克拉克定理"。

"配第－克拉克定理"不仅可以从一个国家经济发展的时间系列中得到印证，而且还可以从处于不同发展水平的国家在同一时点上的横断面的比较中得到类似结论。也就是说，人均国民收入水平越高的国家，农业劳动力在全部劳动力中的比重相对越小，而第二次、第三次产业的劳动力所占的比重相对越大；反之，人均国民收入水平越低的国家，农业劳动力所占比重相对越大，而第二次、第三次产业的劳动力所占的比重相对越小。

（二）库兹涅茨法则

著名经济学家库兹涅茨自 20 世纪 40 年代开始便致力于发掘各国的历史资料，根据这些资料对产业结构变化与经济发展的关系进行系统考察。库兹涅茨在他的著作

《各国的经济增长》一书中，从国民收入和劳动力这两个方面，对伴随经济发展而出现的产业结构演变规律做了分析研究，得出结论如下：

第一，随着国民经济的发展，区域内第一产业实现的国民收入在整个国民收入中的比重与第一产业劳动力在全部劳动力中的比重一样，处于不断下降之中。

第二，在工业化阶段，第二产业创造国民收入的比重及占用劳动力的比重都会提高，其中前者上升的速度会快于后者。在工业化后期特别是后工业化时期，第二产业的国民收入比重和劳动力比重会不同程度地下降。

第三，第三产业创造国民收入的比重及占用劳动力的比重会持续地处于上升状态，其中在工业化中、前期阶段，占用劳动力比重的上升速度会快于创造国民收入的比重。

这样，在整个工业化时期，产业结构的转换就表现为第一产业创造财富和吸收就业的份额逐渐转移到第二产业和第三产业中去，其中，在工业化中期，第二产业逐渐成为财富的主要创造者，而第三产业则是吸收劳动力的主要场所；到工业化后期以后，第二产业创造财富的比重也开始下降，第三产业则成为经济发展的主体，既是财富的主要创造者，也是吸收劳动力的主要场所。

因此，在工业化过程中，三次产业的发展是相辅相成的。如果第二产业总量增长很快，而第三产业发展滞后，那么必然表现为第二产业在 GDP 总额中的比重得到很快增加，但是劳动力转移过程受阻，大量的劳动力滞留于低效率的第一产业，城市化水平难以提高。

（三）霍夫曼定理

德国学者霍夫曼对工业化过程中的工业结构演变规律作了开创性研究，研究的重点是制造业中消费资料工业和资本资料工业在工业化的不同阶段的比例关系的变动趋势。他将制造业划分为消费资料工业、资本资料工业和其他工业三种。消费资料工业的净产值和资本资料工业的净产值的比值，就是所谓的"霍夫曼比例"，也称"霍夫曼系数"，用公式表示如下：

霍夫曼系数 = 消费资料工业的净产值 / 生产资料工业的净产值

霍夫曼在《工业化的阶段和类型》一书中将工业化过程分为四个阶段：第一阶段，消费资料工业在制造业中占统治地位，资本资料工业不发达，霍夫曼系数为 5 左右；第二阶段，资本资料工业的增长速度高于消费资料工业，但消费资料工业在制造业总产值中所占的比重仍大于资本资料工业比重，霍夫曼系数为 2.5 左右；第三阶段，消费资料工业所占比重与资本资料工业所占比重大致相似，霍夫曼系数约为 1；第四阶段，资本资料工业所占比重大于消费资料工业，霍夫曼系数小于 1。

一般讲，资本资料生产属于重工业，消费资料生产属于轻工业。重工业在工业生产中的比重增大是工业化过程当中的必然趋势。当工业化达到一定的程度之后，重工业的比重将大体上处于一个稳定的状态。从区域的角度出发来分析轻重工业的比例，必须注意到区域经济的特殊性。由于各区域并不要求形成完整的工业体系，且各区域都有自己的区域优势，加之无限制的区域贸易的存在，在一个国家的内部将形成重工业区域与轻工业区域的区别，所以，用霍夫曼比例衡量区域经济结构的变化，有一定的局限性。

第三节　主导产业与结构优化

一、地区生产专业化

地区生产专业化是生产在空间上大规模集中地发展某个行业或某类产品，然后向区外输出，以求最大经济效益的生产形式，是区域产业发展经常采取的一种产业配置的形式。

（一）地区生产专业化的概念

地区生产专业化是生产在空间上高度集中的表现形式，它是指按照劳动地域分工规律，利用特定区域某类产业或产品生产的特殊有利条件，大规模集中地发展某个行业或某类产品，然后向区外输出。地区生产专业化是工业化过程中大机器发展的必然产物。大机器工业的出现为扩大生产规模、实现规模经济效益提供了可能；工业化和技术进步创造了现代化的交通和通信系统，大大降低了地区之间经济联系的成本，使全国甚至于全世界各地区之间可以互为原料地、互为市场，共同构成了一个不可分割的经济体系。工业化不仅为地区生产专业化提供了可能，也使专业化生产成为必要。在大机器生产的条件下，要在市场竞争中取胜，就必须充分利用地区资源优势，利用最先进的技术设备，扩大生产规模，降低生产成本，提高生产率，从而求得最大经济效益。

地区专业化部门具有特定的区域属性，一个县的专业化产品对于一个省来说就不一定是专业化产品，甚至还需要输入。这对于更大的范围比如一个省和一个大区来说，也是一样。

（二）地区主导产业的性质

地区主导产业是指对地区经济发展有带动作用、代表这个地区发展方向的产业部门。所有的专业化部门在地区经济中都起主要作用，但只有主导专业化部门也即主导产业才能在地区经济中起主导作用，带动整个地区经济的发展。一个专业化部门要想成为地区经济发展的主导产业，必须同时具备如下四个性质，这也是主导产业的含义和选择标准：第一，有较高的区位商或专业化水平。一般 LQ_{ij} 值在 2 以上，该产业的生产主要为区外服务。

第二，在地区生产中占有较大的比重，在一定程度上主宰地区经济发展。一般而言，在选择主导产业时，地区范围越大，对区位商和产值比重的要求相对越低；而地区范围越小，则要求的区位商和产值比重越高。一个城市选择主导产业要求的区位商和产值比重比大经济区要高，因为城市具有更高的外向性，而大区具有更强的综合性。

第三，与区内其他主要产业关联度较高，能带动整个地区经济的发展。主导产业与区内其他产业之间的联系越广泛、越深刻，就越能通过乘数效应带动整个地区经济的发展。

第四，能够代表区域产业发展方向。主导产业是在较长时间内支撑、带动区域经济发展的产业，因而必须是有发展前途的、代表区域发展方向的产业。

（三）地区主导产业的选择

1. 根据本区域所处经济发展阶段选择主导产业

处于工业化前期阶段的地区，主导产业一般具有劳动、资金密集型特性，可以在轻工业领域和基础性的重工业领域中选择；处于工业化中期阶段的地区，主导产业一般具有资金、技术密集型特性，可以在重工业中的深加工工业领域中选择；处于工业化后期的地区，主导产业具有技术密集型及服务型特性，可以在技术密集型产业、高新技术产业及新型服务业中选择。

2. 根据产业发展的阶段来选择主导产业

根据产业生命循环理论，任何产业在某一地区的发展中都规律性地经过科研创新期、发展期、成熟期和衰退期，主导产业要在科研创新期和发展期的产业中选择，其中处于科研创新期的产业可以作为潜在主导产业（潜导产业）来培育。

3. 根据产业产品的收入弹性来衡量

主导产业应该是具有高收入弹性的产业，随着区域经济的发展，该主导产业能够拥有不断扩大的市场。

二、区域产业结构优化

区域产业结构优化就是区域产业结构趋向合理、对不合理的区域产业结构不断调整的过程。从本质上来说，产业结构的协调，就是指产业间有机联系的聚合质量，即产业之间相互作用所产生的一种不同于各产业能力之和的整体能力。

（一）区域产业结构优化的判断标准

区域产业结构优化有非常严格的衡量标准，合理的区域产业结构标准是由产业结构的特性决定的，而产业结构是一个相互制约、相互促进的有机整体。所以要评价一个区域的产业结构是否优化必须采取相互联系的指标体系，进行综合性、系统性的分析。判断区域产业结构是否优化主要有以下标准：

1. 是否充分合理地利用了自然资源

自然资源是产业的物质基础。产业的形成和发展都不可能脱离物质基础，只有充分合理地利用自然资源，才能取得最佳的经济效益。自然资源一般都具有多用性，合理的产业结构就能充分利用这一特点，生产多种产品。自然资源有三类：第一类是流失性资源，如太阳能、风能、潮汐能等；第二类是可更新资源；第三类是不可更新资源。流失性资源不管人们使用与否，都照样流失，因此应努力地开发利用。可更新资源利用得好，能保持其再生能力，做到循环使用，这是一种合理的利用。但是如果对可更新资源的利用是毁灭性的，使其丧失了再生能力的条件，那可更新资源也会枯竭。对于不可更新资源应选择好的时机，提高投入产出比，尽可能高效利用，使地区优势充分发挥，从而取得最佳经济效益。

2. 各产业发展是否协调，是否存在"瓶颈"产业

对于合理的区域产业结构来说，各产业之间应该是协调发展的，具有结构的整体性。各产业在发展中能相互创造条件，形成良性的经济互补关系，推动各产业在生产、分配、交换、消费各个环节间的和谐运动。各产业部门之间，在质上相互依存，相互制约；在量上按一定的比例组成，形成产业有机整体。合理的产业结构不能存在"瓶颈"产业与过剩产业。

3.是否能及时提供社会所需要的产品和服务

合理的产业结构应能及时提供社会所需要的产品和服务，具有应变能力，能最大限度地满足社会需求。产业结构的应变能力是指各产业根据经济发展和市场变化具有的一种自我调节能力。合理的产业结构应能适应社会需要，因为任何社会生产都要受到社会消费需要的制约。社会需要不是静止的，而是变动的，它会随着劳动生产率的提高、人民收入水平的增长而不断变化。因此，合理的产业结构也需要随着社会需求的变化而调整，为了适应这一变化，要有多层次的反应灵敏的信息网络，及时预测市场需求的变化。

4.是否取得了最佳经济效益

合理的产业结构应能获得较好的经济效益，调整产业结构的目的就是为了提高经济效益。因此，取得最佳的经济效益是产业结构合理化的重要标志。在一定的条件下，如果经济效益不好，产业结构肯定不合理。最佳经济效益就是要注意劳动耗费与有效成果的比较，争取用最少的劳动耗费，取得最大的有用成果。合理的产业结构与经济效益的提高是互为因果、相互影响的，即产业结构的合理化会促进经济效益的提高，反过来，经济效益的提高也有助于产业结构的合理化。合理的产业结构能较好地发挥自然资源、经济资源的优势，做到人力、物力、财力、自然资源、科学技术等因素充分而合理地使用，避免由于失调而造成的巨大浪费和损失；而经济效益的提高会节约劳动时间，为产业结构趋向合理创造条件。经济效益应是宏观效益与微观效益的统一，是长期效益与短期效益的统一，那种只顾微观效益和短期效益的做法，会危害产业结构的合理化。

（二）建立以主导产业为主体的区域产业结构

正确处理主导产业与非主导产业之间的关系是任何地区都要面临的问题。一个地区，除了发展主导产业外，还应该发展如下性质的产业，以求区域经济协调发展。

1.加快发展与主导产业直接产生生产性和非生产性联系的产业

这包括为主导产业直接提供原材料及其他发展条件的产业，利用主导产业产品进行深加工的产业，为主导产业技术进步进行研究与开发的企业，为主导产业发展提供人才培训的教育产业以及金融、广告产业等，这些产业与主导产业一起构成地区主导产业群，主导产业群在区域经济中所占份额往往不低于50%。

102.大力发展基础设施产业

基础设施是区域内一切经济社会活动赖以进行的基本条件，是衡量区域投资环境硬件的主要指标。任何地区都需要努力发展基础设施产业，尽可能地提高基础设施的技术水平和服务质量，使地区基础设施与全国甚至与世界基础设施的发展水平接轨。

3.积极发展为地方生产和生活提供服务的产业

这包括商业、饮食、卫生、教育等传统的服务业以及旅游、娱乐、保健、保险等新兴服务业，这些产业为中小企业提供广大的发展空间，对于扩大就业、提高生活质量、活跃地方经济具有重要的作用。

（三）区域产业结构优化的基本方法

区域产业结构优化的方法，一个是影响产业结构升级的相关因素分析方法，另一个是建立模型进行结构分析的方法。

1.因素分析法

第一，经济发展因素。国民经济的持续发展依赖于产业结构的演进，而产业结构的演进又推动着国民经济的发展。在生产力水平低下、自给自足的自然经济发展阶段，产业结构只能以农业为主，以劳动密集型为主；在生产力发展水平较高的机器化大生产阶段，产业结构必然以工业为主；而在生产力高度发达的知识经济时代，产业结构则是以高新技术产业、知识技术密集型产业为主。也就是说，产业结构的调整或演进不可能超越相应的国民经济发展水平所能提供的物质条件，而必然要受到国民经济发展水平的内在的制约。

第二，基础条件因素。产业结构的演化是从一定的经济现实环境中出发的，在这里，我们把这种现实环境称为产业结构转换的基础条件。基础条件是历史形成的一个自然过程，其内容非常广泛，如人均收入水平、资本形成结构、生产要素和自然资源禀赋、制度组织状态等。而且，即使基础条件大体相同，由于这些因素所起的作用程度各异，也会导致产业结构不同的演化过程的出现，甚至持续影响到产业结构以后的成长，从而导致产业结构呈现出显著的多样性。

第三，需求结构变动因素。社会生产的最终目的要为了满足需求。因此，需求结构对产业结构具有一定的引导作用，其对产业结构的有序演进具有直接的推动作用。需求结构的变化和产业结构的变动两者存在着对应关系，其中最主要的关系是需求结构的收入弹性关系。收入水平的提高引起产业分化，引起产业之间产出效率的差别，从而促使资源由基本生存资料生产领域的农业，向高附加值的综合性生产领域转移，使适应这种产业重心转移的服务业，也逐步从农业和工业中独立出来，形成三次产业。

第四，供给结构约束因素。从供给方面对产业结构演进产生影响的因素，包括资源、生产要素供给和技术因素等。由于供给既决定着产业结构演进的基础或出发点，也决定着产业结构的选择和性质，因而它对产业结构的演进既有约束也有推动的功能。比如，仅仅单一的基础产业总量无力支撑制造业的发展，从而迫使产业体系向商业、服务业、金融业倾斜，形成第三产业主导型的产业结构；要素的产出水平在不同生产部门的差异，即生产效率的差异，使得再生产循环以要素高生产率水平的部门为核心，重新组合生产结构，调整国民收入和人力资本的分布格局等，进而影响到产业结构。

第五，科学技术因素。工业革命中，技术进步引起传统农业的分化，加速了整个产业结构的升级与优化，确立了新的产业分工结构和产业关联结构。技术进步及其波及效果得益于新型的产业关联体系，一方面它提高了产业、企业最小规模基数，另一方面也使生产的不可分性充分突出，形成了以技术进步为动力的新型产业关联体系和组织体系。现代化大工业的发展历程表明，科学技术是第一生产力，是经济发展的强大动力，是推动产业结构演变的本质因素。

第六，政策制度因素。制度的安排和体制的转变等对产业结构变动有着很大的影响，在某些特定发展阶段，对某些国家（地区）来说，甚至是起着决定性作用的。

2. 模型分析法

区域产业结构优化设计是指确定组成区域的各种产业在数量上的最优比例和相互联系的最优方式，实际上是一种以现存结构为基础进行定性和定量分析的科学预测规划，其方法包括：利用现存的统计数据编制投入—产出表，计算投入系数和资金系数，然后引进线性规划法，来具体设想在某个"价值标准"下的未来产业结构，具体地设计将来某一方案，从而构成了区域产业结构优化模型。通过对现有产业结构基本特征以及所达到的阶段和水平的分析，指出中长期变化的趋势和方向，从而选择新的主导产业，以带动现存产业结构向高度化演进。具体优化方法和步骤如下：

第一，确定优化目标。优化目标是优化设计的出发点，制定优化目标有利于区域产业结构优化所应达到的各种要求落到实处。优化目标的确定，既要与高层次区域或全国产业总体发展方向相协调，又要体现区域资源优势的特点。为逐级逐项落实区域产业结构优化的总目标，应首先把总目标分解成若干既相对独立又相互协调的子目标，以确定合理的目标体系。

区域产业结构优化的总目标一般为：在满足资源最大可供量的约束下，使未来一定时期内区域政策效益最大，或投入最小、产出最大等。子目标一般包括：双重利益目标，即在兼顾国家利益的前提下，追求区域利益的最大化；保持区域各产业部门协调发展；满足全国和国际市场的需求；不断提高区内人民生活水平；保护生态环境；逐步推进产业结构向高度化发展。

第二，确定约束条件。从资源供给来看，区域资源禀赋状况是影响区域产业结构的重要方面，也是区域产业结构形成的基础，从而形成了区域产业结构的约束条件。

第三，现实的区域产业结构是随时间变化的，具有明显的动态性，然而线性规划方法却把系统的状态当作平均的、线性和静态的情况加以处理。因此，为使规划模型符合系统动态变化的实际，应将系统的变化分为不同阶段，并将模型参数合理地预测出，且加以同步组合，以求得系统在不同阶段的最优结构，从而使静态模型更接近于动态系统，更符合客观实际，并由此进一步找出区域产业结构随时间动态变化的规律性，了解它在发展过程中所达到的阶段或层次及其趋向，以便选择支柱产业，实现区域产业结构的优化升级。

三、区域产业结构高度化

区域产业结构高度化是区域产业结构优化的结果。它是区域产业结构在需求拉动、科技推动、竞争促发等动因作用下的演进过程中，在一定的经济发展阶段，针对现有的社会生产力水平尤其是科学技术发展水平而言的。

所谓区域产业结构高度化，是指区域产业结构在根据经济发展的历史和逻辑顺序演进不断达到更新的阶段或更高的层次，由合理的区域产业结构向最优的区域产业结构转化的过程。其特点与核心主要是从区域产业结构的发展历史、现状到未来的整个时序过程来考虑不同产业化阶段的区域产业结构的转换。区域经济发展水平的提高必将伴随区域产业结构的高度化，区域产业结构的高度化也必将推动区域经济的发展和区域产业竞争力的提高。在区域产业结构的整个历史演化中，包括了三个方面的内容：一是经历了由第一产业占优势比重向第二、第三产业占优势比重的演进；二是经历了由资源密集型（如传统社会中的手工业）、劳动密集型产业（如工业社会中的纺织业、钢铁工业、煤炭工业等）占优势比重逐渐向资本密集型（如工业社会中期中的电力工业、机器制造业、化学工业、石油工业、汽车工业等)、技术密集型(如工业社会发达时期的电气设备业、精密机械业、核能工业和航空工业等)和知识密集型产业(如未来时代的微电子工业、新材料工业、生物工程、海洋工程等)占优势比重的演进;三是经历了由制造初级产品的产业占优势比重逐渐向制造中间产品、最终产品、高科技产品的产业占优势比重的演进。每次演进都是区域产业结构向高度化的迈进。

第四节　投入产出分析

投入产出分析又称为"部门联系平衡分析"和产业关联分析,是分析产业部门之间的经济联系程度、产业结构状况的有效工具。

一、投入产出分析概述

投入产出分析是经济学家列昂杰夫在20世纪30年代发明的,由于它在分析和预测复杂的区域经济问题中的特殊功能,其在区域分析实际应用方面获得了较大的发展。投入产出分析是揭示区域经济机制、分析区域经济合理化、进行投资决策和区域发展预测的重要区域分析工具。

二、投入产出分析的基本公式

区域投入产出表可以同时反映许多区域内各部门实际的生产与分配情况,以及输入产品在该区内的分配情况与使用情况。从横向角度考察,它反映了各部门产品的生产和分配使用情况,描述了最终使用与总产出间的平衡关系:

$$\sum_{j=1}^{n} X_u + Y_i + E_i = X_i \quad (i = 1, 2, \cdots, n)$$

$$\sum_{j=1}^{n} U_{ij} + W_i = U_i \quad (i = 1, 2, \cdots, n)$$

从纵向角度考察,它反映了各部门产品的价值形成过程,反映了生产与消耗之间的平衡关系:

$$\sum_{i=1}^{n} X_{ij} + \sum_{i=1}^{n} U_{ij} + V_j = X_j \quad (j = 1, 2, \cdots, n)$$

区域投入产出模型能够反映区域各部门对产品输入量的要求。通过输入系数,即一个部门产品的输入量与区域生产的该部门产品中在区内使用的那部分之比。我们可以得到输入与区域生产的联系。假设输入量与区内总需求成比例,则输入系数可按下式计算：

$$u_i = U_i / \left(\sum_{j=1}^{n} X_{ij} + Y_i \right)$$

根据输入系数，可以得到区域自给率

$$r_i = 1 - u_i$$

三、投入产出分析的几个重要系数

（一）直接消耗系数

直接消耗系数也称投入系数，其计算式为：

$$a_{ij} = X_{ij} / X_j \quad (i,j = 1,2,\cdots,n)$$

由此得到直接消耗矩阵 A：

$$A = a_{ij}(i,j = 1,2,\cdots,n)$$

于是，可得到：

$$\sum_{j=1}^{n} a_{ij} X_j + Y_i = X_i \quad (i = 1,2,\cdots,n)$$

$$AX + Y = X \Rightarrow X = (I - A)^{-1} Y$$

（二）完全消耗系数

直接消耗与所有间接消耗之和称为完全消耗。如果把第，部门每生产单位数量产品最终消耗 i 部门产品的数量称为完全消耗系数，记为 b_{ij}，则 $B = \left\{ b_{ij} \right\}$ 为完全消耗系数矩阵。数学上可证明：

$$B = (I - A)^{-1} - I$$

（三）影响力系数和感应度系数

影响力系数表示当国民经济某部门的最终使用增加 1 个单位（但其他部门的最终使用保持不变）时，对国民经济各部门所产生的需求波及程度。令列昂节夫逆矩阵

$$(I - A)^{-1} = c_{ij}(i,j = 1,2,\cdots,n)$$

则 j 部门的影响力系数 α_j 按下式计算：

$$\alpha_j = c_j \overline{c} = \sum_{i=1}^{n} c_{ij} / \frac{1}{2} \sum_{j=1}^{n} \sum_{i=1}^{n} c_{ij} \quad (i, j = 1, 2, \cdots, n)$$

如果 $\alpha_j > 1$（$\alpha_j < 1$），则意味着 j 部门对国民经济各部门所产生的需求波及影响程度超过（低于）社会平均影响力水平。显然，影响力系数越大（小），则 j 部门对国民经济各部门的拉动作用越大（小）。

区域投入产出模型能分析与预测特定区域的总量输入或输出对区域经济的影响，并能分析区域各部门输入对总体经济产生的效应。但是，要全面分析区域间的输入输出联系、区域内部间的经济联系等对各地区各部门的乘数影响，还需要建立区域间投入产出模型。由于篇幅原因，这部分内容从略，请读者参考有关资料。

第三章　区域竞争力

区域经济发展与区域竞争力之间存在着密切的关系。在经济全球化的背景下，各个区域都不可避免地以各种方式参与到全球资源、市场、发展空间和机会的竞争中，区域竞争力的强弱已成为衡量一个地区是否具有现实的和潜在的竞争优势的重要标志，是判断一个区域能否实现可持续发展的关键因素，因此研究区域竞争力有十分重要的现实意义。

第一节　区域竞争力的概念

一、区域竞争力的研究进展

区域竞争力的研究起源于美国等西方国家对国家竞争力的研究。由于国家实际上也是一个具有区域属性的特定区域，因此国家竞争力研究也属于区域竞争力研究的范畴，只是研究的层面不同而已。到目前为止，国家竞争力研究相对比较深入，区域竞争力的研究比较滞后。我国自 20 世纪 90 年代初，开始进行国家竞争力研究，随后以省、市、县为研究对象的区域竞争力研究也逐步展开。

（一）国外对区域竞争力的研究

美国是最早开展国家竞争力研究的国家。20 世纪 80 年代，美国劳动部国外经济研究办公室提交的《关于美国竞争力的总统报告》是第一份正式的关于国家竞争力的报告；美国总统产业竞争力委员会也提出了一份名为《全球竞争：新现实》的国家竞争力报告；美国国会又通过了《1988 年综合贸易和竞争力法案》；20 世纪 90 年代，美国政府成立了正式的政府竞争力政策咨询机构——竞争力政策理事会，此后每年都要针对竞争力的某个专题向总统和议会提出报告。

另外，英国、法国、德国、葡萄牙等国家或地区也都于 20 世纪 80 年代相继开展了竞争力研究，提出若干竞争力报告。如法国计划部 20 世纪 90 年代提出的《法国：全球竞争中的业绩选择的报告》，德国经济部 20 世纪 90 年代提出的《联邦政府关于保证未来德国经济的报告》等。20 世纪 90 年代，欧盟成立了"竞争力咨询小组（CCAG）"，专门负责向欧洲议会、欧盟首脑会议提供有关欧洲竞争力方面的政策和建议。

在学术界，迈克尔·波特 20 世纪 80 年代连续出版了三部有关竞争力的著作——《竞争战略》《竞争优势》和《国家竞争优势》，并由此创立了竞争优势理论。该理论的研究层面侧重于宏观的国家竞争力和微观的企业竞争力，通过分析竞争力的影响因素，提出竞争力"钻石体系"模型，并为国家和企业如何提高竞争力出谋划策。

在城市竞争力研究方面最具影响力的学者是彼得和丹尼斯两位教授。前者于 20 世纪 80 年代开始致力于城市竞争力的研究，并于 20 世纪 90 年代相继发表了《城市竞争力：美国》《城市竞争力决定因素：一个评论》《竞争力和城市经济：24 个美国大城市区域》三篇论文，对城市竞争力的一些问题做了开拓性的探索；后者从 20 世纪 90 年代后期开始致力于大都市地区国际竞争力的研究，并相继发表了一些有影响的著作。

从有关文献中还可以看到，国外竞争力研究大多侧重于国家竞争力、产业竞争力和城市竞争力的研究，狭义的有关区域竞争力的研究相对不足。

（二）国内对区域竞争力的研究

国内开展区域竞争力的研究同样始于国家竞争力研究。20 世纪 80 年代末，原国家体改委与世界经济论坛（WEF）和瑞士洛桑国际管理学院（IMD）商定进行国际竞争力的合作研究。20 世纪 90 年代开始，我国将部分数据纳入《全球竞争力报告》，次年参与该报告的分项目比较。我国参加了全部项目的比较。此后，一些研究机构和个人或合作或单独承担了国际竞争力研究的课题，研究成果相继问世。

目前，区域竞争力研究在国内仍处于起步阶段，多是借鉴国外区域竞争力的研究方法和成果，进行适当修正，再结合中国国情做实证研究。就研究层面而言，除国家外，更多地集中在城市和地区层面。

二、区域竞争力的定义

（一）竞争力体系

竞争力是一个复杂的概念，竞争力研究的对象可以是企业、产业、区域、国家等，因而相应的就有企业竞争力、产业竞争力、区域竞争力、国家竞争力等不同的概念。

1. 企业竞争力

企业竞争力是指在竞争性市场中，某个企业所具有的能够持续地比其他企业更有效地向市场提供产品或服务，并获得赢利和自身发展的综合素质。它的特点是：决定和影响企业竞争力的大多数因素在各企业之间具有可比较性和很大程度上的可计量性，企业竞争力研究的努力方向之一就是力图将企业竞争力因素尽可能地量化，从而进行企业间的比较；并且，企业竞争力的许多因素是可以通过市场过程获得的，或者可以通过模仿其他企业而形成。

2. 产业竞争力

产业竞争力是指在区域之间的竞争中，在合理、公正的市场条件下，某一产业所能提供的有效产品和服务的能力。所谓的有效产品和服务，必须符合如下条件：首先，这些产品和服务必须能被市场所接受；其次，它必须是区域内部该产业现有的生产能力所能承担的，是产业供给能力、价格能力、投资赢利能力的综合。

3. 区域竞争力

区域竞争力是指一个区域在竞争中表现出来的综合发展实力的强弱程度。在同一国家的不同区域，由于生产要素的相对稀缺性，经济发展水平、收入水平和技术创新能力的不同，区域在国际、国内市场上的竞争力存在着差异。

4. 国家竞争力

国家竞争力是一个国家在市场信息经济竞争的环境和条件下，所能创造增加值和国民财富的持续增长和发展的系统能力水平与世界各国的竞争比较。

（二）区域竞争力的内涵

我国的学者从不同的角度对区域竞争力的概念进行了解释，大体上可归纳为以下几类：

1. 财富创造论的观点

财富创造论认为区域竞争力"是一个区域在国内外市场上与其他区域相比，所具有的自身创造财富和推动地区、国家或世界创造更多社会财富的现实和潜在能力"，是指一个区域"在一定社会经济制度和人文自然条件下，创造出比其他地区更多的有效经济财富增加值的能力"。

2. 资源配置论的观点

资源配置论认为区域竞争力"是一种比较优势，是一个区域在其所从属的大区域中的资源优化配置能力"，它"不完全取决于区域大小，重要的是区域能否具备把土地等资源集中到关键环节和领域中去的能力"。

3. 产品提供论的观点

产品提供论认为区域竞争力是"一个区域生产适应大区域，提供国内外市场需求的产品和服务的能力"，是"在一定范围内集聚生产要素，提供产品和服务的能力"。

4. 经济实力论的观点

经济实力论认为区域竞争力是一个地区与国内其他地区在竞争某些相同资源时所表现出来的综合经济实力的强弱程度。

5. 综合论的观点

综合论研究者将以上讨论中的两种或多种提法结合起来，对区域竞争力进行界定，试图对区域竞争力进行更全面的定义。

通过以上的归纳，我们可以把区域竞争力的含义归纳为：在系统分析区域现状的基础上，一个区域与其他区域相比，在资源环境、经济实力、产业市场、对外开放、基础设施、人力资本、科技创新和管理服务等方面表现出来的一种相对的综合能力，是一种通过比较所具有的吸引、争夺、转化资源和控制、占领市场的能力，亦即能够为区域发展提供资源配置和市场导向功能的能力。

区域竞争力定义的本质是资源优化配置能力，因此区域竞争力要体现在资源优化配置上，包括内部战略资源的有效安排、外部稀缺资源的有效吸纳及内外资源的有效协调配合等。

据此定义，我们可将区域竞争力分解为 8 种竞争力：资源环境竞争力、经济实力竞争力、产业市场竞争力、对外开放竞争力、基础设施竞争力、人力资本竞争力、科技创新竞争力和管理服务竞争力。

三、区域竞争力的主要特征

区域竞争力实际上是区域经济系统的子系统之一。它具备系统的一些基本特征，即目标性、整体性、层次性、相关性和动态性等。从总体上看，这几个特征是系统结构的一般表现形式。

（一）目标性

区域竞争力是一个开放的人工系统，它具有明确的目标，即在一定的资源环境制度约束下，力争使各要素更好地配合和协调，以达到系统的目标即区域竞争力的最优值。在一定约束条件下的最优化，是区域竞争力的期望目标。

区域竞争力也是对经济资源的最优配置的选择，遵循最经济的原理，即经济过程的代价趋于最小可能值。

经济活动和经济过程要满足可持续的目标，即以不降低经济系统的持续利用水平和不损害人类生存的环境为前提。在经济发展过程中，不能为了现实竞争结果而疯狂开采和利用资源，忽视生态环境的保护，不顾及将来的发展，而应该注意经济、社会和生态的协调发展。

（二）整体性

区域竞争力系统是由各要素构成的，要素是形成系统的基础，不同性质的要素在系统中发挥不同的作用，从而对系统的整体功能形成特定的影响。区域竞争力系统的各要素不是机械地相加而是有机地结合在一起。区域竞争力包括了各要素的基本实力，但如果把各要素的基本实力分割成各个部分，相互独立，也不能形成有效的区域竞争力。

一个区域的经济运行总是依托于其特有的制度结构、文化背景和社会价值观，这些条件与经济发展之间具有重要的作用与反作用关系，因此也构成了区域竞争力的重要组成部分。所有这些能力交互作用产生出来的系统总和才是区域竞争力的完整内容。

（三）层次性

区域竞争力是一种系统的竞争力。一个大系统包括不同层次的子系统及其组合关系。各个层次的子系统既相互区别又相互联系。区域竞争力包含的内容十分广泛，内涵复杂且深刻。具体来说，区域竞争力的职能行为集中于区域政府，但政策和经济行为最终是由企业和产业来承担并完成的，企业和产业是区域的微观和中观基础。因此，区域竞争力包括宏观、中观和微观等多个层次的能力及它们的协调配合，涉及一定的运行机制，而不能简单地将其理解为各企业竞争力或产业竞争力之和。

（四）相关性

相关性是区域竞争力系统要素之间通过某种方式途径，进行互相沟通、互相作用和制约的关系，主要表现为三点：一是系统与外界环境的关系，即区域竞争力系统对外界环境（国际环境）的适应性，它反映的是系统的应变能力；二是系统内部各要素之间构成的形形色色的耦合关系，如产业结构之间的比例关系；三是各要素或子系统与区域竞争力系统之间所形成的要素或子系统与系统整体间的关系，如经济实力与区域竞争力之间的关系。

（五）动态性

区域竞争力系统不但是开放的人工系统，而且这一系统的结构和功能也是不断变化和发展的。构成系统内部要素的变化，会使整个系统的结构发生相应的变化；而外界环境对系统的影响，也致使区域竞争力要素系统处于不断发展变化之中。也就是说，无论什么区域都不可能具有永恒的绝对优势，落后区域只要肯变革，总有机会迎头赶上，因此，区域竞争力总是处于发展变化之中的。

四、影响区域竞争力的要素

区域经济是一个复杂而又开放的有机体，因为影响区域经济发展的因素很多，影响区域竞争力的因素也是多方面的，几乎涉及经济、社会的各个主要方面。这里既有来自主观因素的影响，也有来自客观因素的影响；既有总量方面的影响，也有速度、结构、效率方面的影响；既有体制方面的影响，也有管理方面的影响。这些影响因素广泛地存在于自然条件、经济发展、社会生活和政府行为之中，相互影响、相互渗透、密切交织，构成了影响区域竞争力的基本原因集合。区域竞争力的影响来自区域产业结构状况、区域科技与国民素质、区域优势产业集群状况、区域企业发展及技术创新状况、区域对外开放状况和区域资源及基础设施状况等几个方面。

（一）区域产业结构状况

地区中一个产业的发展及发展规模既要受到其他产业的影响，又影响着其他产业。如果地区各产业、各生产部门在主产上相互衔接、紧密配合，并形成合理的比例，则地区资源在各部门之间将得到合理的配置，相应地为地区创造的财富就会比较多，地区的经济实力就会增强，竞争力也会上升。地区的自然、社会、政治、经济、技术和对外关系形成地区特定的供给结构，地区产业结构和产业组织如果能与其相适应，则地区要素比较优势就会得以发挥，实现生产成本低廉及产品价格上升，地区产业竞争力得以提升。同时，地区的产业结构只有适应了市场需求的变化，产品的价值才能得以实现，产业结构的应变能力才能提高，地区产业的吸引力才可以增加，资源配置的能力也会增强，区域竞争力就能得以提升。

（二）区域科技与国民素质

科学技术是第一生产力，它是区域内产业、企业发展的强大动力，同时科学技术发达的区域又能有效地吸引区域外的资本、人才等生产要素的流入。在科教兴国、科技立国的时代，科技竞争力已成为区域竞争力中举足轻重的一个方面。国民素质是影响区域竞争力的一个重要因素。人是社会的主体，任何先进的管理、合理的决策、优秀的发展模式都是基于一定的国民素质。国民素质高的地区，对外吸引力就强，反之则弱。

（三）区域优势产业集群状况

一个地区的竞争力离不开该地区所有产业的共同努力，但主要还是有赖于那些由区域先天和后天禀赋条件所决定的、具有区域比较优势的、主要面向区外市场的产业或产业集群的发展。所谓优势产业集群是指，在某一地区围绕某一特定专业化领域所建立的一系列企业和机构，这些企业和机构由共性和互补关系联结在一起，可以共享基础设施带来的方便。拥有若干专业化优势的产业集群，是一个地区经济走向成熟并具有较强竞争力的重要标志。

优势产业集群主要由以下几方面组成：终端产品或服务公司；专业化的生产要素、零部件、机器设备和服务提供商；专为优势产业群服务的专业化金融服务机构；特殊基础设施服务提供商；政府及民间机构的专业教育和培训机构、研发机构、信息咨询机构等等。优势产业集群对区域竞争力的贡献主要体现在：一是专业化带来的高效率；二是专业化有利于创新活动的产生；三是专业化有利于企业的创办和吸引其他地区大企业分支机构的设立。

（四）区域企业发展及技术创新状况

企业，特别是具有一定规模的大企业是地区竞争优势的主要载体。从发展的角度看，区域的比较优势将经历从资源比较优势到经济比较优势，再到技术比较优势的演变过程。其中，经济比较优势实质上就是优势企业的规模化优势，是区域分工进一步深化的表现。一个地区的资源总是有限的，将它们集中投入到优势产业群中的优势企业中去，不仅能获得专业化带来的好处，而且还能进一步获得规模化带来的效率。

一个地区最终的优势将体现在技术比较优势上。因此，增强地区竞争力，还要靠企业的技术创新，不断提高企业内在竞争能力，特别是技术创新和产品研发能力。要鼓励实力雄厚的优势企业增加研发投入，建立自己的研发中心，同时加强与高校和科研机构的联合研究开发。优势企业要以市场为导向，加大新产品开发力度，实现稳定一代、投产一代、储备一代和研制一代的产品开发链。采取各种有效方式吸引和留住（也可借用）优秀科研人才，为他们创造良好的科研环境。

（五）区域对外开放状况

区域开放程度决定生产要素合理流动和合理配置的程度。地区开放程度高，生产要素流动性高，企业才能够有效地引进、输出、迅速合理地配置生产要素，有效地降低生产成本和交易成本，提高产品竞争力。地区加强对外开放能够吸收和引进知识、技术、技能、制度、文化和管理，企业可以进行创新，增强自身的竞争力。开放可以创造新资源，培养新优势，不仅可以扩大原有产业规模，提高产业层次，而且可以发展高新技术的创新产业，提升产业的高级化度，实现资源的合理配置。

（六）区域资源及基础设施状况

资源是区域发展的天然基础，它依赖于区域的自然禀赋。合理地开发和利用具有自身特色的资源，会为提升区域竞争力找到合适的切入点，否则会使区域竞争力极大降低。

基础设施是地区经济、社会经济的基本承载。它是指地区可利用的各种设施及质量，包括交通、通信和能源等各个方面。地区基础设施的容量大小和负荷能力的强弱决定着该地区的产业规模，地区基础设施水平是地区产业高级化度的基础，地区基础设施的具体类型和结构也决定着地区的具体产业结构。

基础设施质量优良和匹配合理，能够实现生产、运输、交易费用的节约，降低产品的相对单位成本，从而提高地区产品的竞争力，扩大产业和企业规模。基础设施也为地区开放提供了载体和条件。先进的基础设施，使地区与域外的交流、交往快速而便捷，从而为地区的全方位开放和对外交流创造了条件。

第二节　区域竞争力的分析方法

一、区域竞争力的分析模型

由于竞争力是一个综合性的概念，可以从不同的角度去理解它，所以关于竞争力的来源的探讨比较多，不同的思想流派有不同的看法。

（一）波特的钻石模型

波特于20世纪90年代在《国家竞争力》中提出了区域竞争力的模型，把区域竞争力集中表现在一个区域的产业竞争力上，即其产业在大市场中的竞争表现。而一国的特定产业是否具有国际竞争力则取决于六个要素，即要素状况，需求状况，相关产业和辅助产业，企业战略、结构与竞争，机遇作用，政府作用。这六大要素构成了波特区域竞争力模型。

1. 要素状况

每个国家都有经济发展所必需的生产要素，包括人力资源、自然资源、资本资源、基础设施等。一个国家的生产要素禀赋对其国家产业的竞争力会产生重要影响，生产要素对于竞争力的重要性不在于继承性，而在于创造性。因此，对于区域竞争力来讲，单纯的配置生产要素不如高效率地利用生产要素。

2. 需求状况

影响区域竞争力的第二个因素是区域内的需求状况。国内需求的构成在以下三个方面对区域竞争力产生重要的影响。第一，需求的细分结构，即多样化的需求分布。市场细分有助于企业集中优势，形成有效的竞争战略，并发挥规模经济的作用，取得局部优势。第二，成熟的购买者。他们会对企业产生压力，迫使企业提高产品质量和服务的质量标准，努力降低成本，提升竞争力。第三，预示性买方需求。如果国内买方需求预示了其他国家的买方需求，这意味着国内买方需求向企业提供了关于未来买方广泛需求的早期信号，这不仅有利于开发新产品和新市场，而且有利于培养国内成熟的消费者。

3. 相关产业和辅助产业

影响区域竞争力的第三个因素是相关产业和辅助产业。例如，上游产业具有国际竞争力，有助于提升下游产业的国际竞争力。上游产业可以及时为下游产业提供新概念、新创意，而下游产业也可及时为上游产业提供试验场所。上下游产业的密切合作，也会增强双方的国际竞争力。

4.企业战略状况

确定区域竞争力的第四个因素是企业战略、结构与竞争状况。产业中企业的目标、战略与组织形式各不相同，国家竞争力就是在这些方面找到一些平衡点。国内竞争的形式也对创新过程和长远的国际化进程带来根本性的影响。企业的管理受到环境的制约，因此，能够适应本国具体环境的管理，有利于增强国家竞争力。激烈的国内竞争与国家竞争力之间存在着密切的关系。国内竞争对企业产生压力，迫使企业改进技术，实行创新。在国内竞争中取得优势的企业，就能取得较强的国际竞争力，增强本国的国家竞争力。

5.机遇作用

一些偶发性的事件和机会也会对国家竞争力产生影响。例如，纯粹的发明活动、重大的技术突破、投入成本的突然变化、世界金融市场和汇率的突然变化，等等，它们可能使一些国家获得竞争优势，也可能使一些国家丧失优势，产生截然不同的结果。

6.政府作用

政府通过政策因素影响竞争优势，如政府实行补贴、教育、投资、控制资本市场、指定生产标准与竞争条例等，都将对前述要素状况、需求状况、相关产业和辅助产业及企业战略、结构与竞争等产生积极的或消极的影响；而反过来，政府作用也受到它们的影响。

（二）双钻石模型

钻石模型没有充分考虑到跨国活动与政府的作用，为了弥补这个缺陷，产生了双钻石模型（Rugman&D′Cruz）。双钻石模型是对钻石模型的修正。在通用的双钻石模型中，国际竞争力被定义为在国际竞争中，一个在特定的行业从事价值增值活动的企业长期保持获利的能力。与钻石模型相比，通用的双钻石模型包括了跨国活动，强调一国内包括内资企业也包括外资企业的持续的价值增值活动，并且这种可持续性是要求面向多国的价值增值。此外，政府不再是一个外生变量，而是影响钻石模型四要素的一个重要变量。

（三）九要素模型

九要素模型以韩国为实证，将人力要素和物质要素视为内在因素，将机会视为外在因素。人力要素包括工人、政治家、企业家和专业人才。物质要素包括资源禀赋、国内需求、相关和支持行业以及商业环境。人力要素可以驱使物质要素。人员的安排、人力要素与物质要素的结合，可以使一个国家获得竞争力，推动其向更高阶段发展。九要素模型与钻石模型的区别是对要素的分类不同以及新要素的增加。

九要素模型还指出竞争力有生命周期，在不同的发展阶段，各要素的重要性是不同的，竞争力的来源也不同。处于不同发展阶段的国家的竞争，以互补为主，主要基于比较优势；处于同一发展阶段的国家的竞争，以竞争为主，主要基于绝对优势。

（四）IMD区域竞争力模型

瑞士洛桑国际管理学院（IMD）认为，区域竞争力就是一个国家或一个公司在世界市场上生产出比其竞争对手更多财富的能力。它将区域竞争力分解为八大方面，包括企业管理、经济实力、科学技术、国民素质、政府作用、国际化度、基础设施和金融环境。其核心是企业竞争力，其关键是可持续发展。这几方面构成的区域竞争力优势在本地化与全球化、吸引力与扩张力、资产与过程、和谐与冒险四种因素环境中形成。

IMD区域竞争力理论将竞争力分为国家竞争力和企业竞争力。企业竞争力是区域竞争力的核心。在一个国家，企业的基本作用就是创造经济附加值。虽然不同经济学派从不同角度对企业竞争力进行了研究，但企业的根本目标是不变的，即创造财富。然而，企业并非在真空中运作，其业绩在很大程度上取决于环境因素。对于企业的发展而言，某些环境可能是不利的，而某些环境则可能是有利的，其竞争力与国家创造支撑持续创造增加值的环境的能力密切相关。

IMD认为，在区域竞争力研究中，重点是国家竞争力研究，主要分析国家环境对于在其境内运行的企业的国内、国际竞争力的影响是有利或有害，从而加以判断评估；又由于国家竞争力由企业竞争力构成并体现，二者均强调可持续性是其发展取向，所以，在IMD模型中国家竞争力与企业竞争力是互为补充的。

一个国家的竞争力环境中普遍存在着四种因素，即本地化与全球化、吸引力与扩张力、资产与过程、冒险与和谐，这四种因素是传统、实力和价值体系等共同作用的结果，它们深深地植根于该国的深层次文化中，并体现出该国的文化价值特征。下面对这四大因素分别作以具体阐述。

1. 本地化与全球化

在每一个国家，都存在两种经济活动现象：一种是本地化经济，一种是全球化经济。本地化经济是指企业向本地（本国）最终消费者提供产品或服务的经济活动。以国内经济为导向而过度地实行本地化经济是保守性倾向，而且在经济发展中必须付出丧失境外机遇的很大的机会成本。全球化经济是指企业进行全球化国际经营的经济活动，生产最好与最终消费者同处一地，而且它能从国际化市场的比较优势特别是其经营成本上获得良好收益。因此，全球化经济以国际经济为导向，是竞争性经济，并能取得相对的价格优势与效益。

本地化经济与全球化经济在一个国家财富创造中的贡献各不相同。在西欧国家，国内生产总值的2/3是由本地化经济所创造的，而国内生产总值的1/3是由全球化经济创造的。一般来说，小国竞争力更多地依赖于全球化经济的成果，而大国如美国等则在更大程度上依赖于其庞大的国内市场，不过，日益增强的国际化趋势也是不容忽视的。

2. 吸引力与扩张力

扩张力能给母国创造财富，但却没有创造应有的就业机会；吸引力能在东道国创造就业机会，但由于税收优惠等却减少了收益。鉴于吸引力对于就业、技术转移的重要意义，同时吸引力又是全球化经济与本地化经济的连接点，吸引力的培养已成为一些国家的一项根本性政策目标。但正如上面所说的那样，吸引力与扩张力这两方面都不容忽视，应该协调平衡发展，关键是在两者关系中形成自己的差异化优势。

3. 资产与过程

国家是通过资产与过程两个方面来创造竞争力环境的。一些国家在土地、劳动力、自然资源等"资产"方面具有优势，但却并不一定具有相应的竞争力，如巴西、印度和俄罗斯；而另一些国家，如新加坡、日本和瑞士等在资源方面十分匮乏，但它们更多地依靠转化过程，一样具有很强的竞争力。一般说来，过程比资产更具有竞争力。

4. 冒险与和谐

影响国家竞争力环境的第四个因素，是社会鼓励个人冒险还是强调社会和谐。冒险强调了个人在社会上或是国家在世界上的主体地位，突出了竞争生存意识，而和谐则强调了个人与社会、国家与世界的相辅相成的和谐关系，突出了互动共存意识。在全球市场经济体制的演进过程中，竞争日益体现在国家竞争力的方方面面，我们既要强调和提倡竞争精神，敢于进取，敢于拼搏，更要提倡创建和谐社会，使我们的社会在和谐状态下向前发展。

二、区域竞争力评价指标体系

为了定量研究、比较区域竞争力，可以根据区域竞争力的定义和影响区域竞争力的因素构建区域竞争力的指标体系。

（一）区域竞争力指标体系构建的原则

区域竞争力的指标体系应遵循如下原则：

1. 目的性原则

所选择的指标要能符合对区域竞争力的状况进行评价的要求，要能体现出区域竞争力的优劣情况。

2. 科学性和实用性相结合原则

即要求指标设置在保证科学性的前提下突出重点，尽量少而精。

3. 定性与定量相结合原则

所选择的指标既要有测度区域竞争力的"硬指标"，又要有能说明问题但无法定量的"软指标"。

4. 可操作性原则

各评价指标应信息集中，数据容易获得，计算方法简明易懂，具有可比性。

（二）区域竞争力评价指标体系架构

建立区域竞争力评价指标体系，关键要确立统领整个指标体系的概念框架，以及构造反映区域竞争力各方面的具体指标。区域竞争力评价指标体系可以分为七大竞争力因素、62 项具体指标，具体如表 3-1 所示。

1. 经济综合实力竞争力

经济综合实力竞争力是衡量过去区域竞争力的成果沉淀，也是区域竞争力现状和未来区域竞争力发展潜力的重要内容。它一方面表明区域总体发展已达到的水平层次，另一方面又表现为区域未来发展的平台基础。

总量指标选择 3 项指标来反映经济发展的总体规模水平：GDP 体现一定时期内经济活动的产出总量，即经济总量水平；社会固定资产投资体现的是对社会经济发展的支撑与动力；财政收入表达了地方政府吸取财政资源的能力与发展地方经济的能力。

2. 产业竞争力

产业竞争力是区域竞争力的核心组成部分。产业竞争力决定产业结构的合理性。

合理的产业结构既能保证产业现实的竞争力，又能保证产业未来的竞争力。产业竞争力可以从产业结构高级化度和产业结构专门化度两个方面进行比较分析，共有 4 项细分指标。其中，产业结构高级化度由第二、第三产业产值比重和第三产业产值比重两项指标构成，产业结构专门化度由产业相似系数和产业相似系数变化值两项指标构成。第二、第三产业产值比重是指第二、第三产业产值之和在 GDP 中的比重，它常用来衡量区域经济中的工业化发展速度。第三产业产值比重是指第三产业产值占 GDP 的比重，它是衡量产业结构高级化的直接指标之一。产业相似系数是衡量区域的工业部门产值构成与全国工业部门产值构成的相似程度指标，也就是区域产业结构专门化程度。相似系数越大，表示该区域与大区域的工业结构相似性越大，该区域工业结构的专门化程度越低。产业相似系数变化值是指一个时期内的区域产业结构相似系数的变化大小。其绝对值代表了变化幅度，符号代表了变化方向。其中，正号表示相似性增大，专门化水平降低；负号表示相似性减少，专门化水平提高。

3. 企业竞争力

企业是经济的基本单元，同类企业组成产业，所有产业组成经济，因此企业竞争力是区域竞争力的直接体现。我们可以从企业规模指标、企业经营指标两个方面对企业竞争力进行比较分析。

企业规模指标由规模以上工业企业数量、国家重点工业企业数量两项指标构成。其中，前一项指标表明规模企业的总量，数量越多，企业规模水平越高；后一项指标表明企业中的国家骨干企业数，骨干企业数越多，企业规模水平越高。

企业经营指标由工业经济效益综合指数、产品销售率、资金利税率、成本费用利税率、劳动生产率、流动资金周转次数和增加值率等 7 项指标构成。工业经济效益综合指数反映工业企业整体水平；产品销售率反映企业营销效果；资金利税率反映企业资金运作效果；成本费用利税率反映企业成本效益；劳动生产率反映企业劳动效率；流动资金周转次数反映企业经营效率；增加值率反映企业资本增值的能力。

4. 国际竞争力

国际竞争力是一个区域的经济在全球大区域中的市场竞争力。我们可以从国际商品市场指标、国际资本市场指标、国际旅游市场指标和经济外向度四个方面对其进行比较分析。其中，国际商品市场指标由进出口商品总额和进出口增长率两项指标构成；国际资本市场指标由实际利用外资额、实际利用外资额增长率、外商直接投资额 3 项指标组成，反映了一个地区利用外资的程度。国际旅游市场指标由旅游创汇总额和国际旅客数两项指标予以衡量。经济外向度由外贸依存度、出口区位商两项指标构成。外贸依存度即进出口商品总额与 GDP 的比值。该数值越大，说明区域经济开放度越大；同时，该指标也反映了外贸在区域经济中的重要性，它的数值越大，说明外贸在该区域经济中越重要。出口区位商即区域出口总额与区域 GDP 的比值除以全国出口总额与全国 GDP 的比值所得到的商值。商值大于 1，表明该区域出口贡献高于全国平均水平；商值小于 1，表明该区域出口贡献低于全国平均水平。

5. 科技竞争力

面对知识经济时代，科学技术在区域经济中的地位越来越重要，科技竞争力已成为区域竞争力的一个重要组成部分，同时也反映了区域创新水平。我们可以从科技队伍、科技投入、科技成果、科技转化四个方面对科技竞争力进行比较分析。其中，科技队伍表明区域的总体科技实力中人的因素，由各类科技人员总数、科研活动人员总数、万人科技人员数 3 项细分指标组成；科技投入则表明区域总体科技实力中物的因素，由科技投入经费总额和万人科技经费数两项指标构成；科技成果由专利受理量和专利授权量两项指标构成，其中，专利受理量是指科研人员的创意和发明，专利授权量表明专利部门认可的专利发明；科技转化由成交技术合同数和成交技术合同金额数两项指标构成。

6. 环境和基础设施竞争力

环境和基础设施竞争力是区域取得经济发展速度和提高经济效益的关键因素，是区域经济社会发展水平的重要标志之一，研究从交通运输指标、电信指标、能源指标、环境指标四个方面对基础设施竞争力进行比较分析。其中，交通运输指标由旅客周转量、公路里程项指标构成电信指标由邮电业务总量、每百户移动电话拥有数和互联网用户数量项指标构成能源指标由人均水资源量、发电总量和单位地区生产总值能耗项指标构成环境指标由环保投入额、环境噪声达标区面积比例、烟尘控制区面积比例、保护区面积比例项指标组成。

7. 人力资本竞争力

人构成社会总体，人才作为知识的载体和经济建设的主体，其素质的高低成为区域竞争力的关键因素。人力资本竞争力由文盲及半文盲占巧岁以上人口比例、大专以上教育程度人口比例、普通高校在校人数项指标构成。反映了区域内国民文化素质水

表 3-1 区域竞争力评价指标体系

一级指标	二级指标	三级指标	个数	合数
经济综合实力竞争力	总量指标	1. 国内生产总值（GDP） 2. 社会固定资产投资 3. 财政收入	3	10
	速度指标	1.GDP 增长率 2. 财政收入增长率 3. 固定资产投资增长率	3	
	人均指标	1. 人均 GDP 2. 人均固定资产投资 3. 城镇人均可支配收入 4. 农民人均纯收入	4	
产业竞争力	产业结构高度化	1. 第一、第三产业产值比重 2. 第三产业产值比重	2	4
	产业结构专门化	1. 产业相似系数 2. 产业相似系数变化值	2	
企业竞争力	企业规模指标	1. 规模以上企业数量 2. 国家重点企业数量	2	9
	企业经营指标	1. 工业经济系效益综合指标 2. 产品销售率 3. 资金利税率 4. 成本费用利税率 5. 劳动生产率 6. 流动资金周转次数 7. 增加值率	7	
国际竞争力	国际商品市场指标	1. 进出口商品总额 2. 进出口增长率	2	9
	国际资本市场指标	1. 实际利用外资额 2. 实际利用外资增长额 3. 外商直接投资额	3	
	国际旅游市场指标	1. 旅游创汇总额 2. 国际旅客数	2	
	经济外向度	1. 外贸依存度 2. 国际区位商	2	
科技竞争力	科技队伍	1. 各类科技人员总数 2. 科技活动人员总数 3. 万人科技人员数	3	9
	科技投入	1. 科技投入经费总额 2. 万人科技经费数	2	
	科技成果	1. 专项受理量 2. 专项授权量	2	
	科技转化	1. 成交技术合同数 2. 成交技术合同金额数	2	

	交通运输指标	1. 旅客周转量 2. 货物周转量	2	
环境和基础设施竞争力	电信指标	1. 邮电业务指标 2. 人均邮电业务量 3. 电话普及率 4. 互联网用户数量	4	13
	能源指标	1. 发电装机容量 2. 发电总量 3. 人均发电量	3	
	环境指标	1. 环境投入额 2. 环境噪声达标区面积比例 3. 烟尘控制区面积比例 4. 环境保护区面积比例	4	
人力资本竞争力	人口健康素质指标	1. 出生率 2. 死亡率 3. 千人医生数 4. 万人医院床位数	4	8
	人口文化素质指标	1. 文盲、半文盲占15岁以上人口比 2. 大专以上教育程度人口比例 3. 普通高校在校学生数 4. 高等学校数	4	
合计	21 项	62 项		

第三节 提高区域竞争力的途径

我们了解到影响区域经济竞争力的因素是多方面的，要提高区域竞争力，应该采取多种手段而不是单一措施。

一、加强地方政府的作用

地方政府是区域经济主体之一，政府角色和职能对建立区域竞争力的影响表现在以下几个方面：

（一）地方政府是否具有根据本区实际情况，制定恰当的区域经济政策的能力

地方政府作为地方经济的管理者，追求国家经济利益与区域利益的统一。一般而言，区域经济政策属于制度范畴。政府通过制度安排，改变区域的要素供给特征和要素配置效率，进而影响区域增长速度。兼顾公平和效率的区域经济政策，既能实现区域内部的均衡发展，也可以在资源供给既定的条件下，实现资源利用效率的最大化。

（二）区域政府能否最大限度地降低对企业生产经营活动的干预

区域政府要强化宏观经济调控职能，取消对企业的直接行政干预，企业生产什么、生产多少、怎样生产，由企业根据市场情况决定。政府的区域经济管理，主要是协调好政企关系。

（三）区域政府能否为微观经济主体提供可预测的客观社会环境

制定和维护市场规则，加强市场监管力度，营造统一开放的市场环境，保护公平竞争，保护区内所有投资者和居民的合法权益是区域政府的重要工作。区域政府应当合理定位各政府部门之间、政府与企业之间以及政府与社会之间的分工。

不同的区域由于社会、文化背景的差异，对政策法规的理解、适应和应用会出现差别，因而造成区域运行机制创新能力的不同。具有较强开放意识的区域政府，能够比较顺利地接受新思想、新观念，抓住机遇在体制改革方面进行超前试验。区域政府对改革的适应能力也是影响区域竞争力的重要因素。

二、优化区域产业结构

现代产业理论认为资源配置结构的演化是区域经济发展的前提之一，区域经济发展的过程实际上也是区域经济结构高级化、合理化的过程。因此，结构优化是区域经济发展的永恒主题。

区域的产业结构是指在一定空间范围内的产业构成和诸产业间质的联系及量的比例关系的总和，主要包括两个方面：一是指产业之间的比例关系及其变化，二是指产业间的投入与产出。区域产业结构优化是指从整个区域经济出发，以一定的价值观和方法论为指导通过一系列深入细致的定性、定量研究，得出区域产业结构的优化模型和方案，在此基础上，制定和实施相应的产业政策，实现区域内产业间比例关系的优化调整，促进各种生产要素最佳组合、各种资源最佳配置，从而取得最好的经济效益。从这个角度讲，区域产业结构优化是一个科学的决策过程，即根据自身定位和区域内所拥有的资源，依据科学的决策，实现区域经济效益的最大化。区域内产业结构的优化，能够保证经济增长率高的产业部门对资源的需要，使社会资源得到合理的配置与利用、提高单位资源的产出效益，使总量增长有充分的后劲，从而提高区域的产业竞争力。区域内产业结构的优化，就是区域产业结构趋向合理的过程。这个过程本质上是如何正确选择区域的主导产业、合理确定其发展规模和速度、发挥主导产业的带动和辐射作用的过程。

区域产业结构的优化还要依靠区外的产业转移。产业转移不仅会提高转移产业的生存能力，增加就业机会，而且还可以通过一系列的传递扩散机制，提高整个地区的产业竞争力，带来地区经济的繁荣。首先，产业转移可以增加转入区的就业机会，并为相关产业的发展创造条件；其次，产业转移将直接增加转移产业的生产能力，扩大该产业的产出量和市场份额，由此带动整个地区经济的增长；第三，产业转移不单纯是资金的注入，而且往往伴随着技术和管理经验的扩散，因而有利于提高资源配置效率，提高劳动生产率和创新能力。

当然，由于转移的产业大都是劳动密集型的产业，有的甚至是技术含量很低的简单组装装配产业，生产工人的劳动强度很大，工资很低，缺乏劳动保护，容易造成职业病，危害工人的身体健康。另外，还有一些产业是因为受到转出区环保政策的限制而拟转移到其他区域的。如果转入区不加限制，很容易吸收一些污染企业。这种产业转移虽然短期内创造了就业，增加了产出，但长远发展下去会降低区域的竞争力。因此，应该积极吸收适合区域经济持续发展的转移产业来提高区域的竞争力，控制产业转移带来的不利影响。

三、发展产业集群

经济全球化使国家之间的竞争越来越激烈。国与国的竞争更多地表现在区域的竞争力上，而区域的竞争力则往往表现在地方特色产业集群上。发展产业集群已成为促进区域经济发展，提升区域经济综合竞争力的重要途径。

（一）发展产业集群对提升区域竞争方的贡献

发展产业集群对提升区域竞争力的贡献主要表现在以下几个方面：

1.产业集群的发展使得区域按劳动分工理论形成专业化产业区，有利于提升区域竞争力

集群通过绝对优势、比较优势、要素禀赋、规模经济或范围经济形成专业化产业区，即大量企业集中于一个主要产业，以生产经营性企业为主，同时包括关联类、依附类、生产性和非生产性基础设施，通过劳动分工，提高生产率，降低生产成本，提高区域的竞争力。

2.产业集群战略强调企业在本地的根植性，带动区域经济发展

产业集群内以中小企业居多，中小企业相对于大企业而言易发生区位移植，其形成的产业集群更具有地方根植性，是区域经济发展的中坚力量，像"第三意大利"、浙江特色产业区中的中小企业等，不仅具有很强的经济活力，而且能够带动区域经济的迅速发展。

3. 产业集群有利于区域内收入再分配，兼顾公平与效率

在产业范畴上，集群的范围比专业化更广，甚至客户也参与和引导产业的发展，这样有利于收入在区域内的再分配，避免过去专业化区域中不同职业的员工收入差异很大的现象，有利于社会公平。同时，对政府而言，产业集群便于政府管理，增加政府税收，还可以解决就业问题，对于区域的发展起到稳定的作用。

4. 产业集群有利于产业持续创新，实现区域持续发展

产业集群持续创新的重要基础是依靠本地企业与企业间、企业与支撑机构间集聚所形成的"区域创新系统"，形成一个由完善、发达的供应商群，有经验、挑剔的客户群，垂直、水平联系的众多企业和各个支撑机构之间共同作用的知识和技术不断创新的扩散系统。集群内的相应支撑机构，如地方政府、行业协会、教育培训机构等在空间上的集聚，是产业创新中的重要支持力量，使产业创新后劲十足。

5. 产业集群有利于促进地区经济结构的调整升级，推进区域城市化进程

产业集群使第二产业比重上升，带动为工业化提供服务和支持的第三产业的发展，从而使该地区的产业结构不断升级，日趋合理。同时，由于产业集群的发展，农村人口向小城镇的集中、土地价格的上升、劳动力成本的提高也使得经济向周边地区扩散，带动周边地区的城市化。相同的产业结构会把城市联系起来，形成都市圈，都市圈形成后反过来又会促进产业集群的发展。

（二）增强区域产业集群的竞争力的具体措施

增强区域产业集群的竞争力的具体措施有以下几点：

1. 提高生产要素的质量

按照波特的观点，生产要素可分为初级生产要素和高级生产要素。许多产业集群区的初级生产要素优势正在逐渐减弱，一些资源性要素的利用，几乎已到了山穷水尽的地步。因此，未来应重点培育和创造中高级生产要素，提高劳动力的素质，发展诸如会展经济、职业教育、文化品牌等各种新型生产要素。通过生产要素质量的普遍提高，来引导新的投资方向，增加产品种类的方向，延伸集群产业链，提高集群深加工能力，从而促进地区产业结构的高度化和合理化。

2. 大力发展中介组织，提高产业集群的自我管理能力。中介机构是企业协作的标

志，可以提供诸如研究与开发、市场营销、游说、劳资谈判、论坛等服务。中介机构可以大大降低企业间的交易费用，并在必要时提供单个企业无能为力的、具有外部性的服务。专门的中介服务机构可以协调和解决集群中可能出现的问题，及时公布与行业竞争相关的信息，发挥竞争对于创新的积极作用。

3. 培育龙头企业，实现层次性布局

要根据市场发展的需要，利用分包、战略联盟、技术合作、组建虚拟企业等形式，在产业集群内部形成合理的"大、中、小"共生的产业组织结构，提高专业化与协作的效率，克服内在的缺陷，促使产业集群向规模化、专门化、协作化的方向发展，提高整个群落的生命力和竞争力。

4. 着力打造区域品牌，树立区域品牌竞争意识

区域品牌对于产业集群区域的经济的促进作用是不言而喻的，它是区域经济发展的一种宝贵资源。这种资源又几乎可以被集群所内所有企业免费享用，是准公共物品，因而就要由政府牵线，集群运作，将这种品牌加以整合、包装，通过广告媒体或组织博览会、新品推介会、研讨会等，来扩大宣传的力度；同时，还需要在集群内部建立起一种监督协调机制，对一些破坏区域品牌整体形象的区内企业实行惩罚，从而形成一种精诚合作、优势互补的竞争新格局。

5. 广拓融资渠道，促进产业集群的资本集聚

要构筑与区域产业集群发展相适应的地方金融体系，组建股份制商业银行等；推行企业财产抵押贷款，组建中小企业跟踪监督机构，建立专门的信用担保机制和企业债权维护机制等，放宽对企业信贷的限制；创立集群产业发展基金，拓宽融资渠道，建立"政府宏观指导、企业自主投资、银行独立审贷"的新型投融资体制，促进民间投资向产业群集聚。

第四章 区域经济分析方法

区域经济学是一门应用科学。把区域经济学的原理应用于实践，使其能够服务于经济发展，需要有一套完整的区域分析的方法。我们从区域分析的方法论和分析方法的应用的角度，阐述这个问题。

第一节 区域经济分析方法论与研究方法

一、区域经济分析方法论

区域经济学的哲学基础或哲学意义上的方法论，是区域经济分析最高和最抽象层次的基本方法论，是关于方法论的方法论。区域经济分析的基本方法论是从价值论、科学观、真理观等角度考察区域经济学问题的方法论，其内容包括对区域经济学研究对象的哲学思考或经济世界观的考察，认识区域经济学的科学性的方法，看待空间经济活动主体、区域经济学和区域经济学者的价值标准，等等。区域经济学不同流派的差异，主要体现在基本方法论方面的不同。

是对区域经济学进行研究的思维原理和方法，或者说，是区域经济学者从事区域经济理论研究、构建理论体系的方法。它不直接涉及真理观、价值观、世界观等高度抽样问题，对区域分析提出了明确要求，具有可操作性。

二、区域经济的研究方法

（一）规范分析和实证分析

规范分析和实证分析是现代经济学中非常重要的研究方法，在区域经济研究中也被经常运用。

1.规范分析

区域经济的规范分析是指从一定的价值判断出发，提出一些衡量区域经济活动的标准，根据这些标准来研究分析区域经济现象和处理区域经济问题，将其作为制定区域经济政策的依据，并研究区域经济活动通过何种途径才能达到符合这些标准的状态的一种区域经济问题分析方法。因此，规范分析力求回答的是应该是什么或不应该是什么、应该做什么或不应该做什么的问题，也就是为什么要作出这种选择而不作出另外一种选择的问题。例如，对于区域经济增长问题，从规范分析角度而言，就是要分析一个区域其经济增长究竟是好是坏，多大的增长率是好的，多大的增长率是不好的，应该保持多大的增长率等等问题。

2. 实证分析

区域经济的实证分析是与规范分析相对应的一种分析方法。区域经济的实证分析是指企图超脱或排斥一切价值判断，只研究区域经济本身的内在规律，分析区域经济是如何运行的以及它为什么是这样运行的，并根据这些规律，分析和预测人们的经济行为的效果。它要回答的是"是什么"或"不是什么"的问题，而不对事物的好坏作出评价。仍以区域经济增长问题为例，从实证分析角度来研究，则要说明区域经济增长的标准是什么，即什么是区域经济增长，它是怎样增长的，增长的原因是什么等。

3. 规范分析与实证分析的关系

规范分析与实证分析作为以不同假设前提为条件的两种不同分析方法，既有区别又有联系。

二者的区别是：第一，规范分析依据一定的价值判断对区域经济现象进行分析和研究，实证分析超脱价值判断去研究区域经济本身的内在规律。第二，实证分析要解决的是"是什么"的问题，而规范经济学要解决的是"应该是什么"的问题。第三，实证分析研究问题所得到的结论具有比较强的客观性，结论可以根据事实进行检验，而规范分析研究问题所得到的结论则具有比较强的主观性，结论无法通过客观事实来验证。

二者的联系是：尽管规范分析与实证分析存在差异，但二者又相互联系、相互影响。规范分析会影响人们对于实证分析的态度，而实证分析则能增进人们对于区域经济活动和政策运用的了解，有助于减少认识上的差异。一般而言，区域经济研究的问题越具体，实证分析的成分越多；而研究的问题层次越高，越带有较强的决策性，则规范分析的成分一般就越多。由此可见，两种分析方法是不同目标层次上的研究，它们之间并不矛盾。因此，在对区域经济现象进行分析的过程中，需要将这两种方法结合起来加以运用。

（二）微观研究与宏观研究

1. 微观研究

区域经济学中的微观研究方法，也叫个量研究方法，主要以区域单个经济主体活动为视角和研究对象，在假定其他条件不变的前提下来研究个体的经济行为和经济活动。其特点是不考虑外在复杂因素而突出个体经济主体运行特征。区域分析中单个企业的选址布局与区位决策问题的研究，其典型的研究方法就是微观研究方法。例如，一个企业在进行区位选址决策时，会对外界条件作相对静止的假定（如技术条件相对不变、运输方式和工具不变、市场需求稳定等），然后根据这种假定选择费用最低区位来布局以实现自身利益的最大化。

2. 宏观研究

区域经济学中的宏观研究方法，也叫总量研究方法，主要以区域总体经济为视角和研究对象，在假定制度不变和区域经济个量不变或已知的前提下来研究宏观经济总量及个量间的相互关系。这种研究方法由于抓住了区域经济运行的总体状况及其总体结构的基本状况，因而其研究结果对把握区域经济全局具有重要的作用。

20世纪20年代开始，世界经济发展过程中出现了宏观性的区域发展差距和结构性失调问题，发达国家一些原本经济繁荣的地区陷入了结构性危机；20世纪30年代世界性经济大危机又爆发了，一些萧条和落后地区经济状况恶化，加剧了发达国家的区域经济不平衡。发展中国家在经济发展过程中的区域差距问题也日益凸显。缩小地区发展差距，必须从区域整体的宏观研究视角展开，强调从宏观层面来解决问题，促进区域协调发展，即强调宏观上应加强国家、政府对区域发展的干预问题。

3. 微观研究与宏观研究的关系

作为区域经济分析的两种研究方法，微观研究方法和宏观研究方法都十分重要。微观和宏观的关系不是简单的加总关系，有些区域经济分析问题，从微观和宏观两个不同的角度来观察和研究，所得结论会有所不同。最明显的例子就是，微观上分析所得的企业最佳布局区位，在宏观上分析也许该区位不是最优选择。因此，这两种方法都有其适用的范围并具有互补性，在区域经济研究中应灵活运用。

要正确运用微观研究方法和宏观研究方法，就要对所研究的问题进行分析和综合，分析和综合是我们科学认识区域经济问题得非常基本的思维方法。分析是指在思维活动中将认识对象分解为各个部分、方面或要素分别加以研究的方法。综合是指在思维活动中将事物的各个简单要素联结起来，形成对客观对象统一整体认识的研究方法。分析和综合是互相依存、互相转化、互相渗透的。我们要把分析和综合贯穿区域经济问题研究的始终，正确进行微观和宏观的研究。

（三）静态分析与动态分析

1.静态分析

静态分析是在有关生产要素等假设条件不变的情况下，对经济现象的均衡状态，以及有关经济变量达到该均衡状态时所需要具备的条件进行研究的一种经济分析方法。静态分析不涉及时间因素所引起的变动，不考虑均衡变动过程，只考察一定时期内各种变量之间的相互关系。由于静态分析研究的是经济现象相对静止的状态，因此也可以说，静态分析是一种状态和事物横断面的分析。

2.动态分析

动态分析是通过分析各个时期经济体系中各个经济变量的连续变动，来研究整个经济体系运动的一种经济分析方法。动态分析要涉及时间因素所引起的变动，考察各种变量在不同时期的变动情况，是一种过程分析或时间序列分析。动态分析研究的是经济现象的发展变化过程。

3.静态分析与动态分析的关系

早期的区域经济研究主要应用的是静态分析方法，如古典区位论在研究区域差异时运用静态研究方法，从聚集、运费和地租等方面研究区域的空间差异，认为经济要素在地理空间上的差异是由集聚和消聚两种力量决定的。但后来区域经济学的发展更为注重动态分析方法的运用，例如，在研究区域产业结构的演变、区域空间结构的演化、区域发展阶段的分析、区域经济的增长、区域差距的变动等方面通常会更偏向于使用动态分析方法。应该指出的是，静态分析和动态分析这两种方法在区域研究中都是十分重要的。事实上，这两种方法各有优点，静态方法简单、直观、分析难度小，可以有效地说明均衡条件，为我们了解区域横截面状态和不考虑复杂时间因素情况下分析区域问题提供了基本思路；而动态研究可以观察到经济的变化根据和变化的过程，为我们动态地、反映时间变化轨迹地、较精确地考察区域经济现象的变化规律提供了帮助。

（四）均衡分析与非均衡分析

1.均衡分析

均衡分析就是假定所涉及的区域经济变量中的自变量为已知的和固定不变的，以观察因变量达到均衡状态时所出现的情况以及实现均衡的条件。在观察过程中，外界条件不断地发生变化，均衡可能是转瞬即逝的一刻，也可能永远达不到，但在均衡分析中，我们只考察达到假想中的均衡时的情况。均衡分析中通常抽掉了时间因素，因而它又总是与静态分析联系在一起的。现代微观经济学与宏观经济学运用的主要分析工具是均衡分析。比如，微观经济学中的均衡分析，是以理性的经济人假设为前提，以实现最优化为目标，主要通过边际分析方法来进行均衡状态分析的。

2.非均衡分析

非均衡分析则认为经济现象及其变化的原因是多方面的、复杂的，不能单纯用有关变量之间的均衡与不均衡来加以解释，而主张采取历史、制度、社会等因素分析的方法作为基本方法。

3.均衡分析与非均衡分析的应用

在区域经济学研究中，均衡与非均衡方法主要体现在对空间均衡分析方法的运用上，着重研究的是区域资源配置的空间均衡问题。因为经济学的基本问题不仅包括生产什么、为谁生产和怎样生产，还包括在何处生产，企业的管理者不仅要进行产品数量和生产技术方面的决策，还要进行空间区位决策。空间均衡分析主要研究空间的供给、空间的需求，在此基础上进一步研究空间的均衡及其形成。

（五）定性分析与定量分析

1.定性分析

定性分析就是分析研究经济现象内在的性质与规律性。具体地说，就是运用历史和逻辑相统一的抽象方法，对所获得的各种社会经济材料进行思维加工，去粗取精、去伪存真、由此及彼、由表及里，以高度抽象为基础，归纳出影响经济运行机制的主要因素，再对主要因素进行分析和综合，演绎出经济发展的一般规律。定性分析得出的结论一般是回答各种主要因素对经济运行有怎样的影响，各种主要因素之间有何种抽象关系，经济发展的历史过程是怎样形成的，未来发展趋势的概貌如何等。

2.定量分析

定量分析是将所研究的经济现象的有关特征及其变化程度进行量化，然后对取得的数据进行数学处理，再从对事物量变过程的分析中得出结论和揭示经济现象规律。从根本上说，定量分析渗透着这样的观念：世界上一切事物不依赖人的主观意志而存在，是可以被认识的；它们的各种特征都表现为一定的量的存在或以不同的量的变化表现其变化的过程。定量分析是要说明事物或现象是"如何变化"或"变化过程与结果怎样"的问题。

3. 定性分析与定量分析的关系

定性分析与定量分析相互补充，相得益彰，具有不可分离的关系，二者处在统一的连续体之中。例如，在分析区域城市化问题时，讨论究竟采取何种城市化道路及各种道路的利弊分析时，主要采用定性分析方法；但在研究一个区域城市化进程预测和城市化效率时，则侧重定量分析方法。在更多的情况下，为了使区域研究具体化、精确化，一般要求将定性分析与定量分析结合起来，国内外区域研究实践已充分证实了这种结合的必要性。

（六）边际分析方法

边际分析是西方经济学普遍采用的分析方法，是利用边际概念对经济行为和经济变量进行数量分析的方法。所谓边际（marginal）是指自变量发生小量变动时引起因变量相应变动的变动率。经济学家运用边际量对经济行为和经济变量如效用、成本、收益等进行分析，就是边际分析。区域经济研究在空间问题上也引入了边际分析的方法。例如，在确定城市最优规模的时候，就运用了边际收益和边际费用这种边际分析思想来分析城市的规模与其损益的关系进而确定城市的最优规模。其他如在分析空间聚集经济规模效益、区域主导产业确定等问题时，也都有边际分析的思路。

（七）历史分析方法

历史分析研究方法是人们对各种事物、事件、现象进行分析研究，根据它们发生、存在的历史条件，考察其历史进程，揭示其变化发展规律的一种方法。

任何事物都产生和存在于一定的历史条件之下并与之相适应，因此，运用历史分析研究方法，要求人们立足现实，以开阔的历史眼光回顾过去、考察现在和预测未来，按照历史提供的线索，发现事物发展的规律。

历史分析研究方法历来是专家学者们重视的方法。辩证法大师黑格尔把历史分析方法作为建筑其庞大唯心主义哲学体系的基本方法；马克思、恩格斯、列宁等人从辩证的历史的唯物主义观点出发来研究社会经济问题；在西方经济学领域，甚至由于李斯特、罗雪尔和施穆勒等经济学家因特别注重历史分析研究方法而形成了颇具影响的历史学派。

在区域经济领域，任何一个区域的发展都有其历史的发展过程和历史的延续性，并表现出一定的历史发展规律，因此，任何一个区域的问题研究都不能与其历史基础割裂开来，既要分析其面临的现实环境条件，也要考察其历史发展阶段，唯有如此，才有可能为区域问题的解决提出合适的正确的方案。历史研究的方法论要求我们，在研究区域问题时，要历史地辩证地分析问题。历史是现实的前提，要全面地理解现实的区域经济问题，就必须注重研究区域的发展历史，运用历史归纳法来研究区域的经济社会现象和总结其变化规律。

（八）制度分析方法

制度经济学家把制度作为变量引入经济理论研究中，并用正统经济学的研究方法来分析制度的构成和运用，采取结构分析法、历史分析法和社会文化分析法等来研究经济问题，揭示制度对社会经济发展的影响，以及发现这些制度在经济体系中的地位和作用，建立了更为接近现实经济活动的制度分析方法。

1. 制度分析方法的假定条件

制度分析方法以三个假定为分析的条件：第一，人类行为与制度具有内在的联系；第二，人的有限理性；第三，人的机会主义倾向。以这些条件为基础来分析人类行为与制度的关系，说明了制度作为一种变量能够改变人们为其偏好所付出的代价。

2. 制度分析的核心

制度分析总是围绕制度的内涵和构成、制度变迁和创新、产权制度等这些具体制度范畴展开的。在制度的内涵与构成分析上，使用"制度安排"将制度内涵具体化，认为"制度安排"是约束特定经济行为和关系的一整套行为规则，这些规则包括正式约束、非正式约束和制度的实施机制；在制度变迁的研究中，具体涉及制度变迁的成本与收益分析；在产权制度的研究中，以具体的产权制度为典型，分析了产权制度的起源和功能，以及产权制度的演进，并从具体的经济目标出发，研究和探讨如何制定一种具体的制度和规则以保证行为主体进行创新活动，实现激励。

3. 制度分析的应用

我国目前正处于经济体制的转型时期，由于新的经济体制还有待完善，旧的经济体制的影响还没有完全消除，同时还由于一些与市场经济相适应的规则和制度的不健全，在经济体制改革的过程中出现了大量的问题，这些问题完全靠传统经济理论所提供的办法是难以解决的，因而制度分析方法在研究转型时期的经济问题时，具有重要的意义。

（九）结构分析方法

结构分析方法是对经济系统内部诸要素的组织方式或联结方式进行分析的方法。相对于宏观（总量）分析方法、微观（个量）分析方法而言，结构分析方法有其特定的研究领域，具体来说就是指产业结构、空间结构和制度结构等。研究这些构成（结构）的状态及其变动是结构分析方法的基本任务。

结构分析方法强调对事物内部关系和结构的研究，强调同时性分析，强调整体对于部分的重要性。结构分析方法的一般过程是：第一，找出构成系统的要素和成分；第二，分析这些成分、要素之间的关系，探讨一个成分、要素的变化而引起其他成分、要素的变化；第三，确定系统的结构，找出模式，并使之数量化、形式化；第四，发现不同结构之间的转换关系和转换方式；第五，用这种模式去理解同类的或相同形式的客体。

区域经济学是以空间结构为研究对象的经济学科，主要研究国民经济在空间上的整体与部分即一国经济与该国各地区经济之间的关系，以及各地区经济相互之间的关系；研究生产力的空间布局规律与原则；研究空间上的各种结构性矛盾。显然，对这些问题的研究，结构分析方法的运用很重要。结构分析主要是一种存量分析，通常是假定总量不变，通过改变结构，以达到某种目标或目的。结构分析方法与总量分析方法具有互补性，有时结合使用。

第二节　区域经济分析的一般过程和方法体系

一、区域经济分析的一般过程

区域经济分析的一般过程是从区域某一研究问题出发，界定研究范围和确定研究目标，之后进行调查研究并收集资料，再对相关数据、资料进行分析和处理，建立适用模型，进行模拟运算和仿真试验，然后对运算和试验结果进行比较和评价，最后整理成完整的方案或综合的有效信息，供区域决策者参考使用。

二、区域经济分析

区域经济分析的方法体系是指分析并揭示区域经济总体变化、内部元素间关系及其外部联系的各种方法以及根据一定的规范对这些方法进行归类所形成的结构系统。

（一）区域空间分布模式分析类方法

这类方法主要是对区域经济要素的空间分布特征及规律进行分析，包括均值、方差、标准差、变异系数、峰度、偏度、锡尔系数、变差系数、威廉森系数等统计特征值分析方法和概率分析方法、分形分析方法等。

（二）区域经济要素间相互关系分析类方法

这类方法主要是对区域经济要素、区域经济子系统之间的相互关系进行定量分析，包括相关分析、灰色关联分析、回归分析、模糊贴近度、投入产出分析、主成分分析、因子分析等。

（三）区域经济类型分析类方法

这类方法主要是对区域经济现象的类型和各种经济区域进行划分，包括模式识别、判别分析、对应分析、聚类分析、经济区划等。

（四）区域网络分析类方法

这类方法主要是对区域交通通信网络、行政区划、经济区域等的空间结构进行定量分析，包括几何学网络分析、图论分析、网络优化、城市交通模型、城镇体系模型等。

（五）区域要素空间变化规律分析类方法

这类方法主要是对区域要素进行分析以展示其空间变化规律，包括回归分析、趋势面分析、克拉克分析、克吕格分析、空间自相关分析、空间关联分析、空间洛伦兹曲线、对应分析等。

（六）空间相互作用分析类方法

这类方法侧重于定量分析区域要素在区际流动的方向与强度，包括线性规划、投入产出、人口流动模型、引力模型、重力模型、潜力模型、极大熵模型（空间相互作用模型）等。

（七）区域发展过程模拟仿真与预测分析类方法

这类方法主要是通过模拟或分析区域经济现象随时间运动和变化的过程以定量地

揭示规律，并对其未来发展趋势作出预测或得到仿真结果，包括回归分析、时间序列分析、区域增长收敛性分析、马尔可夫分析、灰色系统模型、系统动力学模型、模糊数学模型、元胞自动机等。

（八）区域经济结构分析类方法

这类方法旨在分析区域经济的产业结构、空间结构特征，包括多样化指数、集中化指数、专业化指数、区位商分析、聚类分析、投入产出分析、洛伦兹曲线、基尼系数、对应分析、主成分分析、因子分析、基础—非基础分析模型等。

（九）区域空间决策分析类方法

这类方法主要是对区域经济活动的空间行为决策进行定量分析，包括线性规划、多目标规划、多维灰色规划、层次决策分析（AHP）、风险型决策分析、（非）确定性决策分析、模糊决策分析、灰色局势决策分析、蒙特卡罗分析、功能对比分析、生产函数模型、价值工程分析、计量经济分析等。

（十）区域经济优化调控分析类方法

这类方法主要是运用系统控制论等有关原理与方法研究区域经济优化调控问题，包括线性规划、非线性规划、动态规划、目标规划、网络规划、现代控制论方法、耗散结构论、协同学、大系统理论、灰色去余控制理论等。

（十一）区域经济运行诊断分析类方法

这类方法主要是对区域经济运行是否存在病理及病理原因进行分析，包括转移—分享分析、投入产出分析、成本—效益分析、相对增长分析、波特钻石模型、聚类分析、主成分分析、判别分析等。

（十二）区域系统复杂性分析类方法

这类方法旨在研究区域经济系统中的复杂性问题，包括突变论、混沌理论、分形分析、小波分析、神经网络分析、模糊网络分析、遗传算法、元胞自动机等。

第三节　区域经济分析的常用方法

前面我们介绍了区域经济分析的方法体系框架，从中可以看出，区域分析的方法是丰富的，而且还在不断发展充实中。这里选取几种常用的方法进行介绍。

一、主成分分析

（一）主成分分析方法的基本思路

很多区域经济问题的分析都是多变量的，数学上称为多元分析。由于反映经济问题的各指标间具有比较复杂的相关关系，一般不直接也不宜直接研究这些单个的指标，而是转而研究由它们的线性组合构成的少数几个综合指标。例如，区域投资环境影响因素分析、区域工业企业经济效益评价等问题，都涉及多指标分析。对这些综合指标的要求是，它们既能将原来各个指标所包含的不十分明显的差异集中表现出来，使各样本在综合指标上反映出来的差异尽可能明显，同时各综合指标间又能彼此相互无关，即要求将重叠的信息去掉，以使综合指标数目大大减少。这样的综合指标就被称为主成分。实际上，主成分分析就是指标降维的过程。

（二）主成分分析的数学表示

假设研究区域实际问题时，出现了 P 个指标，即有 P 个随机变量，主成分分析就是要把这 p 个指标的问题按照保留主要信息量的原则，转变为讨论这 P 个指标的线性组合问题。所谓保留主要信息量是指以前面 q 个主成分的累积方差和占总方差和的比例（这个比例称为累积方差贡献率）$\geqslant 80\% \sim 85\%$ 的最少的主成分数 g 来作为保留了的主要信息量。将 P 个指标分别记为 $X_1, X_2, \cdots, X_p$，它们是 p 个随机变量，将第 1 主成分记为 Z_1，第 2 主成分记为 Z_2，……，第 p 主成分记为 Z_p，则有：

$$\left.\begin{array}{l} Z_1 = l_{11}X_1 + l_{21}X_2 + \cdots + l_{p1}X_p \\ Z_2 = l_{12}X_1 + l_{22}X_2 + \cdots + l_{p2}X_p \\ \cdots\cdots \\ Z_p = l_{1p}X_1 + l_{2p}X_2 + \cdots + l_{pp}X_p \end{array}\right\}$$

上述 P 个主成分 $Z_1, Z_2, \cdots, Z_p$ 的方差总和等于原来 P 个随机变量 $X_1, X_2, \cdots, X_p$ 的方差总和，且它们之间两两互不相关。

二、锡尔系数

锡尔系数由锡尔（H.Theil）20 世纪 60 年代提出。锡尔运用信息理论提出了一个可以按加法分解的不平等系数，该系数满足庇古（Pigou）转移原理。锡尔系数可以用来衡量两组变量差异，在地区差异分析中经常使用。锡尔系数分锡尔 U 系数和锡尔 T 系数两种：

（一）锡尔 U 系数

锡尔 U 系数按下式计算：

$$U = \sqrt{\frac{\sum (x_i - y_i)^2}{n}} \Big/ \left(\sqrt{\frac{\sum x_i^2}{n}} + \sqrt{\frac{\sum y_i^2}{n}} \right)$$

锡尔 U 系数的优点是，在因 x 和 y 变化的差异、x 和 y 间缺乏相关以及 x 和 y 的平均数间存在差异而产生失衡的情况下，可以将它进行分解。其缺点是，它依赖于所用的基本数据，必须进行无量纲化处理。U 值在 0 ~ 1 之间变化，若 U=0，表示两变量间的差异最小即最大的平等；若 U=1，表示两变量间的差异最大即最大的不平等。

（二）锡尔 T 系数

锡尔 T 系数按下式计算：

$$T = \sum_{i=1}^{n} \frac{y_i}{Y} \log \frac{y_i / x_i}{Y / X}$$

公式中：

$$Y = \sum_{i=1}^{n} y_i, \quad X = \sum_{i=1}^{n} x_i。$$

锡尔 T 系数可分解成两个部分，即集合间（如国内地区间）和集合内（如地区内）的不平等。T 值在 0 ~ logn 之间变化，若 T=0，表示最大的平等；若 T=logn，表示最大的不平等。如果将 T 转换成 T′ =T（logn）$^{-1}$，则 T′ 值将在 0 ~ 1 之间变化。

三、层次分析法

层次分析法（Analytic Hierarchy Process，AHP）在 20 世纪 70 年代由美国运筹学家 Satty 提出，它是一种定性与定量相结合的决策分析方法。运用 AHP 方法，决策者通过对复杂问题进行层次和因素的分解，在各因素之间进行简单的比较与计算，就可以得出不同方案重要性程度的权重，为最优决策提供依据。利用 AHP 方法求解区域问题的步骤如下。

（一）建立区域问题的递阶层次结构

区域问题往往比较复杂，涉及众多因素，因此首先要把复杂的区域问题分解成元素的组成部分，再将这些元素按属性分组以形成不同的层次。同一层次的元素作为准则，对下一层次的元素起支配作用，同时又受上一层次元素的制约。这是一个递阶层次结构，最顶层只有一个元素，即要达到的决策目标，中间层次是因素层和子因素层（准则层、子准则层），最底层各元素就是措施层。

（二）构造判断矩阵

递阶层次关系确定了各层元素间的隶属关系。假设某一层次的元素 C_K 作为准则，则其下一层次的元素 $A_1, A_2, \cdots, A_n$ 受该准则支配。在 C_K 准则下针对 $A_1, A_2, \cdots, A_n$ 的相对重要性赋予它们相应的权重，但由于区域问题研究（如区域投资环境问题分析）的许多影响因素的权重不容易直接求取，而往往采用两两比较的方法，于是对于 n 个元素可得到其比较判断矩阵 $A = \left(a_{ij} \right)_{n \times n}$，其中相对重要程度由 9 个标度给出。

（三）计算单一准则下的元素相对权重

计算单一准则下的元素相对权重，其本质是确定权函数 $W(A) = \left[W_1(A), W_2(A), \cdots, W_n(A) \right]^T$，$\sum_{i=1}^{n} W_i(A) = 1$。我们可以通过求解 $AW = \lambda_{\max} W$ 来确定 W（A）。为避免分析依据失真，我们还需要进行一致性检验。

第五章 区域工业化与城市化

从城市发展的历史来看，最先推动城市发展的动力或者说城市的经济基础是贸易。随着工业革命的兴起，城市的面貌和城市的功能、规模都发生了翻天覆地的变化，城市的生产功能超过了流通功能，成了工业生产要素集聚和生产的集中地，这种趋势在相当长的时间内很难改变。随着工业化后期或是城市发展已进入到"后工业化"阶段，城市发展的动力将伴随着第三产业的兴起和发展而改变，到那个时候，城市发展的经济基础将是以金融、旅游等增加值高的第三产业为主，这是从世界范围内总结出来的城市发展的一般趋势。

第一节　区域工业化与产业结构

中国的改革开放遵循着渐次推进的模式，在地区发展的过程中出现了工业生产的集聚。

一、区域工业集聚与收益

最近十多年兴起的新经济地理学在解释工业集聚和地区间差距方面获得了巨大的成功。这一理论认为，地理位置和历史优势是集聚的起始条件，规模报酬递增和正反馈效应导致了集聚的自我强化，使得优势地区保持领先。既有的研究仅将焦点集中在了检验新经济地理因素对工业集聚的作用，但却忽视了其他因素如经济政策的作用，而政策因素在增长理论和区域经济理论的实证检验中已被证明是非常重要的。工业是推动其他产业发展的重要力量，中国工业发展水平的地区差距是地区间差距最为重要的表现。从新经济地理学的角度来讲，工业可以在地区间转移，故集聚效应最显著。

在经济转型时期，地区间对于分工收益的分配不再可能实施计划经济体制下的平均分配制度，而是转为由市场体制下的谈判机制来分配收益。由于较发达地区在高技术产业拥有比较优势，且通常具有较快的技术进步速度，所以在收益分配中占据了更高的谈判地位，从而在分工收益中得到了较大的份额。而对于落后地区而言，如果它选择加入区域分工体系，只能分享分工收益较少的部分。相反，如果落后地区选择暂时不加入分工体系的话，虽然它将丧失短期内的分工收益，但却由此发展了高技术产业，提高了自己在未来分配分工收益的谈判中的地位。同时，当落后地区选择不分工时，发达地区也只能选择不分工，并部分地放弃在高技术产业的技术进步，相对降低了自己在未来的谈判地位。两相权衡，有可能短期内选择不分工对落后地区更为有利。而且，发达地区初始技术水平越高、技术进步速度越快，其谈判地位越高，在分工的收益中占有的份额越大，于是对于落后地区而言，就更倾向于通过发展一些战略性的产业来提高自己未来的谈判地位。落后地区暂时选择不加入分工体系虽然可能对于其自身是有利的，但却造成了社会总产品减少和资源配置效率的损失。此外，我们还发现，中央政府的财政转移不仅可以使得落后地区获得更高的收入，而且也可以促使其加入分工体系，放弃违背比较优势的发展战略，这就体现出了中央政府财政转移的资源配置功能。

二、区域产业结构调整和优化

区域产业结构调整与优化是提高整体资源配置效率的重要前提，也是区域经济成长的本质要求。从理论上讲，区域产业结构优化不仅有助于解决产业的地域分工问题，而且有利于处理和协调区域之间的利益关系问题。

（一）区域产业结构优化的基本内容

产业结构优化是指通过产业结构调整，使产业结构效率和产业结构水平不断提高的动态过程。它要求从整个区域经济出发，以一定的价值观和方法论为指导，通过一系列深入细致的定性和定量研究，得出区域产业结构的优化模型和方案。在此基础上，制定和实施相应的产业政策，实现区域产业内、产业间比例关系和关联方式的优化调整，促进各种生产要素的最佳组合和各种资源的最佳配置，从而取得最好的经济效益。其内容包括产业结构合理化和产业结构高度化两方面。

1. 区域产业结构合理化（rationalization of regional industry structure）

本质上是产业结构的协调，是指产业间有机联系的聚合质量，即产业之间相互作用所产生的一种不同于各产业能力之和的整体能力。由于区域产业结构是一个各种产业相互联系、相互制约和相互促进的复杂有机体，单一的标准很难对其做出全面和准确的评价。因此，要全面地反映产业结构的合理化程度，就必须确立一个相互联系的标准体系。一般来说，评价区域产业结构合理化的标准，主要有如下几方面：是否使该地域的资源得到充分合理的有效利用；是否具有较强的应变能力，能及时提供社会所需要的各种产品和服务，并能推动整个经济结构的合理化；是否能使各产业协调发展，具有较强的结构转换能力；是否能获得最佳结构经济效益；是否能够充分吸收当代最新科学技术成果，即体现产业的技术进步与创新；是否有利于保持经济发展与人口、资源和环境的发展相协调，能满足就业、资本吸收和生态环境保护等方面的要求。

区域产业结构合理化的评价标准是一个有机整体，评判时要综合考虑，否则调整产业结构就会带来片面性和盲目性，难以做到合理化，甚至造成严重的结构失衡，反而给区域经济发展增加矛盾和困难。但是，各种标准在不同条件下，其作用力度应该不一样。不同区域，由于地理环境、资源条件、科技水平、经济成长阶段和消费水平等不同，对其产业结构合理化评价也有所差异，评价标准应有所侧重，绝不能用所有标准去衡量区域产业结构的合理化程度。

2. 区域产业结构的高度化（heightening of regional industry structure）

在国内外的经济学文献中，有关产业结构高度化的内容的专门论述并不多见，比较有代表性的有两种。一种认为，产业结构的高度化是指一国产业结构在其经济发展的历史和逻辑序列演进过程中所达到的阶段或层次。这个高度至少包括三方面的规定：第一，国民经济运动过程中，第一产业占优势的比重逐级向第二、第三产业占优势比重的演进阶段；第二，产业结构中由劳动密集型产业占优势比重逐级向资本密集型、知识密集型产业占优势比重的演进阶段；第三，产业结构中由制造初级产品的产业占优势比重逐渐向制造中间产品、最终产品的产业占优势比重的演进阶段。这种概括显然是正确的，它主要从量态的角度反映了产业结构高度化的内涵。在此基础上，有学者将产业结构高度化的内容进一步概括为相互联系、相互制约的四个方面：产值结构高度化；资产结构高度化；技术结构高度化；劳动力结构高度化。

这种从量态和质态两方面对产业结构高度化进行完整的概括，对我们理解产业结构演化过程有极大的帮助。我们认为，从产业结构优化的角度出发，可以把区域产业结构高度化定义为产业结构在经济发展的历史和逻辑序列顺向演化过程中，随着技术结构与需求结构的变化向更高一级演进的过程，也可将其称为产业结构的升级。它是产业结构整体结构性的转变，是产业结构的质变。从一定意义上说，产业结构高度化既是社会需求拉动与技术进步推动的结果，同时它又为不断满足社会需求和技术进步创造条件，因而产业结构高度化一般表现为以下几个重要趋势。

第一，从产业结构看，不断由技术水平低的传统技术产业向现代技术产业乃至向高新技术产业转变，促使产业结构从低级向高级演进。

第二，从劳动密集型向资金密集型再向技术和知识密集型产业演进，这是产业结构高度化的一个重要趋势。

第三，在科学技术日益进步和需求不断扩大的情况下，产业内部对劳动对象的加工深度表现出一种有序的演化过程，即从采掘业向原料工业、初加工工业再向深加工工业深入，同时也表现为从低附加价值产业向高附加价值产业演变。

第四，从长期产业发展秩序看，一般占主导地位的产业总是先从消费资料部门向生产资料部门转换，然后又从生产资料部门向消费资料部门和服务部门转换，这种结构性变动也是产业结构高度化的演进趋势之一。

第五，产业结构演进的一个重要趋势是与国际市场相适应，建立完善的内资与外资相结合的、全方位的、开放型产业结构，即产业结构的国际化。当今世界上，任何一个国家或地区，如果离开国际市场，不能充分利用国际经济、金融、科学技术和商品市场等提供的条件，都很难使地域经济得到迅速发展，这已经为世界各国经济发展一再证实。

（3）区域产业结构合理化与产业结构高度化内在统一的条件

是二者所包含的要素相互融合、相互贯通，同时又相互制约和相互促进。从本质上讲，产业结构合理化是高度化的基础，长期失衡的产业结构不可能有高度化的发展。离开了产业结构合理化的过程，产业链条无法合理运转，产业结构不能连续循环和不断升级，主导产业难以发挥带动效应，扶植产业也难以健康成长，产业结构的水平也难以提高。同时，产业结构合理化也总是在一定高度化基础上的合理化，否则，产业结构处于低级状态的情况下，相关产业部门无法发挥内在的替代效应，产业断层不能自我弥合，只能在低水平上追求结构平衡，合理化本身也就没有结构效益可言。

区域产业结构的合理化与高度化又是有差别的：合理化侧重于资源配置的数量比例关系，高度化主要反映资源配置的利用效率，反映产业结构的技术进步状态。合理化可以建立在任何水准上，高度化必须是社会生产力和社会需求程度的不断提高。同时，高度化是产业结构非均衡成长过程，它的发展常常要打破原来水准的合理化状态，使产业结构从低水准向高水准演进。因此,合理化不是产业结构调整优化的终极目标,产业结构调整和优化是产业结构从一种合理化状态上升到另一种合理化状态的高度化过程。正是从这个意义上,才把区域产业结构的成长过程视为产业结构的高度化过程。也就是说这种高度化已经蕴含着合理化的真谛。

(二)区域产业结构优化的基本模式

对于一个特定的区域来说,产业结构的优化是一个不断持续的过程,是从宏观上研究地域产业结构沿什么方向演进的问题。其优化的依据有四点:区域自然资源状况及特点;区域所处的发展阶段及总体水平,包括现有产业结构特征及其特点;全国劳动地域分工对本地域的要求;与国家产业结构优化同社会发展目标相协调,并有利于区域经济的可持续发展。

区域产业结构优化有三种导向:技术导向,指区域产业结构向高技术化产业方向转变,逐步提高技术产业在整个产业结构中的比重,直至占主导地位;结构导向,指逐步建立起以主导产业为核心,自然资源开发与加工制造业协调发展的产业结构,直至加工制造业占主导地位;资源导向,指建立以自然资源开发为主,资源密集型产业占主导地位的产业结构。一个国家各个区域经济发展水平不同,地域特色各异,其产业结构优化的方向必然会有所差别。也就是说,不同类型的地域,其产业结构优化的方向不同,从而优化的模式亦各不相同。

1. 不发达地区产业结构优化模式

一般来说,不发达地区的产业结构处于资源导向阶段,因而是一个低层次的结构形式。第一产业在产业结构中占很高的比例,工业化刚开始起步,经济发展仍十分落后。这类地区由于专业化水平低,资源优势远未能转化为商品经济优势,多种有优势的资源还处于待开发状态。因此,其工业化往往要借助于外部资金、技术和人才的输入,并且把外部输入与区内条件结合起来。资金投入的产业层次要立足于本地优势资源,技术层次要适合区内劳动力素质条件,选择能发挥本地有利条件,同时也有相当市场潜力的产业优先发展,利用外部输入把潜在资源优势转化为现实经济优势,推动地区经济成长。对于中国不发达地区的产业结构优化来说,首先是加强资源导向,扩大优势资源的开发规模,发挥规模经济效益,同时通过资源的综合开发利用发展加工制造业。即在今后一定时期,要以资源导向和结构导向为主,因为中国不发达地区至今没有完成传统工业化,甚至资源导向型的产业结构也发展不健全,还没有完全摆脱自然经济格局，人们的思想观念与市场经济还不相适应，在这种地区经济文化环境中，产业结构的优化还有一段相当艰难的路要走。

2.欠发达地区产业结构优化模式

地区产业结构步入以结构导向为主的成长阶段，已经跨过工业化起点，第二产业在产业结构中占据主导地位，地区优势已经形成或正在形成中，区内已形成较好的投资环境或正在建立中的若干"增长极"，整个地区经济呈现较强的增长势头。这类地区产业结构优化的核心问题是：进一步巩固、扩大主导产业部门，充分利用规模经济，增强优势产业和产品的竞争能力，提高市场占有率；围绕主导产业发展的前向、后向和旁侧关联产业，形成结构效益良好的产业体系，特别重视后向加工环节的发展，以提高资源的综合利用水平，提高产品的附加价值；抢先建立或移入发达地区效益递减或即将扩散的产业，引进技术加以改进创新；重视贸易、金融、信息、咨询和科技等第三产业的发展。

3.发达地区产业结构优化模式

这些区域工业化水平较高，第三产业也较发达，基础设施齐备，交通运输与信息已基本形成网络，在极化效应和乘数效应作用下，生产部门较齐全，协作配套条件优越，产业结构进入技术导向型阶段，区域内资金积累能力强，劳动力素质高，是国家经济核心区所在。但这类区域也存在着衰退因素，如土地和工资等生产要素价格上涨，一度领先的技术优势已不复存在，生产设备陈旧老化。这些衰退因素综合表现为越来越多的产业和产品的比较优势逐步丧失。因此，这类区域在产业结构上，要果断淘汰或移出比较优势已经丧失的产业，着力发展新兴产业，引进和利用新技术改造传统产业，不断开发出"高、精、尖"产品，实现产业结构高度化，形成产业结构动态递进的正常机制。同时要大力发展外向型经济，参与国际分工与交换，促进区域产业结构素质的全面提高。进一步加强与欠发达和不发达区域的横向经济联系，建立合理的区域经济分工体系，促进发达区域资金和技术向欠发达和不发达区域转移，强化扩散效应，使不同区域产业结构相互协同，推动区域经济共同发展。

（三）区域产业结构与区域经济增长

在一个相对独立的区域经济系统中，区域经济增长总是与区域产业结构紧密相关的，一定的区域产业结构直接或间接地表现为区域经济增长的前提或基础。概括起来，主要体现在以下两方面。

1.区域产业结构决定着区域经济效益和发展速度

经济效益和发展速度是区域产业结构的函数。任何社会生产过程都是在一定社会生产关系或所有制条件下，劳动者和劳动资料结合作用于劳动对象的过程。而劳动者、劳动资料结合作用于劳动对象的有机结合，必须按一定的技术结构有比例地配置，并随着科技水平的发展变化而不断改变其资本技术构成或比例。因而劳动者、劳动资料及劳动对象按一定技术比例的结合，直接表现为社会生产过程得以进行的前提或基础，它们配置的社会方式、数量比例及层次关系等的不同，致使其社会经济效益不同，从而产生不同的经济发展速度。

2.区域产业结构本身已包含有效益的一定要素，效益寓于结构之中

优化区域产业结构或以最小投入获取最大产出，本来就是提高效益的真正内涵之所在。而速度本身又表现为效益的一个要素，没有效益便不可能有持续增长的速度，只有效益提高了，投入与产出之比上升了，才会出现真实可靠的增长速度。既然效益决定着速度，那么发展速度也就作为经济效益的一个要素包含于区域产业结构之中。

在区域经济社会发展过程中，必须高度重视区域产业结构调整与优化问题，充分认识区域产业结构是区域经济运行过程中的深层次问题。从中、长时期看，经济效益和发展速度有赖于区域产业结构的优化与转换，劳动力、资金、技术设备等的结构状态，在很大程度上决定着资源的配置效果。如果区域产业结构比较合理，且与区域内外市场需求结构基本适应，则资源配置就较为合理，能保持良好的经济效益，并获得持续稳定的经济增长。与此相反，如果区域产业结构不合理或严重失衡，与区域内外市场需求结构不相适应，则资源配置效率不高，社会经济效益低下，区域经济发展速度往往缓慢或大起大落。

在市场经济条件下，中国各区域尤其是中西部地区产业结构成长的现实基础将日益依赖于市场需求结构，需求结构变动将成为决定中西部地区经济增长和产业结构变动的根本因素。

四、城市化与产业化的互动发展

从历史的角度考察，城市化始于工业革命，也促进了工业化的深入与产业结构的调整。

（一）交易集聚推动产业结构调整

在工业化与城镇化发展的初期，某些地区会由于资源禀赋优势或区位优势、政策

优势等，获得了先行发展工业的机会。由于受技术、资本的限制及实际需求，纺织、食品、日用产品等消费品工业和餐饮、商业、运输等传统服务业最先获得了发展。这一时期，绝大多数地区经济都处在发展初期，资本积累都很有限，相比较而言，区域内的农村剩余劳动力的流动更自由、零散，对市场的反应更敏捷、没有沉淀成本，所以其流动要先于资本。由于这些劳动密集型产业对劳动力的基本素质要求不高，更刺激了区域内农业剩余劳动力向这些非农产业的转移。人口的集聚会导致需求的增长从而促进地方产业部门的发展，并带动相关产业（包括消费者服务业）的联动发展，逐渐吸引区域外的劳动力向该地区转移。当城市聚集了一定程度的经济活动总量，市场规模的扩大带来的中间投入品的规模效应和劳动力市场规模效应及信息和技术集聚与扩散效应，大大降低了企业的生产和交易成本，尤其是当区域内的运输费用比跨区域运输费用的节省较可观时，就会造成所谓的"交易集聚"，促使特定产业或具有密切联系的相关产业的企业通过区域转移集聚到该区域。同时，竞争的加剧会刺激企业进一步提高劳动生产率，从而促进了产业分工的深化和产业链的延伸。随着石油、电力、钢铁、化学、机械等资本密集型产业开始发展并成为主导产业，生产率的提高降低了对劳动力的吸纳能力，但产业分工的深化会派生出对生产者服务业的强烈要求，从而拉动服务业的发展。因其具有更高的就业弹性能弥补工业吸纳能力的不足，也促进了农村劳动力继续向非农产业转移。

根据新经济地理理论，随着产业集聚，在劳动力有限流动的情形下，区域的人口和工资就可能会上升，造成生产成本上升。当区域内生产成本的上升超过交易费用的节省时，一部分企业就开始向边缘地区迁移。但在二元经济结构国家中，劳动力的供给比较充足，而且除了生产成本和交易成本之外，市场规模和市场制度环境对产业区域转移有直接的影响。随着人口和产业向发达地区的集聚，区域间的差距越拉越大。这也会刺激更多的劳动力向发达地区转移，使得工资上升速度趋缓，产业继续向发达地区集聚。但一个区域内的土地是有限的，当产业高度集聚，地价的上升会提高区位成本，从而使企业运营成本上升。可是，人口和产业集聚的发达地区所拥有的巨大的市场规模，是企业占有高市场份额的有利条件，因此，在比较成本利益的驱动下，用地面积大的工业有向外转移的动力，但为了靠近市场，企业会选择往郊区或区域内靠近发达城市的中小城市转移。由此，第三产业成为高度发达的中心城市的支柱产业，第二产业向周边地区转移，逐渐形成了具有一定层次性的城市圈。

在城市圈发展过程中，其人口和产业的高度集聚及其不断扩大的市场规模，还会继续吸引相对落后地区的第三产业向城市圈的中心城市转移，第二产业向城市圈的周边城市转移。产业和人口的高度集聚，会使发达地区的土地极度紧张，而土地成本的不断上升，显然会通过联带效应提高城市生活成本；同时，发达地区劳动生产率的提高降低了对劳动力的需求，使得工资增幅缓慢，但农村的人地矛盾还是使大量的劳动力不断地向城市转移，劳动力转移的成本递增。一般情况下，只有当发达地区工业用地极度紧张，或者当该区域的市场开发得差不多，企业需要向外扩张以抢占更多市场时，才会有一定规模的产业向相对落后地区转移。但是，如果相对落后地区的市场制度环境不适合企业生存，还会延缓产业从发达地区向落后地区转移的速度。而如果产业在发达地区集聚到一定高度而不能往外转移，产业结构升级带来的技术和资本对劳动力的排斥，会降低非农产业就业弹性系数，而落后地区因产业集聚不够，城市化发展缺乏工业化动力，提供非农就业能力弱。因此，产业的过度集聚会减弱劳动力吸纳能力。

（二）产业集聚推动人口集聚

在工业化和城市化互动发展的相当长时期内，人口和产业呈现出从落后地区向发达地区持续单向集聚的趋势。产业的适度集聚能促进产业发展和劳动力吸纳能力的提高，而产业和人口的过度集聚，会减弱产业的劳动力吸纳能力，并增加劳动力转移成本。

集聚是城市化的本质，城市化的过程就是产业、人口在一定空间的高度集聚，同时城市面积扩大的过程。集聚会带来双重的经济效益，即集聚经济和集聚不经济，集聚经济是因为集聚过程中产业和人口集聚带来的成本的降低和经济上的额外收益；而集聚不经济是在城市化的过程中由于产业和人口的集聚带来的额外成本和经济收益上的损失。相比较而言，城市化过程中的集聚经济利益要超过集聚不经济带来的损失，这也是经济主体选择集聚的原因。任何经济主体总会进行权衡，只有收益超过损失才会有促进集聚的动力。当然，城市化过程中产业对集聚和分散的选择会随着成本收益的变化做出灵活的抉择，这也说明城市化过程中的集聚本身也具有度的问题。过度的集聚产生的集聚不经济会对产业和人口的分布产生影响，在很多经济发达的国家和地区，由于城市核心区的过度拥挤而产生了产业和人口的外迁，甚至出现了逆城市化的趋势。基于产业集群的城市化就是在集聚经济和集聚不经济双重作用形成的综合作用力推动下进行的城市化过程，它本身只能利用集聚经济优势和避免或减轻集聚不经济效益的影响而不能完全地消除它的作用。

五、中国城市产业选择

中国不少城市在"十三五"规划中都提出要发展高技术产业、新兴产业，振兴服务业。但一个城市到底适合什么产业，有很多先决条件，主要有以下几个。

（一）在全球、国家和经济圈中的三重定位

几乎所有的城市，在规划产业时，都希望以高新产业为主导，视低端产业为落后产能。但事实上，主导产业的层级，还需要从其所处的区域分工与定位考量。中国在全球产业链中处于中低端位置，以制造业为例，全球制造业分为四大方阵：美国为第一方阵，英法德日韩等其他发达国家为第二方阵，中国等新兴国家为第三方阵，广泛亚非拉后发国家为第四方阵。

在高新产业领域，最核心的技术控制在欧美手上，如汽车的顶端技术在日、德和美国。我国虽然实现大飞机技术零的突破，但也只限于少数领域，主要技术仍然掌握在少数国家手中。中国在全球产业链中的地位，注定了多数城市要以大众产业，或者说中端产业为主，高端产业只能落地在部分先发城市。中国若失去大众制造的优势，将受到两面夹击。在高端领域，受到欧美的阻击，在低端领域，被印度和越南等国蚕食。

同时，在国内也存在一个产业梯度。随着我国向内陆产业转移的完成，将形成一个"U"形曲线产业结构，东部沿海地区将成为研发和高端的产业核心区以及最终产品的销售中心，而加工制造这个"U"形曲线的底端集中于中西部。

（二）顺应发展阶段

尊重发展阶段，对于城市产业战略来说也至关重要。很多地方认为，第三产业占比不高意味着城市不发达。事实上，到底哪种产业为主，要受到城市发展阶段的制约。一度风靡的"服务业突围"，导致了部分城市的战略失误。在国家层面，部分人滋生了"以世界工厂为耻"的情绪，过去十年，中国出现产业空心化的倾向，实体经济遭遇重创，直到2015年才显现出一些转机，推出"中国制造2025"计划。

虽然美国是全球第一服务业大国，但它的制造业同样发达，甚至还是第一农业大国。合理的产业结构，使美国具备强大的抗风险能力和调整能力。英国巅峰期制造业占全球工业国家的比重约在45%，美国巅峰期占西方世界的53%，中国目前仅占全

球 20%，且大而不强，远未至顶峰。从发展阶段判断，中国尚处于工业化中期，制造业仍是定鼎重器。这也决定了国内多数城市，将以制造业为主导产业。

跨越式发展失利的典型是珠海。改革开放初期，其他珠三角城市都通过承接香港和欧美的产业转移，率先发展工业，以旅游业及高新产业为主导产业。珠海由此失去了发展工业的最佳时机。20 世纪八九十年代，正是珠三角各城市起飞的黄金时期，制造业迅速发展，成为知名全球的"世界工厂"。以广州与深圳为龙头的珠三角城市群亦完成了初步崛起。制造业的滞后，使珠海超常发展的梦想落空，在第一轮的发展中，珠海逐步落后，特区光芒消失殆尽，与深圳的差距巨大。

（三）存量与增量之争：传统产业或高新产业

很多地方视传统产业为畏途，都将高新产业列为未来发展重点，欲以新兴产业破局。但是，如果各地都以新兴产业为突围之路，很快就会出现过度竞争、模仿，产能过剩。比如太阳能行业，各地一哄而起，最后行业动荡时，谁也难以幸免。此外，新兴产业的崛起需要时间，而其间地方政府如何支撑既有的格局，等到新兴产业开花结果？

在高新产业领域，最核心的技术控制在欧美的手上，在国内，也存在一个产业梯度，最高端的产业，还是落地在中心城市，如北京中关村、上海张江科技园、深圳高新产业园等。无锡过度依赖新兴产业和高端产业，甚至借太湖蓝藻事件，驱赶了不少传统制造企业，一心去搞高科技，最后光伏产业不保，传统产业不振，两头落空，忽视巨大存量，对于城市经济的发展，是非常致命的。

相对新兴产业，中国的传统产业（如制造业）存量巨大。对于多数城市来说，制造业的转型升级，比从制造业向服务业转型重要；传统产业的更新，比传统产业向新兴产业转型更重要。

值得肯定的是广东佛山的内生式发展。佛山的发展模式可谓三体一式：坚固厚实的实体经济、强盛丰茂的本土经济、富有活力的民营经济。一直以来，佛山坚守制造业，第二产业比重维持在 60% 左右。

第二节 区域城市化

简·雅各布斯（Jane Jacobs）在《城市经济》（The Economy of Cities）一书中提出，自新石器时代首次被创造出来以来，城市就是我们经济进步的引擎。她颇具说服力地宣称，城市甚至发明了农业。然而，城市的经济重要性只是基础。最初的国家似乎是城邦，希腊城邦发明了民主，罗马城邦吞并了地中海世界，意大利城邦启动了欧洲的"文艺复兴"。"城市（city）""公民（citizen）"和"文明（civilization）"都来源于拉丁词根：市民（civis）和城邦（civitas）。

现在更是城市时代。城市培育了匿名性，让人们可以自由地追逐自己的梦想。它们像磁石一样吸引着个人和企业。就支持的活动、产生的技能和吸引的人口而言，城市是多样化的。它们创造了规模和范围经济，产生了复杂的交换网络，包括与其他城市的交换。尤其是与乡村或者杂乱的郊区相比，它们可以更有效地提供交通、通信、供水、下水设施、能源、医疗以及其他服务。全球逾一半人口住在城市，这是历史上的首次。全球五分之四的经济产出由城市地区创造。不仅城市人口比过去多得多，而且城市规模也比过去大得多。

一、城市——区域经济发展中心

城市从产生开始就给区域经济的发展带来新的变化，城市产生于农业社会时期，尽管当时社会经济的基础长期以农业为主，但是城市产生后便以它自身的优势成了区域经济发展的主要场所。最初的城市是农产品和手工业产品交换的场所，同时也是区域的中心，发挥着政治、文化和商贸中心的作用，农业和手工业生产以家庭小生产为主，但是他们生产的产品都得送到城市的集市和市场中去完成交易，再从市场上换回自己需要的日用品和生产资料。在工业革命以前，城市在相当长的时间内扮演着这种角色，成为区域经济发展的主要场所，可以说离开了城市，仅仅依靠农村自身，交易的规模和效率就会大打折扣。同时，由于城市集聚了大量的统治阶级和商人，为城市居民服务的各种行业和设施也发展起来，成了推动城市自身壮大的重要原因。这个时期的城市发挥了集聚和流通各种商品的功能，对促进区域经济发展起到了不可替代的重要作用，城市也逐渐成了区域经济的中心，它和乡村的分工也日渐清晰。

工业革命的出现彻底地改变了城市的面貌，城市的结构和功能、地位、作用等各个方面都发生了剧烈的变化，城市从依靠和服务于农村逐渐独立成为有着完善结构和功能的地域系统。由于大量机器的使用，各种工厂建立起来，无论是规模还是水平都远远超过了手工作坊，工厂生产的产品数量多，品种齐全，手工业逐渐被淘汰。

先进的交通工具和蒸汽机的出现使工业发展摆脱了地域和资源的限制，工业活动更加直接地集聚到城市里，城市工业经济创造的产值远远超过了农村农业创造的产值，农业生产所需要的生产资料、生活资料等商品都有赖于城市工厂的生产，农村逐渐依附于城市。城市开始发挥作为区域经济、政治、文化、商贸中心的功能，除了粮食和蔬菜等农产品需要和农村交换得来以外，城市甚至可以生产自身需要的一切，成为强大的交换、生产和消费的大系统，越来越多的农村居民涌入城市，有更多的人期望成为城市人去享受城市生活的奢华和繁荣，城市成了一个区域经济发展的标志，提到某个地区，人们马上联想到那里的某座或者几座城市。

在此基础上随着电力的出现，城市经济的发展再次获得了新的动力，城市工业的门类和效率又有了新的突破，城市居民的消费产品尤其是家用电器的消费成了带动城市工业发展的新的增长点。由于城乡收入差别和消费条件的不同，这些产品的消费向农村转移很慢。城市自身通过发展已经成为区域经济发展中的主导力量，城市之间的交流也逐渐扩大，相互满足消费的需求，城市的产业也分为基础产业和非基础产业。以电子计算机和互联网为代表的信息产业在城市的兴起为城市的现代化和城市产业的升级注入新的活力，在信息社会到来的形式下，产业发展出现了新的形式，城市生产的产品中出现了大量的无形的知识和高科技产品，信息成了商品。在创造价值方面，城市已经超越了农业生产的有形形式，农业在区域经济发展中的地位迅速衰落，大量的农村劳动力到城市从事服务业。现代生物工程技术和栽培等技术的发展可以使传统的农业栽培转移到城市中的实验室里或是在城郊的大棚里，城市开始从经济、科技等多个方面对农村进行补贴。

二、城市在区域经济发展中的地位与职能

自城市产生以来，尤其是工业革命以来，工业就超越传统的农业成了决定区域经济水平的主要产业，表现为农业在国民收入中所占比例的急剧下降和工业、服务业所占比重的相应提高。而城市从它产生的那一天起就和新兴的工业、商业及服务业联系在一起，并成为这些产业在地理分布上的依靠，即使一些与农业高度相关的乡镇企业也出现了向城市集中的趋势。城市的各种便利为这些产业的发展提供了农村无法提供的条件，有效地降低了工业和服务业发展的成本，增加了收益。

随着城市产业的发展，各种配套设施和相关服务设施的建设，大量的人口积聚到城市中来，城市从最初的商业交易中心和之后的工厂集聚地发展成为拥有大量非生产性部门围绕生产性部门的集合体。从事商业、服务业的人数逐渐超过了城市里的产业工人，构成了城市人口的很大部分，城市人口数量更是超过了农村人口，在发达国家

和地区这种趋势表现得很突出。而在中国这样的发展中国家，随着城市化和工业化的逐年推进，城市人口将会在很短的时期内超过农村人口的数量，城市人口的收入水平也显著地高于农村的水平，巨大的城市消费推动着城市经济的发展。

城市不仅是生产中心、人口集聚中心，还是管理中心。城市一般都是地区的行政和相关部门的管理枢纽所在地，城市的这种管理中心的地位为城市经济发展奠定了坚实的基础，尤其是城市对经济的管理更是为城市的发展和经济实力的壮大发挥了重要的作用。城市中的税收部门通过对城市各个产业征收赋税，甚至通过向乡村地区征收赋税而集中了大量的财力，这种征收突破了城市本身的地域范围，在整个区域范围内来积聚财富，而财富在分配和使用上更大比例地倾向于城市有限的地域范围内，这在一定程度上加剧了城市和乡村的差距和对立。在发展中国家的发展初期，城市的发展在很大程度上是通过农村援助来完成城市化和工业化的，我国在这方面非常明显。

城市拥有发达的交通和通信等基础设施，这些基础设施为城市发展现代贸易提供了良好的条件，城市通过实现和其他地区甚至与国外发生贸易来参与对商品利润的分配。在发展贸易的过程中，城市还在提供运输、仓储、搬运以及提供与贸易相关的服务来直接创造新的价值，这在沿海贸易及交通枢纽城市显得十分突出，甚至一些城市主要的产业就是中转贸易或运输等。而在内陆城市，来自贸易的收益也占到城市经济的很大部分。随着现代物流业的发展，贸易和物流运输、管理已经成为一个重要的新兴产业，其创造财富的能力受到了城市管理者的重视。

总之，我们可以清晰地看到，城市经济发展水平在衡量区域经济水平上具有重要的意义，如果把区域经济实力在区域空间上的分布看成是一个平面的话，城市和乡村就好比在这个平面上的一些点，它们的密度和质量是不一样的。城市就是这个平面上的密度大、质量高的点，它影响和决定着这个平面的其他点，从而也决定着这个平面的主要结构和功能。

三、城市竞争力决定区域竞争力

城市竞争力指的是在社会、经济结构、价值观、文化、制度和政策等多个因素综合作用下创造和维持的，一个城市为其自身发展在其区域中进行资源优化配置的能力。它是获得自身经济的持续高速增长，推动地区、国家甚至世界创造更多的社会财富的能力。城市竞争力的强大表现在与区域内其他城市相比，能吸引更多的人流、物流和辐射更大的市场空间。城市竞争力体现为一个城市的综合能力，但它又不等同于城市的综合实力。首先，城市综合实力是从规模、总量上衡量城市在经济、文化、科技等领域的总体综合力量，而城市竞争力则强调从质量、效用、功能上衡量城市潜在的竞争实力。其次，城市综合实力主要是着眼于城市自身，而城市竞争力则强调与其他城市相比较，是一个相对的概念。再次，城市综合实力着重于城市当前所具有的能力高低，而城市竞争力则不仅着眼于城市现实状态，还更强调城市的发展能力及城市的增长后劲。

从城市竞争力和区域竞争力的含义和内容来看，二者有很大的相似性，都强调与其他城市或区域相比所具有的获取更多经济发展的能力，包括比较优势和各种竞争优势。它们都比较突出城市和区域在与其他城市和区域的竞争中所具有的能力，这与现状有着很大的区别，这种能力可能是现实的，也可以是潜在的。所以，具有竞争力的城市和区域可能是目前并不发达的地区。城市竞争力决定着区域竞争力，这不仅是从现实发展的案例的经验推论，更有符合逻辑的证明。区域竞争力和城市竞争力的核心是具有竞争力的区域和城市与其他区域和城市相比，在吸引和集聚生产要素、人才、技术、信息等方面具有突出的比较优势，正是这种比较优势的发挥才形成了区域和城市的竞争优势。一旦离开了吸引和集聚方面的优势，区域和城市的竞争优势就无法形成，而城市却是区域中吸引和集聚各种要素的中心。如果说区域是一个大的磁场，那么城市就是磁场中的磁铁，磁铁没有了，磁场也就不能存在。这个比喻能很好地说明区域和城市在竞争力的形成上的关系。城市竞争力决定区域竞争力不仅体现在城市所具有的磁石效应上，它还体现在强度上，即城市竞争力的强度和大小对区域竞争力的强度和大小具有决定作用。从区域核心竞争力包含的内容上看，无论是区域的区位优势、创新优势、文化以及资源集聚能力，都与区域中的城市紧密相连。

总之，城市发展成为区域经济发展的主要依靠是一个长期的事实，而且在经济全球化、知识化、信息化态势日益明显的今天，城市在区域经济发展中的地位和作用只会逐步强化，区域经济的发展将更加倚重于城市的发展。要加快区域经济发展的步伐，就必须紧紧抓住城市这个中心，实现城乡协调发展和共同进步也是在城市经济高度发展的前提下进行。

四、城市化与人口流动

城市化的基本定义是农业人口转为非农业人口，农业地域转为非农业地域，农业活动转为非农业活动的过程。从定义上来看，城市化过程中的表现主要有两个：一是人口上，农村人口流向城市；二是地域上，大城市周边的农村地域被覆盖，转变为城市。从活动类型上看，无论是人口主动从农村流向城市，还是被动被城市扩张覆盖，最终大部分都会转向从事第二、第三产业的非农业活动。

所以城市化率一般是以人口和地域为标准衡量的，较为通用的做法是城市人口占总人口的比重，即城市化率 = 城镇人口 / 总人口。

需要说明的是，城市化率有统计口径的差异，通常包括常住口径和户籍口径，常住口径是按照居住地超过 6 个月以上为口径统计，户籍口径就是按照户籍统计，所以城市化率的常住口径一般大于户籍口径，我们采用常住口径。

城市化率的高低还可以用人口密度来衡量，人口密度越高，一般来说城市化率也越高。例如，从中国总体上来看，东部地区人口密度明显较大，然而单从东部地区来看，人口分布也是不均匀的，从地理位置上看存在三个人口密度较为集中的区域，依次是以北京为中心的环渤海地区，包括山东、河南一带；向南是以上海为中心的长三角地区；南部是以广东省为代表的珠三角地区。

有三个非常清晰而普遍的趋势，呈现在世界城市发展的进程当中。第一，随着经济发展水平的提高，城市化水平也不断提高。第二，城市人口越来越向大城市和附近的都市圈集中，人口密度和城市化率确实存在明显的正相关关系。第三，在一些发达国家的大城市，随着服务业的发展，人口正在回归中心城区。

（一）人口迁移的主要逻辑

1. 拉文斯坦迁移法则

英国学者拉文斯坦（E.G.Ravenstein）基于英国人口迁移特点在 19 世纪 80 年代中后期提出人口迁移的主要法则：大多数迁移主要基于经济因素；乡村居民较城镇居民更具迁移倾向；迁移人口数量与迁移距离成反比；人口迁移具有阶梯特征，即城市周边居民先迁入城市，留下的空隙地区由迁移的偏远地区居民占据；每一次移民潮发生后，总有一次反向的、补偿性的移民潮出现；女性偏好短距离迁移；经济与交通发展刺激移民增加；长距离迁移以向大城市为主；向外迁移主要发生在 20 ~ 35 岁。

2. 推拉理论

博格（Donald J.Bogue）、李（E.S.Lee）等提出的推拉理论认为，在市场经济和人口自由流动的情况下，人口迁移的原因是人们可以通过搬迁改善生活条件。人口迁移的发生是由迁入地的拉力因素和迁出地的推力因素共同作用的结果，包括自然、经济、社会等多方面原因。

3. 发展经济学理论

刘易斯（W.A.Lewis）认为，由于工农业部门之间的劳动生产率和收入水平存在较大差异，使得劳动力不断从传统农业部门流向工业部门，当工农业部门的劳动生产率相等时，人口迁移将达平衡。费景汉（John C.H.Fei）和拉尼斯（Gustav Ranis）赞同刘易斯的观点，并进行补充；农村劳动生产率提高，也将促使剩余劳动力向城市工业部门迁移。

4. 经济 – 人口分布平衡法则

这个比值的计算方式是用一个地区的 GDP 占全国 GDP 的比例，除以这个地区的人口占全国人口的比例。当这个经济 – 人口比大于 1 的时候，说明这个地区的吸引力较强，人口会不断涌入，居住需求还有增长空间；当这个经济 – 人口比小于 1 时，说明这个地区的吸引力较弱，人口会不断流出，没有什么居住需求。但这是理论值，在实际的发达经济体中，这个比值的标准值可以在 0.8 ~ 1.6 浮动。

5. 集聚规律

在长期而论，决定一国范围内一个城市人口集聚规模的关键是城市经济规模及该城市与本国其他地区的人均收入差距，即经济 – 人口分布平衡。在完全市场竞争和同质性假设下，一个城市较高的人均收入将不断吸引区外人口净迁入，直至该城市人均收入与其他地区持平。

（二）中国人口迁移趋势

中国当代人口流动的主要原因之一是城市化。人口流动是城市化的必然，一方面城市化过程中需要人口提供劳动力；另一方面地区城市化程度高，会吸引更多人口。改革开放前，中国城市化进展缓慢；改革开放后，中国城市化进程逐渐启动。

中国城市化率的两极分化极为明显。在快速城市化进程中，中西部地区人口长期主要向东部地区的长三角、珠三角及京津地区集聚；在东部地区的外来务工人员部分回流中西部地区，人口主要迁入一线城市和部分二线区域中心城市。对照国际经验，中国正处于人口迁移的第二个阶段。在未来中国的人口迁移格局中，一线城市和部分二线城市人口将继续集聚，城市之间、地区之间的人口集聚态势将分化明显。在东部地区，北京、上海、广州、深圳、天津等大城市将可能继续呈现大量人口净迁入；其他城市，特别是外来人口众多的中小城市，人口增长有可能放缓甚至停滞。在中西部地区，重庆、郑州、武汉、成都、石家庄、长沙等区域中心城市人口将快速增长。

中国城市化仍处于快速发展期，城乡、区域之间的相对收入差距仍然较大，农村人口将继续大量进入城市；大城市就业机会多、发展前景广、文化包容性强、教育医疗等公共服务资源丰富，吸引农村居民及中小城市居民。随着中西部地区经济发展及就近城镇化推进，在东部地区的部分外来务工人员将可能继续回流，首要选择中西部地区的区域中心城市。诺贝尔经济学奖获得者斯蒂格利茨也曾把中国的城镇化和美国的新技术革命相提并论，称其是 21 世纪带动世界经济发展的"两大引擎"。自从改革开放以来，在快速工业化的带动下，中国的城镇化进程就像搭上了高速列车，城镇化率得到了显著提升。在光辉的成就面前，我国城镇化发展也面临着地区差异十分巨大的严峻挑战。我国省市众多，并非所有地区都在城镇化道路上走得一帆风顺。

五、我国城市化演变历程与趋势

（一）20 世纪 70 年代～90 年代，以劳动力单向转移为主的城市化进程

改革开放以来，随着家庭联产承包责任制的实行，农业生产力的大力发展迅速析出大量的农业剩余劳动力，但由于城乡二元格局，而且城市的工业发展也不发达，因此进城农民工规模很小。20 世纪 80 年代，国务院颁布了允许农村人口迁移到附近的城镇和转移户口政策以来，农民进城经商、承包建筑施工和各项劳务活动日渐增多，剩余劳动力转移的规模逐渐增大。

同时，20 世纪 80 年代中期以来，广东、福建等省市凭借海外侨胞的优势和改革开放政策，来料加工、"三来一补"、以港澳地区为主要市场的乡镇企业迅速发展；江浙等地区以劳动密集型行业为主、市场主要面向省内、国内的乡镇企业也迅速发展。

自实行计划经济体制以来，我国市场长期存在供给的总量性短缺，70 年代末 80 年代初，国内市场规模迅速扩张，即使达不到最小有效经济规模的小企业也能在市场上取得准垄断地位，获得较高利润率；而且改革开放开始进行的"放权让利"和"扩大企业自主权"改革，构筑了相对独立的地方一级预算，形成了地方政府自身的利益，为发展本地经济、增加财政收入，绝大多数的地方政府增强了公开或隐蔽的地区市场封锁政策，因此就地发展是绝大多数企业的占优选择，企业缺乏区域转移的市场驱动力。

可见，在 20 世纪 90 年代之前，我国的城市化进程是以劳动力省内转移为主要特征。

（二）20世纪90年代以来劳动力和产业同向转移的城市化进程

进入90年代，东部沿海地区经济进入了新的发展时期，东部沿海发达地区的产业配套条件趋于成熟，市场规模迅速扩张。但是，在产业往发达地区转移过程中，产业同构严重。在长三角地区，凡是在地域空间上相邻的，相似系数都大于0.93，有的城市间甚至达到了0.98以上。不合理的分工体系使得发达地区的第三产业发展缓慢，较为落后地区的工业发展不起来，极大地影响了就业结构的提升。

（三）21世纪以来劳动力和产业逆向转移的城市化演变趋势

为了控制一些地区借助工业园区建设与小城镇发展，乱占耕地和乱圈土地现象，保护耕地，提高土地使用效率，我国非农土地使用指标限制制度的实行逐渐得到加强。国务院对土地市场展开了严厉的治理整顿，使得发达地区的土地供应紧张，这一现象在浙江、江苏、广东、上海等经济发达地区更严重。另外，随着经济发展和人均收入水平的增加，导致需求结构的变化，特别是近年来由于宏观经济形势的变化，使得市场压力显著增大，迫使发达地区的企业需要通过产业区域转移的方式来打开市场，巩固市场。发达地区的一些地方政府为了当地企业能有更广阔的市场发展空间，也在积极地为企业走出去搭建平台。

尽管部分产业往中西部逐渐转移，但大多数产业还在东部地区不断集聚。究其原因：一是产业向中西部转移，主要不是基于比较优势而是市场扩张的需要，因此企业经营的重心还在东部地区；二是目前一些劳动密集型行业（如纺织业、造纸及纸制品业等）还是东部的优势产业；三是即使在发达的东部省市内，区域内的经济发展往往也是不平衡的，因此产业一般先往区域内相对落后地区转移，其后才考虑区域外。

此外，20世纪90年代以来，中国低价工业化与高价城市化的发展模式，促进了产业和人口往东部地区持续集聚，其后果是，东部地区的非农产业就业弹性系数逐渐下降，农村剩余劳动力转移速度趋缓，而且劳动力转移成本递增。

六、区域经济一体化的发展特征

区域经济一体化是经济发展过程中不可逆转的一个重要趋势，加强区域合作和区域经济一体化，依靠地区优势提高国际竞争力，可使参与经济全球化的国家或区域在更大范围的国际分工与贸易中获利。区域经济一体化包含许多发展形态或发展模式，在不同时期、不同范围和不同进程，其发展模式是不同的。区域经济一体化是一个渐进的发展过程，其发展形态或发展模式在不断向广度和深度演化。

从 20 世纪 50 年代起，国际区域经济一体化就开始发展，尤其是西欧国家率先开展了跨国界区域经济一体化进程。在 60 多年的国际区域经济一体化发展历程中，积累了众多成功经验，也为国内区域经济一体化提供了重要启示。

（一）区域经济一体化发展是渐进过程

无论国际区域经济一体化，还是国内区域经济一体化，都要经历一个逐渐发展的历史时期，如欧盟经济一体化的历史进程。这个渐进过程包含两个方面：首先，区域合作的广度和深度逐渐拓展。其次，区域合作的主体逐步扩大，在发展过程中，区域经济各参与主体不断协调、不断融合，最终实现了经济一体化发展。

（二）建立具有一定权威的区域性组织机构

L.芒福德（L.Munford）指出："如果经济发展想做得更好，就必须设立有法定资格的、有规划和投资权利的区域性权威机构。"区域经济一体化的都具有一定的组织形式，例如，欧洲联盟采取经济同盟和完全经济同盟的组织形式，北美三国采取自由贸易区的组织形式，东盟采取共同市场的组织形式等。与这些区域经济一体化组织形式相对应，又建立了区域经济一体化的组织机构，如欧盟、东盟、亚太经合组织等。西方国家在处理区域经济一体化时面临两难处境：既想树立区域组织机构的权威，又担心组织机构成为等级官僚体系中的一环，变成权力的传递者。西方国家在树立组织机构权威方面通常有两种做法，一种是赋予一定的行政权力，一种是赋予建设资金调配权，或者是两者兼而有之。现阶段，我国实行自上而下的垂直管理体制，同时社会主义市场经济体制还需不断完善，在这种情况下，赋予区域协调机构一定行政权力的做法应更为有效。但在这个问题上应避免协调机构成为省级政府与地方政府中间层次的一级政府，变成纯粹的权力传递者。

（三）建立完善的区域经济一体化制度安排

任何一种经济一体化的发展模式或组织机构，都有相应的、完善的制度安排（institutional arrangement）。这种制度安排由区域内各成员主体或各成员国政府通过谈判而签署的各项条约或协定，对各成员主体在区域经济一体化过程中的权利和义务进行规定。如，北美自由贸易区的成员国美国、加拿大和墨西哥签署的《北美自由贸易协议》、欧盟国家于 20 世纪 50 年代签订的《罗马条约》和《马斯特利赫特条约》等。相应的制度性安排不仅是区域经济一体化的重要基础，也是区域经济一体化各参与主体的利益不断协调的直接结果。

（四）构建有限权能政府，平衡都市集权与地方自治关系

西方发达国家的城市管理职能较为有限，相当一部分事务被推向市场与社会，转由社会中介组织和公共服务团体来承担，城市政府直接控制的领域仅限于维护社会秩序、提高日常生活服务水平、发展文化教育事业和公益事业以及一些行政性事务，而较少干预经济活动。政府更多的是充当城市公共产品的提供者和调节者，而非社会经济的主导者，因此要充分顺应政府职能定位的市场化、企业化、分权化、法制化等导向，构建有限权能政府。应该说构建有限权能政府是我国政府职能转化的一个趋势，这是建立适合我国国情的区域协调机制的一个背景。

在平衡都市集权与地方自治的关系方面，西方国家普遍采用"两层"制分权模式，区域一体化组织机构只协调跨地区的区域性事务，协调重点是区域性基础设施和环境保护，而各地区内的具体事务仍由地方政府管理。这种分权模式的优点为既提供了一种区域政府运作的框架，又避免了对地方政府的直接干预，可以保持现有地方政府的独立性。"两层"制分权模式无须对现有行政架构和分权模式做根本性调整，较适合我国区域目前的行政管理体制，也可以按此思路对现有省直部门的区域协调职能进行强化。

七、大都市与大城市圈

尽管城市很重要，但有些城市要比其他城市重要得多。麦肯锡全球研究所（McKinsey Global Institute）指出，全球 600 个城市地区创造了 60% 的全球产品，而它们的人口是全球人口的五分之一多点。仅仅前 100 大城市就生产了接近五分之二的全球产品以及所有城市的近一半产出。

（一）大城市圈理论

通过对城市的超常规发展进行研究，形成了大都市圈起源的早期理论。随着大城市圈的逐步发展，通过对于欧美大都市圈的形态特征、功能特征、形成特征和发展机制等进行多方面的描述，形成了大都市圈的主流理论。

"组合城市论"（conrubation），该理论由英国城市学家帕特里克·格迪斯（Patrick Geddes）于 20 世纪初提出，他认为城市的扩张使多种城市功能跨越了边界，多个城市的影响范围相互重叠产生了"城市区域"（city region）。这类"城市区域"是"多

种城市功能的叠加和多个城市的组合"，也是"组合城市论"的核心。希腊学者简·帕派奥阿奴（J.B.Papaioannou）提出大都市圈是由多个集合城市通过高度复杂的交通通信网络连接形成的多中心系统。

"城镇密集区论"在 20 世纪 30 年代，英国学者弗塞特（C.B.Fawcett）提出城镇密集区是城市功能用地占据的连续区域。把它限制在城镇建成区（Built-up-areas）的范围，随着规模的扩大，城镇密集区由低级到高级直至大都市圈。

"都市地区论"（metropolitan），该理论是由 20 世纪初美国定义的都市区（metropolitan district）演变而来。库恩（Queen）提出"都市地区"包括"内城"（inner city）"城市边缘区"（urban fringe）和"城市腹地"（urban hinterland）三部分组成，类似于狄更生（Dickinson）的"城市地域"（urban tract）"城市居住地区"（city settlement area）和"城市商业区"（city trade area）。此理论突出了城市的"地域空间"与"功能空间"的布局关系。

大城市圈论的主要代表人物为法国地理学家让·戈特曼。主要理论贡献有以下几点。

一是研究并概括了美国东北部沿海城市化区域的形态特征，即构成要素特征和空间结构特征。在构成要素方面高度密集，即高密度人口分布、高稠密城镇及基础设施网络分布、高度集聚的中心城市沿轴分布、连绵密集的城市走廊和城市区域在空间结构特征方面犹如一个巨大的社会经济组合体、高度连续性、其有内聚力而又外形模糊的类星云状空间体和马赛克结构的空间集聚体。

二是大都市圈的主要功能是枢纽功能。大都市圈的内外联系网络和各种资源流的汇集如同交通枢纽，是国家乃至全球的枢纽，主宰着国家社会经济文化的发展和大都市自身发展的动力。

三是大都市圈的形成特征。从地域空间结构看，一个大都市从发展走向成熟要经历四个阶段，即城市离散阶段、城市体系形成阶段、城市向心体系阶段和大都市圈发展阶段。

（二）大城市圈与湾区经济

现代经济的发展以人口、资源、产业大聚集的现代都市构成有机体，少数的超大型和大型城市贡献了相当大比例的经济总量。芝加哥全球事务委员会（Chicago Council on Global Affairs）将 42 个全球性城市列入世界 100 大经济体。其中，东京和纽约是全球最大的城市经济体；洛杉矶、首尔－仁川、伦敦和巴黎也是较大的城市经济体。

湾区是由一个海湾或相连若干个海湾、港湾及邻近岛屿共同组成的区域，基于湾区地理位置所衍生出的经济效应被称为湾区经济，这是一种区域经济的高级发展形态。湾区经济具有天然的竞争优势：沿海的湾区通常海拔较低、地势平坦、气候和温度适宜，方便人口、产业集聚成现代都市圈；自大航海时代以来，贸易逐渐成了全球经济发展的重要组成部分和国家、地区经济发展的重要助推器，沿海的港口优势保证了全球经济互通有无的运输需求。

八、城市规模

城市发展是现代经济增长的动力，也是非农就业的创造源泉。城市的最优规模是由城市扩张所带来的规模经济效应和拥挤效应相权衡而得到的，但是，相比于城市扩张所带来的各种负面后果，城市规模扩大对城市发展所带来的正面效应往往容易被忽视。

（一）城市规模与效率

从理论上来说，城市规模经济效应和拥挤效应的相互作用导致了城市劳动生产率（和人均收入）与城市规模之间的倒"U"形关系。在城市发展的早期，城市规模的扩大会带来人均实际收入的上升；而如果城市人口规模过大，存在拥挤效应，城市规模的进一步扩大反而会降低人均实际收入，因而只有在最优的城市规模下，劳动生产率（和人均收入）才能得到最大程度的提升。由于户籍等制度长期构成了对于城市扩张的限制，中国的城市化过于本地化，城市规模过小，因而无法发挥城市的规模经济优势，限制了城市劳动生产率的提高和经济增长。事实上，大城市和中小城镇的发展并不相互排斥，中小城镇的发展以大城市的发展为基础，并受其辐射功能的带动。因此，在城市发展所带来的规模经济效应强于拥挤效应的城市化早期，过早限制城市发展，重点发展中小城市，会带来巨大的效率损失。

（二）城市规模与就业

另一种现实存在的担心是，随着城市的人口规模扩张，城市将无法提供充足的就业岗位，从而加剧失业问题。人们常常认为，在城市扩张过程中，低技能者将面临更大的失业风险。同时，原来的城市居民将会面临更为激烈的劳动力市场竞争，从而也会加剧原有居民的失业问题。那么，事实是否如人们所担心的那样呢？已有的研究发现，外来劳动力进入城市就业对本地居民失业的影响程度很小。在理论上，劳动力流入并不必然增加失业，这主要是因为城市发展存在着规模经济，城市人口规模的增加会不断地创造出新的就业机会，城市发展的规模经济效应有利于提高劳动力个人的就业概率。城市规模每扩大1%，个人的就业概率平均提高0.039～0.041个百分点。此外，城市规模扩大的就业促进效应对于不同受教育水平的劳动者并不相同。总的来说，较高技能和较低技能组别的劳动力均从城市规模的扩大中得到了好处，其中低技能组别劳动力的受益程度最高，而城市规模的扩大并没有显著影响中等技能劳动力的就业概率。因此，城市人口规模的限制措施，特别是针对低技能劳动力的限制措施，不仅损害了劳动力资源的利用效率，不利于城市规模经济效应的发挥，还限制了在城市扩张中受益最大的人群，而使得在城市劳动力市场中本来就处于弱势地位的低技能劳动力相对受损最多，导致效率与公平兼失的局面，不利于包容性增长（inclusive growth）的实现。

（三）城市规模与经济增长

城市作为现代经济活动的集中地，为经济的持续增长提供了动力。城市的规模扩张可使经济从多方面受益。马歇尔早在19世纪末就指出，投入品的分享、劳动力市场群聚以及知识的溢出是导致集聚的三个根本原因，但有关经济活动在空间上的集聚，直到克鲁格曼之后才被经济学家重新关注。新经济地理学理论认为，由于生产中存在规模报酬递增、消费者偏好商品的多样性，加之交通成本，厂商会选择在市场需求相对较大的地区组织生产经营活动，从而带来集聚地区总体上更大的生产规模和更高的要素价格水平。在均衡处，集聚地区更高的要素价格必然意味着更高的劳动生产率；否则，利润最大化的厂商会选择其他要素价格相对较低的地区进行生产。相比于小城市，以职工平均产出和职工工资度量的大城市的劳动生产率更高。城市规模（以城市的人口数量度量）平均每扩大一倍，劳动生产率会相应地提高4.77%～6.39%。实证结果也显示了城市规模的扩大对劳动生产率的促进作用。他们的研究以城市人口数量度量城市规模；以城市劳动力的平均产出、中位家庭的实际收入、个人小时收入等指标度量城市劳动生产率，无论是城市层面还是个人层面的回归结果均显示，城市规模的扩大都能够促进劳动生产率的提高，并且这种促进作用在大学毕业生比例更高的城市相对更大。

类似地，城市规模对劳动生产率的促进作用在中国也存在。有关城市规模和人均实际收入之间倒"U"形关系的发现说明，在城市发展的早期，城市规模的扩大会带来劳动生产率的提高。现有文献的讨论主要集中于集聚和要素价格（如工资）之间的关系，而很少关注集聚对就业的影响。劳动力的就业和失业主要由劳动力的供给和需求决定。城市规模的扩大，在创造劳动力供给的同时，也会由集聚效应带来劳动力需求的提高。从均衡的角度讲，只要劳动力供给曲线向上倾斜，则给定劳动力供给曲线不变，集聚通过投入品分享、生产要素匹配和学习机会三个机制所带来的劳动生产率提高，最终会反映为劳动力需求曲线地向外移动，从而带来均衡工资水平和就业数量的同时上升。因此，在新经济地理学研究的基础上，我们进一步认为，大城市中更高的工资水平和劳动生产率水平暗示更多的就业机会，保持其他因素不变，如果就业机会的增加速度快于城市规模扩张的速度，则劳动者个人的就业概率上升。

（四）城市规模与劳动分工收益

不可贸易品部门是现代经济的一个重要组成部分，也是城市就业岗位的重要组成部分。考虑到这一部门的特点，城市规模对就业的效应将被放大。可贸易品部门中某个产业需求的外生冲击会给城市就业带来的影响。如果某个生产可贸易品的产业由于某种原因（如新发明的引进提高了其劳动生产率）增加了其劳动力需求，这种冲击会增加该产业的就业和工资水平。在劳动力市场不存在摩擦的情况下，劳动者在不同部门间获取的工资应相同，则整个城市的工资和就业水平会上升，进而提高城市的总收入。而总收入的上升必然会带来不可贸易品部门需求的扩张，从而增加不可贸易品部门在均衡处的工资和就业，形成所谓"就业的乘数效应"（employment multiplier effect）。制造业部门每增加一个就业机会，会为不可贸易品部门带来 1.59 个就业机会，并且高技能类制造业就业造成的乘数效应更为显著。有关就业的乘数效应的分析，为我们考虑城市规模对就业的影响提供了新的依据。正如新经济地理学的研究所证实的，集聚提高了可贸易品部门的劳动生产率，因而会带来均衡工资和就业的同时增加。可贸易品部门就业和工资水平的上升会提高城市的总收入，从而增加对不可贸易品的需求，为不可贸易品部门创造更多的就业机会。因此，城市规模的扩大可能会为劳动者带来更多的就业机会，增加个人的就业概率。城市规模在为所有劳动者带来收益的同时，不同技能的劳动者从中获益的多少也并不相同，这种不同技能者受益的差异性主要来自两方面。

第一，由于低技能劳动者的就业更多地集中于低技能的服务业，而低技能服务业是不可贸易品部门一个重要的组成部分，因此相对于中、高技能的劳动者来说，低技能劳动者可能从集聚中享受更多的好处。现有文献发现，技能偏向型的技术进步并没有显著恶化技能劳动者的就业前景，相反，更多的低技能劳动者在低技能的服务业部门找到了工作。这是因为在技术进步的过程中，计算机主要替代了一些对劳动者技能水平有一定要求的常规性劳动（routine jobs），如打字等，却无法替代诸如保姆、保洁员等人工工作（manual jobs）和律师、医生等复杂的工作（abstract jobs）。并且，技术进步和服务业之间存在互补性，从而带来了服务业就业的增加。这种随着计算机的广泛使用而出现的就业越来越集中于高技能行业和低技能的服务业的现象，被称为就业的两极分化（job polarization）。类似地，在美国和英国，低技能劳动者的就业越来越集中于不可贸易品部门，并且这种就业的增加越来越依赖于低技能劳动者和高技能劳动者在地理上的接近。此外，高技能劳动者对低技能服务业具有更高的消费需求。由于高技能劳动者时间的机会成本更高，故其对保姆、保洁员等低技能服务业的消费需求更高。也就是说，随着城市规模的扩大和高技能劳动者的集中，低技能劳动者将会相对更多地受益。

第二，当存在知识溢出时，由于不同的职业对学习和知识创新的依赖程度不同，因而不同职业从城市规模扩张中受益的程度也不同。大量研究已经证实了知识溢出的存在，这些研究认为，由于存在社会互动，城市规模的扩张尤其是高技能劳动者的集聚，将为劳动者带来更多的学习和创新机会，从而提高劳动生产率。工资和地租在平均人力资本水平较高的城市更高。城市的大学毕业生比例每增加一个百分点，企业的劳动生产率会上升 0.6% ~ 0.7%。考察劳动者工资水平的研究，同样说明了知识溢出效应的存在，城市的大学毕业生比例每增加一个百分点，工资水平平均上升 0.6% ~ 1.2%。高技能行业由于其劳动者具有相对更强的学习能力以及高技能行业本身对知识更强的依赖性，因而劳动生产率的提高受知识溢出的影响更大。从以上分析可以看出，城市规模的扩大不仅会提高劳动生产率，而且将在提高个人就业率方面为劳动者带来巨大的好处。不同技能的劳动者从城市规模扩张中的受益程度，会因其职业的不同特征而产生差异。然而，在考察城市规模对就业影响的过程中，就业和城市规模之间的双向因果关系可能导致联立内生性偏误，因为一个城市的失业率是否高，本身会通过人们的移民选择而影响城市规模。

（五）城市规模与包容性就业

城市发展的规模经济效应有利于提高劳动力个人的就业概率，而不像通常人们所认为的那样，外来移民会挤占原有居民的就业机会。使用工具变量，对个人层面的就业决定模型进行估计发现，城市规模每扩大1%，个人的就业概率平均提高0.039 ~ 0.041个百分点。此外，城市规模扩大的就业增加效应对于不同受教育水平的劳动者并不相同。总的来说，较高技能和较低技能组别的劳动力均从城市规模的扩大中得到了好处，其中较低技能组别劳动力的受益程度最高。城市规模的扩大并没有影响中等技能水平劳动力的就业概率。因此，采取城市人口规模的限制措施，并且特别针对低技能劳动力进行限制，将导致效率与公平兼失的局面，不利于实现包容性增长。

九、我国城市发展误区

一段时间以来，对于超大城市发展面临的城市病，人们习惯性地将其归结为"人太多"，我国政策制定者则习惯性地用疏散中心城区的人口作为解决问题的办法。但是，这样的做法却造成了人们的居住地越来越远离市中心，加剧了居住和就业岗位之间的"职住分离"以及居住与公共服务之间的分离，结果是人们的通勤距离反而延长了。城市的拥堵问题，本质上是因为人们需要经过通勤与别人见面，以满足工作或生活需要。如果不理解这一点，解决问题的思路就会从疏散人口的角度入手，这样的做法或者导致合理的需求被扼杀，或者是人们花更多的时间和金钱在通勤上。结果，试图解决问题的办法，却恰恰造成了更为严重的交通拥堵和相应的碳排放问题。

在疏散人口的导向之下，很多人的思维方式是疏散所谓"低端人口"（编者反对使用这个歧视性的词汇），所采取的手段包括提高外来人口子女入学的门槛和拆除所谓违章建筑。这样的政策思路不理解低技能劳动力和高技能劳动力之间是"互补的"，造成的结果是城市生活服务业供给减少和价格上升，老百姓的生活变得更为不便利。同时，这种状况必然加剧在城市内部不同身份的人群之间的不均等现象。而在那些疏散人口和产业的"承接地"，是不是能够承接得住被疏散的产业？相应的人口，相比于疏散前是不是出现了严重的收入下降问题？这些目前还没有详尽的数据，但是可以观察到类似的现象，值得政策制定者站在全国发展的战略高度思考。

另外一个非常火爆的概念是特色小镇。小城镇的发展是先有产业，再有人口的。小城镇发展的核心竞争力如果是当地的资源、旅游和特色产业，是可行的；而如果在小城镇发展零散分割的制造业，势必造成低效率和大量的资源浪费。同样道理，尤其要提醒特色小镇追捧者，如果不以具有特色的产业作为支撑，又不是建在大城市为核心的都市圈和城市群内部融入其产业链，那么，这种建设是否有持续的动力？当前的实际情况是，一些新城的建设因为规划建设面积特别大，人口密度特别低，距离所在的主城区特别远，大量基础设施建设和住房缺乏需求，已经给地方政府带来严重的债务负担。指望"特色小镇"的热潮来消化过剩的基建和地产，不如老老实实地"尊重城市发展规律"。

真正意义上的城市化一定是农村人口转化为城市居民，城市化进程因而被自然地推动。经济学家周其仁先生在其名著《城乡中国》中，以一个十分简洁的公式概括了这一现象，即经济聚集甚于人口聚集就是城市化的动力机制，"经济密度高于人口密度，必定吸引更多的人口聚集"。

总而言之，如果一个国家和地区的工业化长期局限在少数地区或者城市进行，大量的民众生活在农村，并且限制他们进入城市，使其长期生活在贫困的边缘，与城市中迅速发展的工业化无关，既不能够参与其中，也不能够分享其成果。这样的将大部分人排除在外的工业化也不能算作经济发展。正因为如此，人们把工业化和城市化作为现代经济发展的两条主旋律，缺一不可。

第六章 区域经济发展的空间过程与产业布局

区域经济的发展首先表现在区域内各经济要素、经济主体的地域分布与空间运动上。掌握区域经济空间运动的规律，合理引导区域经济发展要素流动，不仅有利于选定恰当的区域开发模式，也有利于区域整体经济的协调发展。产业布局是实现产业在空间上合理分布的过程。在空间上凝聚企业的力量，会产生劳动力、资金、技术等方面资源的聚集，从而逐步构建出具有网络联系的产业集群。产业布局受到诸如自然、市场、技术、社会、行为等多种因素的影响。

第一节　经济活动的基本特征及类型概述

一、经济活动的概念

以生产为主体的人类经济活动，包括生产、流通、交换和消费的整个过程，是由物质流、商品流、人口流和信息流把农场、矿场、工厂、乡村和城镇居民点、交通运输站点、商业服务设施及金融等经济中心连接在一起而组成的一个经济活动系统。这一系列经济活动都是在具体的区域内进行的，因此，研究各种尺度下区域内经济活动、经济活动体系及其运动发展过程，便成为经济地理学研究的特定领域。

人类在生产生活的过程中，伴随着诸多类型的行为活动，既有政治活动，又有经济活动；既有社会活动，又有文化活动。在这些活动中，经济活动是最为主要的方面。正是由于这些经济活动的不断作用，社会才不断向前发展，人类才不断进步。在人类社会经历3次社会大分工和3次科技革命之后，开始向新的产业方向迈进。在经历了农耕文明，工业文明之后，开始向信息文明社会迈进；社会形态也随之由农业经济、工业经济不断向知识经济时代迈进，进而进入了农业经济、工业经济和知识经济并存的时代。

经济活动在现代经济学中被划分为微观和宏观两个层次。以个体的价格，市场的行为为约束，并且在经济活动的整个过程环节中以资源的具体利用为主，这是微观经济活动的主要特征。宏观经济活动与之不同，它是以总资源的利用，国民收入以及几个指数决定其活动的构成部分。经济地理学面对的是这两种经济过程，地方政府对区域经济活动进行监管，并不断建立完善体系并对之进行优化的过程，属于宏观经济的构成，而经济活动个体的地理空间组织则属于微观经济过程。

二、经济活动的基本特征

为正确地选择经济活动的空间位置，确定适宜的经济活动强度、等级与规模，建立和谐的经济活动联系，必须从经济活动自身组成与发展过程、同类经济活动的安排及不同经济活动分工与协调等尺度层次上和经济活动的目的、需求等方面，综合考虑经济活动特征，实现经济活动系统的优化与地理空间组织。

（一）经济活动利益最大化

经济活动的利益最大化特征是指经济活动总是以追求最大利益作为活动的目标，相应的经济活动地理空间组织也应为实现这一目标来展开。这里的利益是一个综合的概念：经济利益、社会利益和生态利益。例如，大部分的公司或企业进行生产经营活动的目的，就是要不断追求经济利益的最大化，进而不断扩大生产经营的规模，寻求更大的发展前景。而城市的道路交通以及一些基本的公共设施建立，则是为了追求综合的社会效益。退耕还林，封山育林则是以追求生态利益为其主要的追求目标。

从区位理论的发展过程也可看出这一特点，从最初始的以成本最小化为最基本的空间目标，到如今市场经济环境条件下，科技的飞速发展，已然使得以市场为研究的中心理论占据主导因素。现在企业的经济活动不仅仅是要追求经济利益的最大化，同时追求社会利益，生态效益以及多种利益的综合最大化，进而产生了现代的行为区位理论。

在进行经济活动的布局与安排时，应该以追求最大的经济利益为目标，同时，结合这些经济活动，不断权衡各个方面的利益，进而逐步实现综合效益的最大化。

（二）经济活动的生产、流通、交换和消费间的统一协调

只有不断保证经济活动过程的各个环节，各个过程之间的相互协调，整体统一，才能使经济实现快速良好地运转。经济活动过程中的任意一个环节出现问题，都会导

致经济活动的不经济，或者使得经济难以为继。

所以，在进行经济活动的地理空间组织时，不仅仅要将原料，材料以及市场需求考虑进去。还要对其他因素进行综合考虑，比如生产、流通、交换以及消费等，唯有如此，才能获得较为长远、均衡的发展态势。

（三）经济活动部门分工

经济活动部门分工特征是指不同经济活动类型之间及同类经济活动的不同部门之间，存在着数量、质量和空间分布上的相互联系和相互制约的关系。

部门分工首先表现在不同经济部门之间分工与协作的关系。如第一产业、第二产业和第三产业经济活动部门之间的数量比例、质量和空间格局上的联系与限制关系。在国家的国民经济与社会发展战略规划编制中就能看出这种部门间的分工与协作关系。在数量上，它限定了未来一定时期内各产业之间的比例关系；在员量上提出了不同产业部门的发展质量要求；在空间上，大体确定了各产业的分布格局。

部门分工的第二层含义表现为同类经济活动的不同部门之间存在的数量、质量和空间上的相互联系与制约关系。如第一产业经济活动内部存在的农、林、牧、副、渔等不同部门之间分工与协作；第二产业经济活动内部存在轻工业和重工业不同部门之间的联系与制约关系。

当然，经济活动部门内部还存在不同的更低一级经济活动组织之间的分工关系。如在第一产业的农业部门内部存在如粮、棉、油等生产部门之分，它们之间也存在着紧密的相互联系和相互制约的关系。

因此在进行经济活动空间组织时，应充分顾及不同尺度层次的经济活动部门分工的特点，实现各行业各部门的协调发展。

（四）经济活动的规模经济与规模不经济

经济活动的规模经济存在两种情形，一种是由于经济活动规模的扩大，导致平均成本降低，而产生规模经济效益，即通常所说的规模经济现象。还有一种情形就是，随着经济活动的规模不断扩大，平均成本不仅不会降低，反而会出现不断增加的态势，这就是我们通常所说的规模不经济现象。

规模经济的产生，究其原因，首先是由于经济活动的"不可任意分割性"，经济活动的顺利进行，离不开相当数量一定规模的生产设备；其次，经济活动的附加利益效应，是由于设备与生产活动在规模数量达到一定程度之后产生的协同作用的优势。

这种优势具体表现为以下几点。

由于经济活动规模扩大能带来经济活动效益的提高，随着对较多人力和机器的使用，企业内部的生产分工能够更加合理、更加精细，有利于实现标准化、专业化和简单化生产。这不仅提高了劳动生产力和降低了成本，而且也可以降低管理人员在企业职工中的比例，并使工人的劳动熟练程度迅速提高。

企业规模的扩大使企业有可能利用专业化的机器设备与工具及先进的技术和生产要素进行生产，从而大大降低生产成本和单位产品的投资量，而较小规模企业可能无法利用这样的技术和生产要素。

企业规模扩大后，有可能充分利用副产品和节约原材料，或增加产品品种，增加产值，从而降低单位产品成本。

企业规模扩大后，有可能享受采购和推销方面的便利，大规模的采购与储备分摊了单位产品的购销费用，并可以使企业的经营活动具有更大的灵活性和应变力。

规模经济能在更大的市场中分摊广告费用，人数较多的技术培训和管理费用的分摊，声誉效应和商标保护伞等都可以节省成本，从而形成规模效益。

因此，在进行经济活动空间组织充分利用规模经济效应的同时，也应根据规模经济的形成机制，避免规模不经济的现象。

（五）经济活动集聚与分散

经济活动的集聚，就是为了节约成本，与此同时，提高经济活动的效率并对环境进行保护。通过经济活动的集聚，最终会使经济活动在技术上、生产上、经济上有进一步的联系。

经济活动集聚不仅是一种空间现象，这种集聚现象，更是一种经济、社会和文化等多个方面，多个层次的复合。这种集聚现象，即受到低于历史发展的影响，更会因为本地企业之间的竞争及合作的关系而不断改变。实践证明，地理位置的靠近，并不能直接导致创新的发生，也并不会发生信息和知识的扩散。处于该区域的各个经济活动的主体，要有共同的创新文化，有相同的产业认同感，并不断对其创新网络进行完善，这才是真正意义上的经济活动集聚。

经济活动集聚现象通常发生在区域开发建设的早期，当经济活动集聚达到一定程度后，经济活动布局就有向外分散的趋势。空间集聚地域经济活动的有效运行，需要与其运行相适应的正确的位置，相对合理的活动强度，以及相互协调的关系，但是当这些活动的强度与关系超出了最佳的临界值时，就会出现空间经济活动扩散的趋势。换言之，空间扩散是指在集聚地区的经济活动过度集聚而出现空间集聚边际负效应时产生的。如各种工业开发园区在建设的早期阶段，以其优惠的产业政策、良好的基础设施条件，吸引了大量工业企业前来投资办厂，这些企业在建设的初期都能取得较好的经济效益；到了后期，由于过多的企业迁入，超出了环境容量和资源承载力的限制，从而出现了外部不经济现象，并最终迫使部分企业转产或迁出开发园区，形成经济活动的空间扩散。

因此，在进行经济活动区位选择及区域经济活动体系建立的过程中，一方面要充分利用集聚经济规律，尽量靠近与之有原料、产品、经济、技术、劳动力等方面经济联系的经济活动或增强与之的经济联系，以取得尽可能多的集聚经济效益；同时，也要研究集聚的强度与规模，避免集聚的不经济现象的发生。

（六）经济活动的空间形态

由于经济活动自身生产和经营的特点及其对不同区位条件的需求，导致不同的经济活动在地理空间组织中呈现不同的空间形态，具体表现为点、线、面等空间形态。不同的空间形态特征往往代表了不同的经济活动强度、联系与空间扩展等特点。如点状分布经济活动，往往经济活动强度较大或集约程度较高，经济活动内部联系紧密而与其他经济活动之间联系相对松散，空间扩散一般成点群分布特征。

因此，掌握经济活动空间形态特征，了解不同形态经济活动对空间布局的要求，把握经济活动的位置、强度与关系特征，有利于实现经济活动合理的空间组织与优化安排。

（七）经济活动的区位指向性

经济活动的地理空间组织受客观规律的制约，它既受社会经济规律的制约，也受自然规律的制约，具有自然、技术、经济结合的特点。

各种影响因素对各类经济活动的影响是不同的，有些表现为主要的，有些表现为次要的；主要的影响因素在经济活动地理空间组织中往往起主导作用。各经济活动主体在最大利益的驱使下，往往有向对经济活动最有利的区位或满足最主要条件需求的区位集聚或靠近的特点，表现为经济活动的布局往往受主导因素的影响，即经济活动的地理空间组织呈现出不同的区位指向性特征，如原料地指向、市场指向等。

三、经济活动的分类

经济活动分类是区域经济结构和布局研究的基础。研究区域经济结构即由一定关系将区域经济各组成部分连接成为的整体，首先要明确按一定的原则将经济活动加以分解和组合，即经济活动分类，然后才能开展相应的结构和相互联系的研究。

（一）按经济活动区位指向特征分类

根据经济活动的区位指向特征，可以将经济活动划分为：自然资源指向型经济活动、资金指向型经济活动、劳动指向型经济活动、技术指向型经济活动和市场指向型经济活动等。

资源指向型经济活动，一般是指在其生产的过程中，对自然资源的消耗量较大的经济活动。这些经济活动的布局，最好是接近资源地，这样方便获取资源的过程。不过随着技术的不断进步，现代交通条件的逐步改善，这种情况也在不断发生变化。

劳动指向型经济活动是指需要使用大量的劳动力来进行生产活动的经济活动，一般是属于生产技术装备程度较低的活动。此类经济活动多属于与人民生活密切相关的部门，多属于轻工业部门，在这些部门的劳动力和资本的投入比例中，单位劳动占用劳动力较多，产品的成本中，劳动者一部分所占比重较大。我国是一个人口众多的国家，这种投资少、回收快，单位投资吸收劳动力较多的活动比较常见，与此同时，改种经济活动还具有生产设备简单、技术操作容易、生产者的文化素质不高但是要求劳动者掌握熟练的工艺技能等特点。随着科学技术的发展，区域经济实力的不断增强，这一类的经济活动会逐步向资金密集型和技术密集型的方向转化。

资金指向型经济活动是指在各项生产技术装备程度较高的情况下，每一个劳动力占用的资金，或者说生产单位产品所需要的资金占用较多。一般而言，资金与劳动或者资金与产量的比率目标是衡量资金指向型的经济活动的首要的比率指标。这一类经济活动由于在初期投入较大，生产工艺比较复杂，并且产品对于原材料的消耗比较大，因而单位投资对于劳动力的消耗相对较少，所以劳动生产力较高。现代科学技术的发展，使得产品在生产过程中的机械化、自动化的程度提高，越来越多的传统企业，也逐渐摒弃原来的劳动指向型活动，转而向资金指向型转化。

技术指向型经济活动，又称知识密集型经济活动，这是一类广泛运用现代先进的科学技术进行商品生产的部门活动。技术指向型的经济活动，综合运用了多个学科的先进研究成果，科研人员所占比例较大，同时对于职工的文化水平以及相应的科学技能要求较高，对于劳动力以及原材料的消耗一般较少。一般是在与科技中心比较接近的地方进行选址，该种经济活动的规模与水平反映了一个区域或者国家的现代化水平。

市场指向型经济活动，通常是指产品不宜保存、难以运输或产品运输费用占整个生产成本份额较大的经济活动。如食品工业、鲜活产品加工工业等，由于不宜长距离运输而一般布局于城市生活区周围。

另外，还有一些经济活动对资源、劳动力、技术、资金和市场等的条件都有一定要求，而无须特别突出对某条件的需求或对某条件的需求会随时间发生变化，这类经济活动从区位指向的角度可称之为不定指向型经济活动。

（二）按经济活动空间形态特征分类

在以上传统经济活动分类法的基础上，为更好地利用空间经济学的相关理论和空间分析相关技术方法，从定性、定量和定位的角度综合分析经济活动的空间布局，将经济活动按其空间分布形态分为：点状分布经济活动、线状分布经济活动和面状分布经济活动。

点状分布经济活动是指经济活动的分布通常表现为空间点或点群。具体包括制造业、金融业、房地产业、保险业、商业性服务业和旅游业等。在进行这类经济活动的空间组织时，即可利用其点状空间分布特点，分析其与其他经济活动的空间经济联系。这类经济活动一般用地规模不大，集约利用强度高，与其他经济活动联系紧密且在空间上接近。

线状分布经济活动指经济活动布局通常表现为空间线或网络。具体包括运输业、电力、煤气、供水等。这类经济活动由于其线状分布特点，具有一定的用地规模且对区域其他经济活动的布局具有重要的影响，通常是联系相关经济活动的桥梁和纽带，它是区域经济活动组织的重要组成部分，对这类经济活动布局的合理性将直接决定着区域经济空间布局的合理性。

面状分布的空间经济活动主要是指农业经济活动，具体包括种植业、畜牧业、林业和渔业，当然其他部分占地规模较大的矿业、旅游业等也可归入其中。该类经济活动的主要特点是用地规模较大、集约程度相对较低，其经济活动的空间组织多考虑的是区域自然条件因素的影响。

经济活动的空间分布形态分类法主要是为经济活动空间组织服务的，其分类也不是绝对的，同一经济活动在不同的空间层次表现为不同的空间分布形态，如某一风景旅游区的开发活动，在全国或大的区域层次上的规划上表现为点状分布（风景旅游点），而在具体的旅游区甚至该地区的规划层次上，它却表现为面状分布特点。因此利用该分类方法进行经济活动的空间组织时要根据研究空间的尺度或层次特征具体考虑。

第二节　经济活动之间的联系

在利益最大化目标的驱动下，经济活动具有一种空间集中的向心力。这种经济活动的集中倾向并非主要以空间位移来表现，而主要是以经济活动的空间组织和联系的变化来表现。不同的经济活动联系方式和强度，是最终形成不同的经济空间结构的主要方式；它是经济活动空间布局决策和调控的重要研究内容。

经济活动的联系是指经济活动之间在产品、劳务、资金、技术和信息等方面的交流，及在此基础上形成的依赖性、参与性、互补性等关联关系。经济活动的联系首先表现在经济活动作为生产、交换、流通和消费过程的统一，其次为不同经济活动过程之间的关联关系。

一、经济活动联系的主要方面

根据经济活动所需条件，可将经济活动间的联系分为产品或劳务联系、生产技术联系、价格联系、劳动就业联系、投资联系、用地联系和公共物品问的联系等主要方面。

（一）产品或劳务联系

在社会再生产过程中，每一种经济活动都不能脱离其他经济活动而独立存在，经济活动间或多或少地需要相互提供产品或劳务，这种联系就是产品或劳务联系，表现在空间上为经济活动间的产品或劳务空间联系，它是经济活动间最广泛、最基本的空间联系之一。如种植业向农产品加工工业提供原料，钢铁工业为建筑业和机械制造业提供钢材，机械制造业为采掘工业等提供机械设备等，都属于产品或劳务联系。

（二）生产技术联系

每一种经济活动都有自己特定的生产技术上的要求，这种生产技术上的要求使其不是被动地接受其他相关产业部门的产品或劳务，而是依据本产业部门的生产技术特点和产品结构特征，对所有相关产业的产品和劳务提出各自的产品质量和技术性能。

因此这就造成了在经济活动之间的生产工艺、操作技术等方面存在必然的联系。生产技术作为经济活动联系的重要依托，其发展变化不仅直接影响到经济活动之间的产品或劳务的供求关系，而且还会使某一经济活动在生产过程中与其他产品和劳务的依赖程度发生变化。

（三）劳动就业联系

社会化的大生产使经济活动产业间的发展相互制约和相互促进。一种经济活动的发展依赖于另一些经济活动的发展，一些经济活动的发展也可导致另一些经济活动的发展。相应地，该经济活动发展时，会增加一定的劳动就业机会；而该类经济活动的发展带动的相关经济活动的发展，也就必然使这些相关产业增加劳动就业机会。这种各类经济活动发展反映在就业上的"关联效应"是客观存在。

（四）投资联系

一类经济活动或产业的发展必须依靠物质资本。经济联系一方面对人力资本提出要求，经济活动间在人力资本的配置上相互作用和影响；另一方面，在投资上也提出了相应的要求。加快一国的经济发展，不可能依靠加快某一产业的发展来实现，而必须通过相关经济活动的协调发展来实现。

（五）消费市场联系

经济活动之间由于共同的消费市场而发生的吸引和排斥关系。当某些产品或服务还处在供不应求或水平较低的状态时，这种共同的消费市场往往能带来经济活动的集聚；相反，当当地市场处在饱和状态或供大于求时，这种具有共同市场的经济活动就具有相互排斥的现象。

（六）用地联系

经济活动之间的用地联系是指由于不同经济活动对用地条件的特殊需求，导致这些经济活动在用地选择方面存在吸引或排斥的现象。如旅游业经济活动由于对用地及周围的景观有较高要求，导致其对采掘业经济活动用地、钢铁冶炼工业等用地之间存在排斥关系。商业和金融业由于都对城市中心繁华地段有相同的追求，导致它们在用地选择上存在合作与竞争的联系。

（七）公共物品联系

公共物品是指以保证居民的健康和人身安全为前提，为社会进步和发展所提供的公共产品和公共服务。地方教育、公安、消防、公路、桥梁、航空设施、公共交通、供水、废水处理、内河航道、港口、水源、固体废弃物与有害废弃物的处置设施、公共建筑与庭院、通信系统等都有公共物品的性质。

公共物品对经济活动布局有着广泛的影响。同样地，经济活动之间由于对某些公共物品的共同偏好，而产生相应的经济地域联系，在此我们称之为经济活动间的公共物品联系。如大型加工工业、原材料工业等经济活动由于对港口的共同指向性，导致了它们之间存在靠近港口布局、共用港口运输设备等多种联系。

二、经济活动联系的若干特征

按经济活动间技术工艺的联系方向和特点，可将其空间联系方式区分为单向联系、双向联系、多向联系、前向联系、后向联系和横向联系等。

（一）单向联系

单向联系是指在一系列的经济活动部门间，先行经济活动部门为后续经济活动部门提供产品，在供其生产、直接消耗的同时，后续经济活动部门的产品不再返回先行经济活动部门的经济活动过程。

（二）双向联系

双向联系是指在一系列的经济活动部门间，先行经济活动部门为后续经济活动部门提供产品，在供其生产、直接消耗的同时，后续经济活动部门的产品也为先行产业部门的经济活动过程提供产品。如钢铁工业为制造业提供钢材作为制造工业原料的同时，制造工业生产的机器设备产品又为钢铁工业提供工具设备。

（三）多向联系

多向联系是指在一系列的经济活动部门之间，先行经济活动部门为后续经济活动部门提供产品作为后续经济活动部门的生产性直接消耗，同时后续部门的经济活动通过一系列的产业链又返回相关部门的经济活动过程。如煤炭开采、钢铁冶炼、矿山机械制造之间即存在多向空间联系方式。

（四）前向联系

经济活动过程将存在产品或劳务、生产技术、劳动就业、消费市场、投资等方面的联系的经济活动连接形成不同的产业链，在产业链中，这类经济活动与其产品销售经济活动之间的联系就表现为前向联系。

（五）后向联系

与前向联系相对应，在产业链中，这类经济活动与其原料供应经济活动之间的联系表现为后向联系，如钢铁工业与矿山开采业之间的联系。

（六）横向联系

横向联系则是经济活动与原产品有关的功能或技术方向之间活动的联系，如汽车工业与其零部件生产工业之间的联系。

三、经济活动空间联系的实现形式

（一）经济活动空间相互作用的基本实现形式

经济活动需要占用一定的空间，这种空间联系的基本实现形式有三种：人流、物流以及信息流。

人流主要是指在经济活动区域之间的劳动力这一关键生产要素的流动，经济活动之多以能够实现劳动力资源的优化配置，实现劳动力的合理应用，主要就是依靠人流这一关键活动。同时，人流一般具有方向性的特点，一般是从位势高的经济活动区域流向位势较低的区域。这一现象最为直接的表现就是劳动力的工资，即劳动力总是从劳动力平均工资水平较低的地方流向劳动力工资水平高的地方。

物流是指经济活动之间的物质要素的流动。经济活动之间只要存在供求关系，就存在物质要素的流动。随着现代交通网络的不断发展，物流的发生发展也在逐步前进。可以说，经济活动区域之间存在交通联系是物流发生的基本前提条件。

信息流的产生是伴随着知识经济时代的到来而形成的一种经济活动空间联系的重要实现途径。科学技术已经十分深刻地影响了整个时代，并且这种影响了是呈现几何级数成倍增长。任何经济活动之间，都会产生信息流，进行经济活动的过程中，任何市场的主体或客体都在主动或者被动发挥着他们的作用，接受或者向外界不断发送信息。信息流的直接媒介是通信网络，它几乎不受空间距离的影响，因此，空间相互作痛的距离衰减规律基本不适用。

（二）经济活动空间联系的发生条件

经济活动间客观存在着信息流、人流、物流，而这些“流”的存在都是以一定条件为前提的。19世纪50年代，美国地理学家乌尔曼提出了空间相互作用的概念，并系统地阐述了决定空间相互作用的可转移性、互补性和介入机会3个引发“流”形成的前提条件。

1. 可转移性

可转移性是经济活动间存在生产、技术、劳动力和资金等经济活动要素方面的转移与传输的可能性。一般可转移性受以下两种因素的影响。

（1）空间距离和运输时间

经济活动之间的空间距离和运输时间越长，进行经济联系就越不方便，为此的投入就越大，可转移性就越差；反之，可转移性就好。在现实的经济活动过程中，即使两种经济活动间存在空间经济联系的需要，但由于空间距离或运输时间太长导致可转移性差而不能发生相互联系的例子也较多。例如，中国的东北三省有大量的可待外销的玉米，而南方不少地区又需要玉米作为饲料或其他用途，但由于空间运距过远而难以形成供求关系，当然随着铁路交通的日渐发达，东北三省和部分南方地区已形成玉米的供求关系。在经济活动地理空间组织时，将经济活动集聚组织在一定空间里的做法正是出于缩短空间距离，促进生产、技术和经济联系的考虑，但要注意是促进它们之间的有利联系。

（2）被传输客体的可运输性

可运输性与被传输客体的经济运距有着密切的关系。由于受经济支付能力、时间、心理等方面的限制，各种商品、人口、技术等的经济运距是不同的，亦即它们的可运输性存在较大的差异。被传输客体的可运输性越大，则可转移性也越大。这种由于客体的可运输性太差，导致空间运输成本加大，而在两地之间不能形成有效的供求关系的例子也较多。例如洞庭湖区盛产淡水鱼类产品，而黄土高原地区居民生活对淡水鱼类有大量需求，但由于鱼类的可运输性差，导致成本增加，而不能形成比较价格优势，难以形成真正的供求关系。

经济活动区域之间是否存在政治、行政、文化和社会等方面的障碍。如果经济活动区域之间存在经济保护壁垒、文化隔阂、政治和社会方面的矛盾或冲突，那么可转移性就差。反之，如果活动区域之间的关系良好，那么经济活动间的可转移性强。经济活动区域间的交通联系。交通联系方便、通畅，则可转移性好；否则，可转移性就差。

2. 互补性

经济活动之间的互补性，指的是各项相关联的经济活动之间，在进行生产运营的过程中，必然会对一些劳动力、技术、材料、资金等方面存在互补，同时，在对公共基础设施的共享基础上，还需共同处理由此而产生的环境问题，并且，在市场上也存在着互补关系。究其原因，是因为劳动力和自然资源在空间分布上存在不均衡，这些条件上的互补性构成了经济关系上的相互依赖。并且这种互补性与空间的相互作用大小成正比。比如，在机械制造业方面，煤矿采掘经济活动负责燃料煤地提供，但是，对煤矿开采的经济活动而言，机械制造业则负责为它提供相应的开采工具，这两者之间的关系，就是经济活动的互补性。

3. 介入机会

介入机会是指两经济活动之间发生相互作用的可能性受到了来自其他区域的干扰。因为经济活动的互补性是多向的，即一个经济活动会在某一方面或某几个方面与其他多个经济活动存在互补的效应，但是这种互补强度的不同，决定着该经济活动与其他活动发生相互作用的可能性。由此可以看出，由于介入机会的存在，有互补性的两个经济活动之间不一定就能发生相互作用。

第三节 经济活动的区位条件

一、经济活动区位理论的相关概念

任何经济活动的进行，都离不开一定的地域。无论是微观经济单位，还是中观层次区域经济，其经济活动都存在一个空间配置问题。虽然不同层次经济活动的区域（区位）选择各有不同，但是，为各类经济活动寻找最佳的经济区位，则是区域经济研究的重要内容之一。

（一）区位的概念

区位首先是指人类行为活动的空间。人类在进行生产经营的活动过程中，离不开一定的空间，离不开区位。这些经济或社会活动都占据着一定的空间。这些空间并非自然存在，而是人类根据经济活动的空间选择的一种结果的表现。所以说，区为实质上是指企业、产业以及设施等在空间经济格局中的位置，有时特质他们的盈利为止或者说最优的经营位置。

经济区位是指某一经济主体为其经济社会活动多选择、占据的场所。对于经济主体而言，各不同区位具有不同的经济利益，因此经济区位往往被描述成距离某几个特惠地点的不同位置所反映的市场、供求、运输成本等方面的差异问题。

（二）区位理论

区位理论根据其产生与发展的先后，有古典区位论、近代区位论与现代区位论之分；从区位理论体系来看，有成本学派、市场学派和行为学派；从动态与静态来看，又有静态区位论与动态区位论之分；以产业而论，有农业区位论、工业区位论、商业区位论、交通区位论、城市区位论、服务业和住宅区位论等。通常应用的是按产业的分类。

（三）区位类型

人类自从产生以来，就主动或被动地从事着各种行为活动，这些行为活动在空间上的多样化表现形态就构成了不同的区位类型。

各种区位类型是在一定的行为驱动下形成的，譬如有的是追求经济利益最大化，有的是追求社会效益最佳，而有的则是寻求自我满足等行为的合理性。总之，人类的空间行为是有规律的，是自觉或不自觉地按照一定的法则来进行的。例如，产业区位形成的动机一般是追求利润最大化，住宅区位形成的动机主要是追求效用最佳．而都市设施区位通常是追求福利最佳化。

（四）区位条件

区位条件是区位（场所）所持有的属性或资质。从一般意义上理解，区位条件的内涵包括：不同场所的区位条件不同。人类对于自身活动场所的选择，直接导致了区位条件的好坏，并且区位的主体不同，区位条件也不尽相同。区位条件还会随着时间的变化而变化。区位主体进行区位选择时，要考虑到主要区位条件这一影响较大的因素。就工业区位而言，主要的区位条件是指劳动力、资本、能源以及运输等；次要区位条件则是指研究开发、经营以及税制等方面的因素。

（五）区位因子

区位因子亦称区位因素，是指影响区位主体选择经济活动区位和区位主体空间分布的因素，也是区位单位（布局于某一区位上的某一社会经济统一体内的各组成部分）进行空间配置的外部约束因素。韦伯（A.Weber）称之为区位因子，哈特向（R.Hartshorne）与格林哈特（M.L.Greenhut）称之为区位因素，艾萨德（W.Isard）称之为区位力量。最早提出区位因子的韦伯将区位因子定义为经济活动在某特定地点进行时所得到的利益即费用的节约。从区位理论的角度来看，就是特定产品在那里比在别的场所用较少的费用生产的可能性。区位因子是对于区位主体而言的，它即包含可以用货币度量的价值标准，也包含有不能用货币所测量的非经济因子。从影响区位的相对优劣角度将区位因素分为地区性投入因素、地区性需求因素、输入的投入因素和外部需求因素四类。从对区位主体行为活动的影响角度，可以将区位因素划分为经济因素（包括成本因子和收入因子）和非经济因素两大类。

（六）区位决策

区位决策是区位主体（亦即决策主体）对经济社会活动区位选择的决定行为，区位因子影响着区位决策的整个过程。那么，区位决策的依据或区位因子如何左右区位决策呢？区位决策正确与否主要取决于区位决策后能否带来经济利益、效用、个人（或社会）满足及社会价值等。而这一切又都取决于区位因子的影响，即如何降低费用（成本）、扩大销售、增加利润以及保持最大的稳定性或得到最大的满足度等。能够满足或符合上述条件的区位选择就可称为是最佳区位。但是，这种经济行为决策具有滞后性，一旦形成一般很难再进行更改。因此，首先必须进行预测或进行多方案的优选。而选择和预测区位的理论根据就是区位原理，进行实地调查的项目或内容就是地理条件，将这些条件进行综合经济评价，评估、测定其对区位决策后果可能带来的效果，就属于区位因子研究的一部分内容，这部分内容也可称为区位因子的经济分析。此外，区位决策还取决于经营者的嗜好、国家的政策法规和公共福利等因子的作用，而这部分内容可称为非经济因素分析。总之，区位条件是通过区位因子作用于区位决策，区位决策正确与否取决于区位因子分析、评估、预测的准确程度。

区位决策是一个复杂的经济行为和社会行为过程，它与企业（组织）的历史、类型、现状、资金、竞争者、经济环境和经营者的能力等有关。一般而言，区位决策过程有三个阶段：市场分析阶段。主要研究和决定企业的市场容量，包括产品的可能销售范围和服务的半径及销售量（销售额）等。同时，分析同类企业的区位分布状况、经营水平、产品的种类及所占有的市场容量等。这属于市场调查的内容，但也是区位决策的重要依据，只有不断地了解市场，对市场的相关内容进行详细分析，进行深入了解，进行全面把握，才能准确确定企业最终的投资区位，才能进一步确定企业的投资规模，企业的发展方向。第二个阶段是地域选择阶段，这一阶段对于区位决策具有重要的影响，从市场的角度来看，进行地域的选择，就是要选择与市场环境相适应，并且能够在该市场中有进一步的发展空间与竞争潜力；从区位论的角度来讲，就是要选择能给企业带来最大利益的区位空间。最后一个阶段是地点决策阶段，这是地域空间的具体落实，在进行选择时，要严格按照区位论的基本原则进行最终的区位选择。

一般的区位决策过程是由上述的三个阶段组成，但是，不同的区位主体其决策过程是有一定差异的。同时，决策过程所处的决策阶段不同，其区位因子的重要程度也不相同。比如，在第一阶段，收入因子这一要素在决策过程中的影响比较大；在第二阶段，重要的影响因子可能就是收入和运费；在第三阶段，全部所有的因子都会成为重要的研究内容。

二、经济活动的区位选择

选择什么样的区位进行生产经营活动，对企业的经营成果具有重要的影响。企业的区位决策要考虑到各种区位因素，是一个复杂的过程。

（一）区位与企业经营效果

在区位理论中，关于企业的区位选择与经营效果的关系涉及两个方面的问题：一方面是企业区位的选择对企业经营效果有多大程度的影响，如对它的成本、收益、利润或者创新能力的影响；另一方面是企业对它周边环境的利益有什么样的作用，如对于就业岗位、收入水平或者其他企业的交互作用等。提出这些问题的背景是企业是一个开放系统，与它的经济、社会和自然环境之间以各种形式相联系。

企业在采购和销售市场上同对方不仅仅是交换货物和服务，也经常交换行情信息，如关于市场状况、技术革新、新产品、市场营销战略等。企业同重要的商业伙伴也许还保持着更紧密的联系，这种紧密联系可以从非正式的协议和具有合同义务的正式协定直到资本的融合（相互持股）。此外，一些社会的经济环境条件（如法律规定、税收以及政治惯例）都应在企业生产经营活动中受到相应的重视。同时，在进行经营活动的过程中，企业还必须注意资源的合理利用，必须关注其对自然环境的影响。

这些联系中，有很大的一部分是与区位相依存的，因而对于企业的区位选择具有重要的潜在影响。但是在诸多的要素中，最终对企业区位选择影响比较大的两个需要满足的条件就是：一，要在企业的生产成本方面有显著改善，或者对企业的收益具有明显的影响；二，这些相关的要素之间，要在价格、质量以及可拥有性方面存在一定差别。只有符合这两个条件，企业才能在区位选择的过程中，才会对具备不同条件的不同区位进行准确选择，因此，企业在进行区位选择的过程中，必须考虑到这些条件。

对大多数企业来说，同外部环境最为重要的联系是采购市场和销售市场。在这两个领域要求区域内主要有下列各种要素：

一是投入方面，包括自然资源（取决于矿藏以及环境状况）、劳动力（根据技能、工会组织程度和工资水平而变化）、货物和服务供应商（取决于企业聚集程度和部门结构）及信息密集度和有关创新信息的畅通程度（同研究机构、相关的信息服务和技术转让交易机构保持联系的可能性）等。

二是产出方面，包括：由于区位不同，市场进入会有重大差别。这既涉及运输成本和市场潜力，也涉及开辟业务的信息和联络。由于市场进入，投入品的可拥有性和价格通常是根据区位而变动的，因此它们构成了区位决策的最重要的基础。与此类似的是信息，主要是对企业的创新能力和中长期竞争能力具有意义的那些信息。市场的区域结构取决于货物和服务延伸的范围，也就是说生产者能在什么样的范围内满足需求。通常可以把产品区分为地区市场、国内市场和国际市场，进入这些市场的可能性在区域上存在很大差别。通常在一个国家内部，法律制度、政治制度或者行业协会几乎没有什么差别和变化。但在国际上，这些因素则存在着重大差别。对于跨国公司来说，经济和政治上的稳定、工会组织程度、劳资关系融洽程度、法律体系的构成等，就成为它们在全球范围内进行区位决策的重要区位标准。一个企业的生产经营成果不仅取决于它选择的区位，一个城市或地区的发展程度在很大程度上也受到在那里选址的企业的影响。通过企业对生产要素的需求，要素报酬和收入流进这些地区；通过对投入品（加工品）的需求，为其他企业开辟了市场；企业的产品和服务供给提高了这一地区的供给质量。

由于多种原因，区位决策是复杂而又困难的。其中一个重要原因是，一经确定的区位要予以改变，必须付出很大的成本。因此，区位选择可以说是不可逆的。所以，区位规划，即对一个区位的成本和收益状况进行评估，必须建立在企业的经济生命周期基础之上，原则上至少要 10 ～ 15 年。然而，在这个长远规划的视野里，包含着很大的不确定性：投入品和产出品的价格、市场机会、新竞争对手的出现等，在长时期内很难估测；供应商、采购商和竞争对手在区域内的分布也会发生重大变化；新的生产工艺、运输和通信技术会使生产过程中要素的意义和作用发生变化。如此等等，都可能使目前的最佳区位在未来成为次优区位，甚至变成使企业亏损的最差区位。

由此，产生了对于企业的区位规划相互矛盾的要求：一方面，区位决策的长远性和影响范围要求对影响企业区位规划的诸多因素进行全面分析，一旦选择了错误的区位会大大减少新建企业的生存机会；另一方面，企业又难以通过精确的计算找到最佳区位。正由于问题的复杂性和不确定性以及面临一系列可能选择的区位，促使企业的区位选择多采取"干中学"（learning by doing）的行为方式。

（二）区位选择的一般原理

正因为由区位决策的长远性和不确定性产生了企业的区位存在相互矛盾的要求，给企业区位的选择带来极大困难。那么，企业应该依据什么原理来选择区位呢？根据企业所属的产业类型及其对要素投入的要求来选择区位是一种可行的方法。

产业分类的方案很多，这里仅介绍按照产业所面临的竞争和所使用的生产要素，将产业分为五类部门，即：R 部门——研究与开发密集型产业、K 部门——知识密集型产业、C 部门——资金密集型产业部门、L 部门——劳动密集型产业和 S 部门——不受国外竞争影响的产业。各类产业部门的特征及其区位特征表现为：

R 部门的特点是大量投资于研究与开发活动，产品的更新速度很快，更多地处于创新期、引入期和增长期，有少量处于成熟期或衰退期。如电子产业、制药业、飞机工业等。这类产业部门的地域分布最为集中，主要位于大城市或科研机构密集的地区。

K 部门的特点是含有高水平的技术，大部分产品处于增长期或成熟期，没有很多新产品开发，但原有产品的性能不断改善。如家用设备、办公设备、光学设备及机械制造业等。这类产业部门既有集中亦有分散趋势，主要位于大城市和重要枢纽地区，但随知识扩散，地域上有分散的趋势。

C 部门的特点是严重依赖原材料，产品多数处于成熟期，很少有产品创新，但有新的生产过程或工艺的产生。如炼油和石油化工、冶金工业、纸浆和造纸业、烟酒行业等。这类产业的地域分布相对分散，多趋向于原料产地和交通中心，但随技术进步，对原料地的依赖性呈现减弱的趋势。

L 部门的特点是需要大量劳动力，产品主要处于成熟期和衰退期，很少产生完全新颖的产品。这类产业往往改善产品的质量，开发出与老产品相近的新产品，并不断寻找降低产品成本的方法。如部分食品生产、纺织品、毛皮制品、锯木和胶合板等。这类产业部门的分布最为广泛，主要分布于工资水平较低的地区，它对于先进的交通、通讯及服务设施没有特殊要求。

S 部门的特点是不参与国际竞争，产品多数处于成熟期或衰退期，产品主要在国内或区内销售，不受贸易壁垒的影响。如部分食品生产、水泥、煤气、自来水等行业。

这类产业部门的分布很有特色，即主要集中于城市。

三、经济活动区位的影响因素

（一）市场对经济活动区位的影响

1. 市场规模对经济活动区位的影响

任何行业都有一定的需求门槛，不管是在生产活动的领域，还是在服务活动的领域，都是如此。经济活动的性质和类型不同，需求门槛的高度也不一样。对于一些资本密集装置型传统工业，例如，钢铁、电力、石油以及化工制造业，需求门槛是比较高的。但是对于一些轻工业部门，需求门槛相对而言门槛较低。市场规模只有达到一定的程度之后，经济活动才可以持续进行。正是由于规模经济的存在，经济活动的合理性也因此受到影响。每一种经济活动，既需要通过扩大自身的生产规模以获得内部规模经济效益，又需要通过与存在内在联系的其他经济活动在特定空间地域的聚集来获得外部规模经济效益。

经济活动尤其是传统商业活动中的零售业，不同的经营类型与规模对应于比较固定的市场地域的范围与规模，因此市场地域范围大小还直接影响经济活动的类型与规模。

2. 市场特性对经济活动区位的影响

获取利润（即收益大于成本）是一切经济活动的持续与健康发展的基本要求，而利润取决于需求者是否愿意付出超过商品成本的支出。

市场是所有的经济活动的服务对象，只有不断满足市场的需求，经济活动才能延续下去。企业不同，行业不同，所面临的市场也是有所差异的，并且不同的市场特性对经济活动的影响是完全不同的。而市场的特性一般会随着消费者的偏好的差异而不断变化，处于不同生活状态，不同地理位置区域的消费者，其消费的习惯以及消费的癖好是不同的。与此同时，消费者的偏好会产生不断蔓延不断扩散的效果，很可能一种在某一地区流行的消费习惯和消费需求，在长时间的传播之后，会蔓延至其他的国家，那么满足这种需求的经济活动也会随之走向国外。

（二）要素投入对经济活动区位的影响

1. 原材料因子对经济活动区位的影响

原材料是经济活动尤其是生产活动所加工的对象。原材料因子主要是通过运费大小、原材料的可运性、可替代性，以及价值尤其是在产品成本中的构成状况对经济活动区位施加影响。由于原材料空间分布的不均衡性和开发利用成本的差异性，造成处于不同区位的经济活动主体获取它的成本不同，从而直接影响到原料成本在总成本中占较大比重的原材料型工业的区位选择。

现代的工业生产往往是利用多种原料进行的生产过程，由于这些原料的价格变动程度不固定，并且原料之间的配合比例也不断变化，因此，原料对工业区位选择的作用也是不断变化的。一般而言，便于原料集散的区位（港口等）对原材料型工业企业的吸引力越来越强；而以材料型工业企业的产品作为加工原料的工业企业区位的选择，则更多地受其加工后产品的市场及劳动力成本、技术条件等的影响。工业企业的区位是选择原料地或是消费地，主要考虑下列因素：原料和产品的运费以及原料指数（原料指数 MI：地方原料重量／制成品重量）的大小；原料和产品的易腐性；原料和产品的可运性；原料和产品的价格；原料的可替代性及所用原料种类；产品的地方性和市场反馈；市场的规模；市场的容量；市场的性质等。

随着经济全球化和区域一体化的发展，特别是现代流通业的发展，经济活动尤其是工业活动，更主要的是要在全球范围内寻找一种既能满足自身需要，同时能够供应有保证，且价格相对低廉的原材料供应商。因此，一种新的组织原材料供应的地域综合体—供应商应运而生，这是一种为某一特定的组装厂提供零部件的供应商形成的空间聚集区。这种空间聚集，由于是围绕该特定的组装厂形成的，因此，组装厂会十分及时便捷地获取生产所需的零部件，这一集聚区的形成，极大缩短了组装厂商接到订单到订单到客户手中的时间。所以，现代经济活动区位已经远离之前的被动接近原材料产地的模式，通过重新组织原材料供应地，来实现现代社会生产的及时性、可靠性以及灵活性。

2. 土地因子对经济活动区位的影响

一切经济活动都必须落实到一定的空间。通过自身的自然特性以及所处的经济区位，土地这一经济活动的重要因素对于经济活动产生着重要的影响。

土地的自然特性包括土地所处的空间位置和土地的形态、地表物质构成及其与其他自然环境要素的相互关系。这些自然特性决定了土地被利用的可能性，土地本身所处的经济区位则构成了土地被利用的可行性。处于不同经济区位的土地，其利用价值也不相同。面积相同，自然特性相近的土地，处于不同的经济区位（城市与农村），其利用价值大相径庭，即便是同处于城市内部，不同位置的土地利用价值也不相同。

土地因子不仅可以作为劳动对象，还可以作为作业的空间或是活动场所，这是土地因子参与经济活动的两种基本的方式。在农业生产活动中，自然特性决定了其具有被利用的可能；在工业生产，城市建设过程中，土地所处的经济区位又进一步决定了它具有进一步被利用的现实性。

第四节　空间扩散与空间相互作用

经济要素和经济实体通过空间移动和再组合实现自身价值，而它们必须以区域空间结构要素为媒介和载体，这样就导致了区域空间结构的发展和演变。同时，经济要素和经济实体之所以发生空间移动，与区域空间结构要素的差异密切相关，如在区域空间结构要素体系中，城市作为"点"发生相互作用是由于发展水平、产业结构、产业布局等方面存在的差异。这种差异促使经济要素空间转移，同时空间结构要素也就发生了相互作用。因此，空间相互作用是经济地域运动和区域空间结构演变实现的途径。

一、区域经济的空间扩散

（一）区域经济扩散的动因

区域经济扩散是指资源要素和部分经济活动主体在地理空间上的分散趋向与过程，具体表现为外围地域的形成与扩展。引起区域空间扩散的因素主要有以下几点。

1.避免集聚效应过度而带来的不经济现象

在区域经济的发展过程中，当集聚规模超过一定限度时，就会带来集聚而不经济的现象。此时区域内部的各种资源要素和各类经济活动因为过度集中而导致成本增加，预期经济收益减少。各种资源要素的过度集聚，将可能导致能源和原材料供给短缺，而远距离从区外输入，需要巨额运输费；各类经济活动的过度集聚，导致人口过量增加，使集聚地域面临巨大人口压力。大量人口致使集聚区域内生活与生产所需基础设施及社会服务供不应求，用地用水紧张，供应不足，交通拥挤等。这些问题的存在较大程度上抵消了集聚效益，这样一来，一些企业、经济部门为避免这种由于过度集聚而带来的不经济现象，逐渐从原集聚地域迁出，相关各种经济要素也随之发生扩散。

2. 集聚地域的企业、经济部门寻求新的发展机会

一方面，出于自身发展的需要，集聚地域的企业、经济部门会主动到外围地域建立分支机构及新的发展据点，以便扩大影响，拓展势力范围；另一方面，核心区域的市场趋于饱和，激烈的竞争迫使企业、经济部门到外围地域开辟新市场，以减少竞争压力。此外，核心区为了获得比较利益，参与区外的经济合作，也将引起资源要素向外扩散。

3. 梯度转移和传输作用

核心地域拥有较高的区位势能，在空间梯度力驱动下，某些流动性较强的经济与社会文化要素便会从核心区域流出，进入外围地域。这种物质与能量的传输过程，主要表现为技术转让与推广，资金投入和转移，现代文化观念和管理方法的传播与普及等。

4. 政府干预作用

一方面，集聚地域由于经济活动密集，人口大量流入，必将引发各类经济与社会问题；另一方面，由于集聚效应使得核心地域从周边地区引入大量人、财、物等资源要素，经济实力明显强于外围区域。为了解决这些问题，缩小地域间的经济发展差距，政府部门通过制定各种差异性产业政策和区域开发政策，向不发达的地域倾斜建设基础设施等措施，对区域经济的发展进行干预和调节，引导核心区域的经济、文化要素进行适时的传输和转移，从而实现产业规模和发展能力的重新分配，实现加速地域经济协调发展的目标。

（二）空间扩散方式

扩散有就近扩散、等级扩散和跳跃式扩散三种表现形式。

1. 就近扩散

就近扩散又称墨渍式扩散，它是指经济活动或资源要素由集聚地域向四周相邻的地域作浸润式扩散，或呈同心圆形，或呈锯齿形，或呈放射形扩散，结果具有使周围地域均匀化的趋势。距离衰减规律在这种扩散过程中表现得相当明显，随着离开扩散源距离的增加，扩散强度渐次递减。就近扩散之所以能发生，是由于外围地域具有适宜的区位和较好的区域环境，与核心区联系方便，便于获取信息，得到集聚地域的支持，因而既能取得较好的经济效益，又能把握住发展机会，与核心区经济发展的趋势保持一致。

124

2. 等级扩散

等级扩散指经济活动或资源要素的扩散跳过相邻乡镇、郊区和小城市,向在远距离,但属同级规模的城市间扩散。重要交通枢纽、沿海港口城市、拥有某种优势或发展潜力较大的城市获得扩散机会最多。其产生的原因,主要是大中小城市之间、城市与乡村之间接受扩散的经济与社会条件的差异。

3. 跳跃式扩散

跳跃式扩散又称随机扩散,指经济活动或经济要素由于某种偶发性因素的作用,在特定机遇下所产生的扩散。这种扩散方式在形式上具有很强的随机性和跳跃性,其产生的原因也是多方面的。信息渠道的阻塞,集聚地域进行经济扩散选择范围的局限,某些矿产资源的开发利用,有时甚至某些社会因素和心理因素的变化都会导致这种扩散现象的发生。

特别需要指出的一点是,在现实的区域经济扩散过程中,上述三种扩散方式往往是相互交织在一起的,它们与集聚过程同时存在。只是就某一特定阶段、某一特定地域来讲,可能会有以某种方式为主,以其他方式为辅的现象产生。在具体的区域经济扩散中,不存在某一种扩散形式单独发生作用的现象。

(三)区域经济集聚与扩散的时空特征

区域经济集聚与扩散是两个自发的区域经济空间组织过程。在区域经济的发展过程中,两种现象同时存在,相互之间联系紧密:没有集聚的积累,就不会出现强有力的扩散;缺乏扩散手段与效果,也不会产生在布局和高层次集聚的机会和条件。集聚中存在着扩散,扩散中蕴含着集聚。要分辨究竟是属于聚集效应还是扩散效应,主要应取决于具体的研究角度和观察视角。例如,从一个较大的地域角度看来,各种经济活动和资源要素向某城市的大量集中,所引起的城市内部结构的变动以及城市规模、范围的扩大,属于典型的集聚现象;若将视点转向城市本身,所看到的是城市自身的扩张和拓展,经济实力的不断增强,内部经济活动所能延伸到的地域范围不断扩大,显然又是一种明显的扩张扩散过程。

在一个区域的具体经济发展过程中,集聚与扩散往往是相互作用,相互影响,同时存在的。事实上,很难找出一种严格的划分标准来完全清晰地将集聚与扩散两种现象区分开,两者互为前提与基础,共同作用在区域经济的发展过程中。

区域经济的空间演变并非均衡的过程,而是集聚与扩散双方相互作用非均衡的过程。一般看来，核心地区对于周围地区产生集聚和扩散效应会因为时间的不断推移而产生增强或者消散的变化。从区域经济发展的理论来看，在经济成长与发展的不同阶段，发达地区与不发达地区的集聚效应逐渐起到主导作用，扩散效应则相对较弱。发达地区经济的快速发展，对周边地区产生了强大的吸引力，不发达地区的人、财、物等生产要素大量流入发达地区，集聚不断增强；随着时间的推移，发达地区的信息与技术开始通过各种渠道向周边不发达地区进行传输，生产力也随之发生转移。发达地区开始影响并促进不发达地区经济的发展。此时扩散效应迅速增大，在达到一定水平后趋于相对稳定，集聚效应也将很快达到一个最大限度并逐渐开始出现减弱的趋势。当区域经济的集聚与扩散效应达到一个相对均衡的阶段时，不发达地区的经济发展会出现停滞甚至是后退的迹象，各种生产要素被迫外流，呈现出向发达地域集聚的趋势。但此后扩散效应的作用将会不断增大，这时不发达地区所能获得的经济效益将远大于之前自身的损失。不发达地区将会抓住这个机会，加快自身的经济发展，缩小与发达地区之间的差距，区域经济的空间结构演变处于均衡化过程中。

二、空间相互作用原理

（一）空间相互作用的含义

从马克思主义联系与发展的观点来看，世界上任何一个城市或者区域都不是单独存在的。全球生产要素禀赋分布并不均匀，为了保障整个生产或者生活的顺利运行，各个城市或者区域之间必须进行大规模的物质与能量交换，以实现各个城市的正常运作。城市或者区域之间的相互运作可以被称为空间的相互作用。正是这种相互作用或者对外联系，不同的城市或者区域才能紧密联系在一起，使整个世界形成一个有机整体。

（二）空间相互作用的条件

在厄尔曼的概念中，空间相互作用产生的条件主要有三个，分别是互补性、低成本性和中介机会。

1.区域之间供求关系的互补性

两个区域要想发生相互作用和交往，必然是对彼此的资源有相互需求，即两个相关的区域在物质、人员和信息等经济发展的要素方面存在着供给和需求的关系。如果两个区域拥有和缺乏的资源比较相似，形成不了供求关系，那么就没有交易和往来的必要，也就没有形成区域空间相互作用的经济基础。区域之间的互补性是不同区域进行物质、人员、信息、能源与技术交换的前提条件。空间的相互作用力大小是和区域的互补性程度成正比的。

2. 要素空间转移的低成本性

这是指区域之间进行商品、资金、人口、技术、信息等传输的可能性。区域之间要发生相互作用，必然伴随着各种资源的交流和转移。如果转移的成本较高，大于区域之间的成本差异，那么转移就不会发生，区域空间相互作用的几率要小。这种转移成本的高低是由区域之间距离和运输时间、要素流动性的高低以及区域之间交通条件的便利程度来决定的。距离越长，产生相互作用的阻力越大。不同的货物，对距离的敏感性也不同，这和它们的可转移性有关。

3. 中介机会与干扰因素

两个不同区域之间在各类生产要素之间的互补能力给两个地区提供了经济上的交换可能性，但是两个地区也存在以下情况阻碍了或者促进了两地之间的经济信息的交流。例如，两地很有可能受到更强的中心城市的干扰引入城市发展的中介，以之作为信息交流的中枢。两个城市也有可能受到战争或者地理因素的干扰，虽然有较强的作用力，但是两个城市发生经济交换的可能性较低。

在这里，城市之间相互作用的干扰因素主要是指两个区域之间经济上的相互作用能力受到来自经济以外其他因素的干扰，使这种作用力断裂。首先，区域之间的作用并非是经济上的，还有政治上的、地理上的。这些不同的因素非常有可能干扰到城市的经济发展。其次，区域之间的作用并非发生在两个城市之间，两个城市的相互作用还受到其他城市的影响。这种影响的程度往往对城市之间的作用力产生正向的或者负向的影响。因此，这里的其他干扰因素主要指来自其他区域的干扰，以及政治经济体制等方面障碍的限定。来自其他区域的干扰，比如，位于两个区域之间的某个地点突然发现了某种自然资源，就会改变原来两区域关于该种资源的供求稳定状态。

必须指出的是，厄尔曼提出的空间相互作用力发生的条件是在信息经济产生以前。他探讨的主要是物质流，对于人员、信息以及技术的流动探讨的较少。从当前世界经济的格局来看，在经济全球化的发展下，各个城市之间的作用力有了明显的提升，信息与货币的跨区域流动已经成为不争的事实。公路网与铁路网的快速发展使物流逐渐克服了地理作用的障碍。跨国公司的发展使全球生产的联系更加紧密，中介很难参与到跨国公司内部的分工与物质流动。总之在信息经济和经济全球化的作用下，区域之间的作用力限制条件已经不仅仅局限于以上三点。

第七章 区域可持续发展

区域可持续发展是可持续发展的一个重要领域，是区域向更加和谐、更加互补和更加均衡迈进的一个发展目标。

第一节 区域可持续发展概述

一、可持续发展的概念

根据 20 世纪 90 年代联合国环境与发展大会通过的《21 世纪议程》，可持续发展被定义为"既满足当代人的需求，又不对后代人满足其自身需求能力构成危害的发展"。从概念上理解，可持续发展的本质是既要满足当前社会经济发展的需要，又要考虑未来的需要，不能以牺牲后代人的福利为代价来满足当代人的福利，就是说，人类的经济活动不能超过现实科技水平和社会发展水平条件下的资源与环境的承载能力。目前，人们对可持续发展的理解，基本上集中在两个方面：全面发展和公平发展。

（一）全面发展

全面发展是对发展的综合描述。由于发展的条件是多方面的，发展的目的不仅仅是为了生产财富，所以发展必须是全面的，包括经济发展、环境改善和社会进步三个大的方面，涉及人类发展的各个领域。全面的可持续发展必须达到的目的是：经济的长期、稳定、良性的增长，重视经济活动和经济发展行为的生态合理性，保证经济行为的可持续性；人类赖以生存的环境得到保护，而生态系统的质量不断提高；人口逐步稳定在一个合理的水平，人类得到永恒的延续。

（二）公平发展

公平发展的核心内涵是构建和谐社会。目前人们对于公平发展，一般是从两个方面来理解的：

1.人类与自然界的公平

多年来，我们都把我们自己看作是自然界的主人，认为我们人类在任何地方、任何条件下都可以将自己的意志强加于自然界，这样我们就把自然界当作了人类的附庸。然而，自然界有为人类服务的一面，也有其自己发展的一面。人类与自然界的公平，实际上是求得一种和谐。人类与自然界的和谐发展，使人类能够从自然界获得取之不尽、用之不竭的财富；人类与自然界的和谐发展，要求我们以循环经济模式作为经济发展的基本模式，建设节约型社会伴随发展的始终；人类与自然界的和谐发展，还要求人类自觉保持生物的多样性，使我们这个世界和人类自身的生活丰富多彩。

2.当代人与后代人发展机会的公平

我们需要一定的生存条件，我们的后代子孙也同样需要生存条件。由于人口膨胀、资源枯竭以及环境恶化已严重制约了经济和社会的发展，人类的生存和发展正面临严峻的挑战。人类必须努力寻求一条人口、经济、社会、环境和资源相互协调，既能满足当代人的需要而又不对后代人的需求构成威胁的发展道路。

二、区域可持续发展的概念

（一）区域可持续发展的现实依据

区域可持续发展提出的基本依据是：

1.资源角度

区域可持续发展是合理利用自然资源、注重资源使用效率、加快区域经济发展的重要战略思路。每一个区域的土地、能源和矿产资源等都是有限的，资源短缺局面的出现，会使经济发展受到严重的制约。区域可持续发展思想的提出，就是要有效地解决资源利用与区域发展的矛盾。

2.环境角度

区域可持续发展提出的一个重要依据是区域的环境问题。区域的生态环境随着区域经济的发展而受到影响。在我国，区域经济发展对生态环境的压力很大，环境污染、生态恶化、水土流失、沙漠侵蚀，成为区域经济发展的重要制约因素。区域可持续发展思想的提出，是强调区域经济要满足人们对经济发展和生态环境的双重需求，每个都不可以偏废。

3.社会角度

区域可持续发展是以建设一个公平和发展为标志的和谐区域为目的，人类的文化会得到极大保护和弘扬，每一个现在和未来的居民的自身价值都可以得到体现。在我国，现实的情况是：区域发展的差距日益加大，城市社会与农村社会的贫富差距日益加大，社会公平发展面临考验。区域可持续发展思想的提出，强调了均衡发展是区域发展的终极目标。

（二）区域可持续发展的内涵

我们把上面的内容综合起来，对区域可持续发展进行定义：在区域空间范围内，以合理利用自然和社会资源为基础，以推动区域经济增长为手段，以解决环境问题为途径，以建设和谐区域为目标，实现国家每一个区域的科学、合理、持久、安全和协调发展。因此，区域可持续发展的内涵包括：

1.区域可持续发展是现实发展与长期发展的统一

区域可持续发展必须兼顾区域发展的近期目标与长远目标、近期利益与长远利益，以实现经济、人口、资源、环境的全面协调发展。

2.区域可持续发展要兼顾区域经济的发展和区域社会的进步

区域经济发展是社会发展的动力。兼顾经济发展和社会进步，要加大居民对区域发展的参与度，要依靠科技进步和人的素质的不断提高来实现。

3.区域可持续发展要注重生态环境的保护

自然生态环境是人类生存与发展的基础，如果对这些资源环境进行破坏和污染而使其恶化，区域终将无法发展。要强化全体居民的环境保护意识，要保持人口对环境的压力不能过大，资本对土地的压力不能过大。

4.区域可持续发展要保证所有区域的平等发展权利

国家必须解决好资源在各区域之间的合理分配，使每个区域都拥有协调发展的基本的条件。

第二节　加快基础设施建设

保证区域可持续发展的基础设施系统的内容十分广泛，它包括经济基础设施和社会基础设施，具体而言可分为如下三大部分：交通基础设施，包括铁路、公路、水道、管道、航空系统和城市内部的城市道路系统；公用事业设施，包括供排水、供电、管道煤气、绿化、环境保护等；信息产业基础设施，包括通信、邮政和互联网等。

一、基础设施区域配置的方式与途径

（一）基础设施区域配置的方式

按照市场和政府在基础设施空间配置中的关系和作用程度，可将基础设施区域配置方式分为三种：

1. 政府或公共部门利用指令性计划方式进行基础设施的空间配置

其特点是在基础设施建设、决策和投资的过程中进行政府计划配置，排斥市场机制的作用。多见于计划经济体制的国家，如苏联和改革开放前的中国。这种方式的结果往往是投资规模太大、战线拉得太长、建设周期拖长、投资效率低下等。实践中，各国基本上已很少使用这种方式。

2. 以市场配置方式为主进行基础设施的空间配置

这种方式多见于主要的市场经济国家，如美国。这种方式的投资主体是私有企业，投资的空间流向取决于预期投资收益的高低。除私人投资外，资本市场融资也是这种方式的主要途径。

3. 以市场配置为基础，政府制定指导性计划作引导进行基础设施的空间配置

在这种方式中，政府既指导和管理市场的配置，又直接投资于基础设施建设。投资的目的是弥补市场失灵，维护公平和布局均衡。这种配置方式尤其在环境保护和生活性、减灾性等无利或亏本的基础设施建设方面发挥重要作用，它要求政府有较完备的法规和较为雄厚的财力。

（二）基础设施区域配置的途径

基础设施区域配置的途径往往影响到不同区域经济发展的速度，影响到区域可持续发展的顺利实现。归纳起来主要有三种：

1. 空间分散投资配置

即将资金分散投入到遍布各个区域的许多项目中，而不是集中于个别示范性大项目。这种途径往往是在国家初始发展阶段过度强调区域均衡发展的表现，并由于缺乏大项目管理的人才和资金供给，不得已采取的发展途径，结果是各区域都没有获得快速的发展机会，普遍表现为低水平的均衡发展。

2. 空间集中投资配置

当某个区域或城市呈现出较快的发展势头时，就会形成对资本集约型的基础设施的迫切需要。一方面，可以直接加大国家对增长区域的直接投资；另一方面，也可以放开私人对增长区域投资的限制，让市场利益机制自发地引导私人投资投向于这一区域，结果不但会使资金使用转变为集中使用，而且还会使单个基础设施的投资总额大量增加。集中的投资配置将使得增长区域获得快速的发展，与其他地区间的差距逐渐扩大，国家进入非均衡的发展阶段，区域间公平发展受到挑战。

3. 促进落后地区发展的投资配置

当增长区域与落后区域之间的差距不断扩大，并已经影响到整体经济发展和社会稳定的时候，就要对落后地区进行专门的基础设施投资，满足经济发展和人民生活的需要。尤其在基本公共品的提供方面，政府要起到主导作用，使区域可持续发展得到满足。

二、基础设施规模与区域发展

从基础设施与工业化的关系来看，基础设施建设与工业发展是相辅相成的。工业发展对交通、能源、通信等基础设施提出了要求，以解决其市场和原料等问题，并为基础设施的不断增长提供新的技术设备。

从基础设施的产业属性来看，它基本上属于第三产业，其中一小部分属于第二产业。因此，基础设施建设的过程也就是区域产业的发展过程。工业生产规模的扩大带动了区域经济规模的扩大。

区域人均 GDP 水平的提高要求基础设施与之相适应。世界银行的研究表明，人均 GDP 每增加一个百分点，要求基础设施总量增加一个百分点，居民获得安全饮用水增长 0.3%，铺砌的公路增长 0.8%，电力增长 1.5%，电信增长 1.7%。

在区域当中，城市规模和城市居民生活质量的变化对基础设施系统也不断提出新的要求。城市居民生活方式的变化，对家庭轿车、地下交通等为代表的交通运输系统及移动通信系统、互联网等提出了新的要求。城市基础设施不足，将影响城市居民生活质量的提高，从而影响城市的可持续发展。以城市的交通运输为例，城市交通运输设施是城市生产和人民生活赖以正常进行的保障条件。城市交通是城市的骨架，为城市生产建设和人民生活服务。城市良好的道路系统将降低企业的运行成本，缩短居民的出行时间，使城市经济发展的成本降低，收益增加。如果城市交通运输设施严重短缺，成为城市发展的"瓶颈"，交通运输建设投资就十分必要，此时的投资对经济增长的促进作用十分明显。

所以，增加基础设施建设投资，加快各类基础设施的建设，是区域可持续发展的必然要求。

三、加快区域基础设施建设的途径

（一）加快区域能源建设

加快区域能源建设包括加快电力设施的建设、石油天然气开采加工能力的建设和煤炭生产、加工、储运能力的建设。

在现有的大区域中，区域能源的供应问题成为区域可持续发展的关键问题之一。区域的供暖、供热、交通和居民的日常生活，都必须有能源作保证。所以，我们必须解决好三方面的问题，来保证区域的经济发展。第一，保证区域能源的日常供应。一个大区域需要的能源的数量也相当大，需要国家和区域有稳定的供应系统，如电站、煤炭基地、石油基地和天然气供应管道等。第二，有与区域能源的日常供应和区域经济发展水平相适应的区域能源储备。我们应当把区域的能源储备当成国家储备的一个有机的组成部分来对待，但又要根据区域的能源消费特点来选择储备的能源种类。第三，增加区域清洁能源的使用比例。从区域可持续发展的要求来看，为保证区域空气的清洁和居民的健康，增加区域清洁能源的使用数量是正确的选择。例如，北京市为迎接奥运会，大规模改变区域的能源消费结构，使区域煤炭的使用量大量下降，而清洁型的天然气的使用量大幅度上升，再加上提高汽车尾气的控制标准，从而使区域的空气质量大为提升。

1. 电力

加快区域的电力设施的建设，包括电力火电、水电和核电资源的开发及电厂的建设，更要积极参与电网的建设。保证电力供应，任何时候都是可持续发展必不可少的措施。我们要认识到，电力供应的解决，不可能只靠一个区域本身，而必须依靠与其他区域的合作。

2. 石油、天然气

随着机动车辆数量的快速增加，区域经济发展对石油的需求与日俱增。保证石油供应，必须与国家在一定时期的能源政策和石油生产供应的形势统筹起来考虑。建设成品油输送管道，培养专业运输队伍，建设专用油品码头、车站和油库，是保证石油供给的主要措施。

天然气是重要的城市能源，而且是重要的清洁能源。保证天然气供应，是保证城市居民生活的需要，也是保证城市运营的需要。

3.煤炭

在我国的大多数地区中，煤炭仍然是重要的城市能源。重点能源区域的煤炭基地建设是区域煤炭供应的保障。

此外，城市还需要加快太阳能、地热能、风能、生物质能等可再生能源的开发与利用，使这些新能源在城市生活中的作用逐步得到加强。

（二）加快区域基础设施投融资体制改革

政府资本的有限性、投融资体制的局限性以及经营的低效率，往往使基础设施的建设跟不上经济发展的需要。为了适应经济发展和人民生活的需要，必须调整传统的以政府居于绝对统治地位、以计划方式为主的投融资体制，努力创新投融资方法。

1.以政府投资为主体向以市场融资为主

以政府投资为主体的体制，排斥市场机制的作用，阻碍民间资本的参与，限制了基础设施建设的规模。随着社会经济的不断发展，对基础设施的要求逐渐提高，基础设施的种类也逐渐增多，非竞争性和非排他性的基础设施范围逐渐扩大，各种私人资本进入该领域的门槛逐渐降低。为了适应经济社会的快速发展，仅靠政府投资已经很难满足需求，必须进行投融资体制的改革，转向以市场为主的投融资体制。

除了能够更大规模的发展基础设施，引入私人资本还可以避免很多政府投资中的弊端，如避免由于缺乏利益激励而导致的基础设施经营效率低下，避免由于独断专权而导致的基础设施布局失误，避免由于决策主体组成单一而造成的不顾穷人需要或破坏生态环境问题等。

2.在以市场为主体的投融资体制下政府的作用

在以市场为主体的投融资体制下，政府仍然要发挥相应的作用。

从宏观层面看主要集中在以下几个方面：第一，规划、引导、服务和监督私人的投资行为。引导私人资本的投入方向，建设完善的体制和制度环境，对基础设施进行提前规划并提供相应的技术服务，监督私人投资的基础设施合法运营与有效经营。第二，弥补和纠正市场失灵。要处理好公平与效率的关系，尽量使基础设施建设能够普惠到全体人民，实现区域间的可持续发展。第三，根据各类基础设施的特点，实行不同的投融资模式。明显属于纯私人物品或外部效应较小的基础设施等交由私人投资经营，而仍需由国家经营的基础设施，则应遵循商业化和市场化的原则。

从区域层面看，由于各个区域之间无论在自然地理条件、历史发展状况还是在现有基础水平上都具有较强的差别性，所以，政府应该制定具有差别化的区域基础设施建设战略，以满足不同类型条件区域的要求。例如，地理条件比较恶劣的区域，投资的回报率自然较低，甚至为负，这就需要政府大力提供财政支持以建设最基本的基础设施，并实施较为优惠的政策条件，吸引外来的私人投资；对于自然条件较好、经济发展水平较高、投资回报率较高的区域，政府的主要职责则在于制定完善的法律和制度环境，服务和监督私人资本投资，并适当地控制投资规模，预防市场经济机制造成的基础设施投资膨胀。

（三）加快区域基础设施管理体制建设

关于基础设施管理体制的研究，学术界存在着两种截然相反的观点。一种观点认为基础设施代表着巨大的社会公共利益，有些还关系到国家的经济命脉，如交由私人经营，则很难实现既定的社会目标，而且，基础设施的公共物品属性、自然垄断属性和外部经济属性等都会导致市场失灵，从而认为政府应该是基础设施的所有者和经营者，部分的效率牺牲是不可避免的。另一种观点则认为，根据产权经济学原理，所有制决定效率，政府或国有企业的产权特征决定了基础设施供给和经营的低效率和浪费。因此，私有化投资和经营是解决问题的最好办法。

两种观点都有些极端，政府投资和经营缺乏有效激励，效率低下不可避免；但基础设施的准公共物品属性决定了市场机制在该领域存在失灵，因此，两者适当的结合是实现优化管理的重要途径。主要做法是：政企分开，按照商业化原则经营；在基础设施建设和运营的过程中，积极引入竞争机制等。

第三节　发展循环经济

区域可持续发展的一个重要方面，是发展循环经济。通过对生产资源的循环利用，使资源利用效益达到最大，从而达到发展经济、节约资源的可持续发展的目的。

一、循环经济的理论

（一）循环经济的学科基础

探询循环经济的学科基础，是研究循环经济的哲学渊源、指导原则和基本规律，对明确循环经济研究目标和手段十分重要。

1. 生态学基础

生态学是研究生物与环境之间的一门科学。正如仿生学一样，循环经济学也是研究人类仿照自然界物质代谢、循环、共生等的规律，并用以安排经济活动。一个生态系统，包括生物有机体及其周围一切空间和所有直接或间接影响生物有机体的环境。对生物的生长、发育、繁殖、形态特征、生理功能和地理分布等有影响的环境条件，即为生态因子。生态系统的规律可以总结为整体、协调、循环、再生等，这些生态规律已经被应用于农业、工业等领域的循环经济实践中。

2. 经济学基础

从经济学诞生之日起，资源配置特别是稀缺资源的配置就是经济学的研究对象。在生态环境逐渐稀缺的条件下，经济学将研究的对象拓展到生态环境也就不足为奇了。

资源经济学认为经济的本质是人将自然资源转换为生存资料。资源有社会资源和自然资源之别。社会资源包括人力、知识、信息、科学、技术，以及累积起来的资本及社会财富等，其最大特征是累积性和可变性。自然资源包括土地、森林、草原、降水、河流湖泊、能源、矿产等，其本质特征是有限性，且其中的一些类型的资源是不可再生的。与循环经济研究有关的资源经济学的内容包括供求关系、价格和税收对供求关系的影响等。能否形成产业之间的"废物变原料"的联系，最终由资源经济学决定。

各国政府之所以要推进循环经济的发展，其中还涉及一个外部性的问题。福利经济学告诉我们：如果一种商品的生产或消费会带来一种无法反映在市场价格中的成本，就会产生一种"外部性"。外部性是指一些产品的生产与消费会给不直接参与这种活动的企业或个人带来有害或有益的影响，其中有益的影响称为"外部经济"，否则就是"外部不经济"。生态环境属于公共产品。作为公共产品的环境，由于消费中的非竞争性往往导致"公地悲剧"——过度使用，由于消费中的非排他性往往导致"搭便车"心理——供给不足。通过发展循环经济，在提高自然资源利用效率的同时，也可以达到保护环境的目的。

3. 产业生态学

产业生态学，是模仿自然生态学建立起来的一门学科。20世纪90年代末耶鲁大学和麻省理工学院合作，出版了全球第一本《产业生态学杂志》。其主编 Reid Lifset 在发刊词中提出：产业生态学是一门迅速发展的系统科学分支，它从局部、地区和全球三个层次上系统地研究产品、工艺、产业部门和经济部门中的能流和物质流，其重点是研究产业界在降低产品生命周期中环境压力的作用。"产业生态学试图仿照自然界的物质循环，通过企业间的系统耦合，使产业链显示生态链的性质，实现物质循环利用和能量的多级传递、高效产出和资源的永续利用。"在自然生态系统中，生产者的生产量、消费者的消费量和再生者是相对简单而稳定的，但生态工业系统无论是技术水平还是相互之间的联系，还远没有达到自然界的水平。

4. 生态经济学

生态经济学是一门跨社会科学（经济学）与自然科学（生态学）的边缘学科。生态经济学，是一门研究再生产过程中经济系统与生态系统之间的物质循环、能量转化和价值增值规律及其应用的科学。这里，生态环境已经从单纯自然意义上的人类生存要素转变为社会意义上的经济要素，它有两层含义：第一，符合人类生活需要的良好生态环境已经短缺，拥有良好的环境已经成为人们追求幸福的目标之一。第二，自然生态环境对于废弃物的吸纳能力已经或接近饱和，局部地区甚至已经超载，继续利用它进行生产就必须再生产出新的环境容量，因而需要投入资金进行"建设（生态恢复和污染治理）"，良好的生态环境已成为劳动的"产品"。换句话说，良好的生态环境已经具有二重特征，即从生活的角度看是目标，从生产的角度看已经变成生产要素和条件。

（二）循环经济的工业生态学方法

1. 工业代谢

工业代谢是20世纪80年代中期由阿瑞斯（Ayres）和西蒙尼斯（Simonis）等提出的。工业代谢通过研究物质、元素和能量代谢关系，分析经济运行中物流、能流和环境的影响，把握工业系统的整体运行机制，识别其中存在的主要问题和优先解决的目标，促使人们采取有效措施控制和预防环境污染。

2. 生命周期评价（LCA）

生命周期评价已经有了国际标准（ISO14040系列）。国内应加紧研究适合我国国情的生命周期规划、设计与评价方法，研究实现循环的方法，建立相应的软件平台和数据库。

3. 非物质化和非碳化

非物质化是指通过小型化、轻型化、使用循环材料和部件以及提高产品寿命，在相同甚至更少的物质基础上获取最大的产品和服务功能，或者在获取相同的产品和服务功能时，实现物质和能量的投入最小化。非碳化是指能源替代和减轻温室效应的非物质化手段。非物质化和非碳化是国际研究的热点，我国应加强此方面的理论方法的研究。

4. 生态效率

根据世界可持续发展工商理事会（WBCSD）的定义，生态效率是"提供有价格竞争优势的、满足人类需求并保证生活质量的产品或服务，同时逐步降低对生态的影响和资源消耗强度，使之与地球的承载能力相一致"。根据世界可持续发展工商理事会的度量方法，生态效率可以表示为产品或服务的价值与环境影响之比。生态效率越高，表示能以较少的环境代价获得较大的经济收益。这与循环经济的宗旨一致。

（三）循环经济的概念和特点

循环经济是以可持续发展为原则的，以区域经济发展中的资源减量化和循环利用为标志的一种社会经济与资源环境协调发展的经济形态。其特点可归纳为以下几个方面：

1. 可持续发展的经济增长方式

从传统经济对自然资源取之不尽、用之不竭的观念产生出的数量型经济增长方式的长期存在，特别是资源的高开采、低利用、高排放，造成了世界上资源濒临枯竭的危害。循环经济采取符合可持续发展和生态学规律的、质量型的、新的经济增长方式，以求实现资源的低开采、高利用、低排放，有助于转变世界资源的利用态势。

2. 社会物质财富和精神财富同步增长的发展目标

传统经济采取的"资源—产品—污染排放"单向流动的线性经济，大量耗费土地、劳动力、资本等生产要素，追求的是经济效益最大化和物质财富的快速增长；循环经济采取"资源—产品—再生资源"的反馈式流程进行生产，强调劳动力、资本、环境、自然资源和科学技术等经济发展要素的有效利用，通过资源利用的减量化、产品生产的再使用和废弃物的再循环，实现生态环境改善基础上的社会物质财富和精神财富的同步增长。

3.和谐的人与自然的关系

传统经济采取的污染末端治理的方式，反映出人与自然的矛盾，人类高高在上，人征服自然，生态环境的恶化在所难免；循环经济采取污染源头治理、提倡清洁生产的方式，反映出人与自然的协调发展，将促使生态环境向好的方向转化。

4.先进的企业价值观

传统经济中的企业金钱至上、竞争无度，逐利性是其基本的价值观，追求利润的最大化、污染治理的外部化，是一种落后的企业价值观；循环经济中的企业采取清洁生产基础上的效益最大化、污染治理的内部化，先进技术既用于经济发展更用于生态环境的改善，追求经济、社会、人类、自然和环境的协调发展，是一种先进的企业价值观。

二、循环经济的发展方向与原则

技术进步是建立和发展循环经济体系的关键。循环经济技术的研发起点要高，要有前瞻性，以引导循环经济的长期发展；要站在国家乃至全球可持续发展的角度，研究循环经济的技术发展方向；要在广泛调查、分析的基础上，对循环经济的关键支撑技术进行识别和优选，研究和制定支撑技术清单。

（一）发展方向

地球资源储备和环境容量有限。从长远角度看，循环经济的发展目标应是尽量少用或不用不可再生的自然资源和能源，以维系人类在这个星球上的不断繁衍和永续发展。

1.逐步减少不可再生能源、资源的使用

加强可再生能源，包括太阳能、风能、水能、生物质能、地热能和其他可再生能源（如太阳能光伏发电技术、燃料电池、氢能、海洋能等）的利用技术的开发；同时，通过多学科交叉研究，培植和利用生物质资源，以有效的加工系统人工合成各种工业原料，以此替代传统的石油烃类化工产品和其他初级原材料，改变远古时代以来人类开采矿产资源的模式。

2.促进可再生资源和生态系统的再生和恢复

发展那些使得水、其他可再生资源、生态系统和环境在使用后能迅速恢复其原先的数量和质量的技术，包括资源循环和生态恢复等技术。

3.不造成新的生态破坏和环境污染

同样的自然资源，对其采取不同的加工使用方式可能导致完全不同的生态和环境影响，即资源使用量与生态环境质量之间不存在必然的比例关系，应发展那些不造成任何新的生态系统和环境破坏的技术。

（二）循环经济发展的原则

1.生命周期评价（LCA）原则

我国人口众多，经济增长快，资源需求和环境压力大，因此就应根据国家资源、能源和生态环境质量的约束条件，合理规划资源、能源的利用途径。一个技术、生产过程、产品（服务）或经济形态是否有益于循环经济的发展，也要从系统的角度，用整体论的思想来衡量。生命周期评价综合考虑了各环节的资源、环境影响，符合系统观、全局观，符合循环经济的目标。生命周期评价原则适用于以下方面：循环经济支撑技术的评估、识别；循环经济支撑技术开发；产品的生态设计；循环经济指标体系的制定；循环经济系统（包括循环经济区、生态工业园区等）的评估；循环经济发展战略研究等。

2.源头控制原则

循环经济的发展中，减量原则是第一位的，因此，应该从源头进行控制，着眼于产业结构、产品结构的调整，最大限度地减少废物的产生。遵循源头控制原则，首先要求合理设计产品的代谢过程。根据中国环科院的研究，工业代谢可以分成产品代谢和废物代谢。在工业生态系统中一般同时存在产品代谢和废物代谢，只是有的系统以废物代谢为主，有的系统以产品代谢为主。基于产品代谢形成的产品链不同于传统工业系统中的产品链，两者有着本质的区别：传统的产品链的构建以经济利益为驱动，较少考虑资源稀缺性和环境影响，常常导致高开采、高排放；而生态工业中的产品链则采用生命周期观点和方法，采用生态设计方法，考虑从原材料开采、加工过程、产品运输、产品使用到废弃物处置的整个生命周期的资源消耗和环境影响，使产品生命周期中的资源消耗最少、废物产生最小、易于拆卸回收，由此优化产品结构，提高资源效率，降低环境排放。

循环经济的发展，不能停留在废物代谢阶段，即在废物产生之后，还应考虑如何来再利用和实现循环。应主动研究和优化产品代谢过程，通过革新现有的产品链、补充和完善产品代谢链网，使废物在产生以前就被减少或消除，或者在产生以后可以再生利用。我国正处在经济高速增长阶段，技术更新换代快，经济结构调整潜力大，实施源头控制原则，现实意义重大。

3. 协调高消费和低污染原则

循环经济的目标是"一高两低"，即产品高消费、自然资源低消费、废弃物低排污。所谓的可持续消费，是要不断提高人们的生活质量，而并不是抑制人类的合理消费需求。但同时，地球上现有的资源有限，如果不改变现行的生产和消费模式，人类的发展也不会持续太久。发展循环经济，就是要协调高消费和低污染的矛盾，研究采取哪些技术途径，既能满足人类日益增长的消费需求，又能最大限度地降低资源消耗，减少或消除环境破坏。这也是国家循环经济发展战略制定的基础。

三、强化区域循环经济的发展

区域循环经济是指在企业、园区和城市实现了循环经济的基础上，在区域内更高层次上、更大范围内实施的循环经济，是社会循环经济的基础。区域循环经济是建立在区域经济或区域发展基础之上的循环经济，它不能背离区域发展的规律，而应与区域经济规律相一致。区域循环经济又必须按照自然界的生态循环原则，以物质和能量的自然流动为基线，构造其产业结构，促进物质资源的循环。循环经济在区域经济中的应用，将促使整个区域节约生产资源，提高资源利用效率、经济效益，强化区域联系，缓解区域冲突，最终保护好人类赖以生存的地球环境。因此，在企业、园区和城市实施循环经济的同时，在区域层面实施循环经济更为重要。

（一）实现废料再资源化的需要

发展循环经济是实现区域可持续发展的重要途径。要实现经济的可持续发展，就必须自觉地将环境资源因素纳入经济增长体系之中，走经济发展与资源环境相互协调、经济效益和环境效益同步提高的生态型、环保型经济增长之路。区域循环经济同样以资源利用最大化、废物排放最小化和经济活动生态化为根本目标，强调在物质循环利用的基础上发展经济，促进自然资源的循环使用和循环替代。在现实当中经常出现这种情况：某一企业、园区、城市的废弃物在异地可成为被再度利用的资源，比如说，炼铁的残渣、矿泥、粉尘、化工下脚料等可以在异地成为生产水泥、制造肥料、铺路、提取稀有金属的原料，即这些废料在区域层面可以再资源化。但是，如果不利用甚至花高额成本治理，就会造成极大浪费，违背循环经济的基本要求。由于信息不对称，不能循环利用资源的情况实际上经常发生。因此，加强区域间的信息发布、合作，对促进循环经济在区域层面的发展有必要性和可行性。通过对废弃物的有效利用，能够达到少排放甚至零排放的目的，推动经济的低代价增长，实现经济与资源、环境的协调发展。

（二）提高循环经济规模效益的需要

集约型增长方式以更高的效率促进工业增长，同样，对废弃物的再资源化也需要以集约型增长的方式加以处理，以较低的成本达到有效利用的目的。有些问题在企业、园区、城市层面难以解决，需要在区域层次上解决才更有效率。比如说，生活垃圾的处理和电子废弃物的回收，单靠在一个城市建一个处理厂（特别是中小城市）是不经济的，必须在整个区域进行处理才能因规模经济而获得相应的效益。在某些领域，只有整个区域范围实行循环经济，才具有经济上的合理性和实施上的可行性。

（三）实现区域内平衡发展的需要

从宏观层次看，由于区域内发展必然存在不平衡，各地推进循环经济的能力有差异，尤其在经济相对落后的地区，受就业、地方财政收入、群众生活需求等因素的制约，污染无法有效治理，资源过度开采难以有效制止。这些问题靠落后地区自身的力量难以解决，而需要通过整个区域的统筹发展才能获得较好的结果。这时，发达的大城市可以有责任帮助落后地区开展循环经济，促进整个区域循环经济的平衡发展。发达的大城市可以通过加强生态保护、开发旅游资源、调整产业结构、培训人才、对口就业安置等方式，帮助落后地区发展循环经济，而这反过来也能对大城市的产业结构调整起到积极作用，并保持和增强区域环境资源优势，实现双赢。

（四）落实重大循环经济措施的需要

伴随着经济的发展，资源浪费、环境污染等一系列严重的社会经济问题不断凸显。中国是资源消费大国，更是资源浪费大国，资源的使用效率只有发达国家的1/3。某些资源的循环利用、环境保护等，单在一个城市推行，效果并不明显，而需要整个区域乃至全社会达成共识，采取联合行动才能取得较好的效果。比如说白色垃圾问题、过度包装问题、一次性产品问题等，只在某一城市解决是不彻底的，只有点的突破，没有面的推广，就不可能持久。只有整个区域乃至全社会长期的共同行动，才可能取得区域内甚至全社会的实际成果。

（五）解决区域性项目的需要

有些循环经济的项目本身就是跨区域的，单一城市无法解决，必须从区域层面进行协调处理。比如说，为治理沙漠化的防护林带建设、淮河流域治理、长江流域治理、黄河流域治理、海洋污染治理、沿海生态保护、国家自然保护区的保护等，如果没有区域内各地政府和企业的共同行动，就很难取得成效。

第四节　区域生态环境可持续发展

区域生态环境可持续发展是以区域空间范围内的物质实体和社会因素长期持续演进为依托的，既满足当代区域发展的现实需要，又不影响区域未来发展的能力。

一、区域生态环境可持续发展的特点

区域生态环境具有内容丰富、结构复杂等特点，是一个开放的系统，由自然、经济、社会等环境因素构成，其中，自然可持续性是基础，经济可持续性是条件，社会可持续性是目标，三者的协调发展是区域生态环境可持续发展的基本特点。

（一）自然资源与环境的可持续性是区域生态环境可持续发展的基础

城市发展比较重视人工生态环境的建设，对自然资源和环境的保护意识比较薄弱。城市人口急剧膨胀，造成区域资源短缺，整体环境恶化，反过来就会限制城市的发展。因此，自然资源与环境保护是区域生态环境可持续发展的重要内容。其可持续性表现在城市环境应得到最大限度的保护，城市开发建设应保持在城市环境与资源的承载能力之内，城市的发展方向、规模与水平应决定于城市所在区域的环境容量和资源承载力。

（二）经济增长的可持续性是区域生态环境可持续发展的保障

城市发展要不断满足居民日益增长的物质要求，要不断改善环境质量，进行生态建设，这些都需要资金和物质的支持。只有经济的不断增长才能保证这些目标的顺利实施，但经济的增长要与城市的环境、资源、人口相协调，要在保护生态环境的基础上发展经济，转变经济的增长方式，走新型工业化之路，调整城市内部与城市之间资源和产业的合理分工与布局。

（三）社会发展可持续性是区域生态环境可持续发展的最终目标

实现科学的发展观，最重要的是以人为本，可持续发展区域谋求的最终目标是提高人类的生活水平，具体包括居民基本权利的实现、人居环境的改善、社会资源的公平分配、不同层次人群的需要都可以得到满足、社会保障体系的健全、社会心理的稳定等。

因此，要实现区域生态环境的可持续发展，必须在可持续发展理论的指导下，以人与自然的和谐发展为价值取向，更新观念，树立环境价值观，正确处理城市发展建设过程中社会经济和环境之间的关系，力求城市与自然共生共荣，与区域和谐统一，以保证城市经济不断增长、人民生活质量水平不断提高、区域生态环境系统良性循环的发展目标的实现。

二、区域生态环境可持续发展的内容

（一）区域经济与生态和谐发展

所谓区域经济与生态和谐发展，是指在一定时空范围内影响经济与生态发展的各种因素的总和——包括自然环境、经济发展、法治环境等诸多方面，通过经济链、生态链以及经济与生态链环所构成的相互作用、相互影响、相互联动的庞大系统的和谐发展区域经济与生态和谐发展水平可以区域经济与生态发展的和谐度来表示。所谓区域经济与生态发展和谐度，是指一个特定区域范围内报告期经济发展与生态发展之间所结成的和衷共济、相互适应、协调运行的良好状态关系的程度。区域经济与生态发展的和谐度越大，表示区域经济与生态发展越和谐；区域经济与生态发展的和谐度越小，则表示区域经济与生态发展越不和谐。

（二）区域经济与生态发展和谐度指标的设置原则

区域经济与生态发展和谐度通过统计指标来反映，而统计指标的设置又必须服从于经济与生态和谐发展变化的特殊规律性。在现实经济生活中，究竟应该选取哪些指标，建立什么样的统计监测指标体系，才能既有利于计量评价，又有助于严密监测和科学决策，是非常值得深入研讨的现实课题。总体来说，综合评价经济与生态和谐发展水平的指标体系，应当遵循以下 6 项原则：

1. 客观性

设置的评价指标能够真实地反映出经济与生态和谐发展水平运动变化状况的现实特征。

2. 完备性

完备性是指从整体出发，多角度、全方位地反映经济与生态和谐发展水平，它包括空间完备性和时间完备性。空间完备性是指评价指标体系要成系统，应包括经济与生态和谐发展的主要方面；时间完备性是指评价指标体系作为一个有机整体，不仅要从各个不同角度反映出经济与生态和谐发展的运行现状，更要反映出经济与生态和谐发展水平的运行态势。

3. 科学性

指标体系中的每一个指标都应具有确定的、科学的内涵。应该根据区域经济与生态和谐发展的内在联系，选择含义准确、便于理解、易于合成计算及分析的具体、可靠和实用的指标，以客观、公正、全面、科学地反映区域经济与生态和谐发展的本质和规律性。

4. 系统性

区域经济与生态发展和谐度是一个由具有一定结构和功能的要素构成的有机整体。在选择和确定具体指标来构建指标系统时，既要选择能够反映和衡量系统内部各个子系统发展状况的指标，又要包含反映各个系统相互协调的指标；既要有反映和描述区域经济与生态发展和谐系统状况的静态指标，又要有反映和衡量系统质量改善和提升的动态指标。并且，各指标间应当具有清晰的层次结构，由局部到整体，由复杂到简明，在科学分析和定量计算的基础上，最终形成对区域经济与生态和谐发展水平的直观结论。

5. 可比性

评价指标既要便于纵向比较，又要便于横向比较；既要能够进行时序比较分析，又要能够进行不同区域之间的比较分析。这就要求在选择指标时，必须考虑到指标的延续性、综合性和关联性，同时考虑支撑分析和预测的可能性、可行性和有效性，准确地分析和研究统计资料及其含义，参考统计年鉴和其他相关年鉴及文献，选用范围和口径相对一致的相对指标和平均指标。

6. 实用性

经济与生态和谐发展的指标体系应该简单明了，所要求的数据资料能够及时、正确、完整地取得，计量评价上要简便易行。指标的含义必须十分明确，指标数据的选择、获得、计算或换算，应立足于现有统计年鉴或文献资料，或至少容易获得、计算或换算，并采取国际认可或国内通行的统计口径，便于有效地进行定量的分析和评估。

（三）实现区域生态环境的可持续发展的原则

1. 以预防与保护为主的原则

目前很多城市环境污染和资源损害已构成对发展的威胁。自然生态的脆弱性已经警示人们，只注重经济增长的发展几乎走到了尽头。全球性的环境问题，已使人类社会难以为继。因此，必须以预防和保护为主，将城市经济发展和居民对生物圈的影响限制在环境承载力范围之内，不断提高经济发展的技术含量。

2. 发展的量与质相统一的原则

可持续发展的核心是发展，发展的重要内容是经济的发展，经济的可持续发展要求既要注重数量的增长，又要注重质量的提高，强调质与量的统一。一方面，经济增长要尽量减少资源的消耗量，依靠科学技术进步推进增长；另一方面，城市发展强度要与城市发展能力相适应，即发展的规模、密度、频度要与提供给城市本身的各种要素的数量、质量相适应。

3. 可持续观念原则

区域生态环境的可持续发展，必须建立在与之相适应的文化意识与道德观念基础之上，其核心是尊重自然，确立自然界是人类生命之源的战略地位，真正把人类看成是自然界的一部分，建立自然环境和社会协调平衡发展等环境伦理道德观念。

4. 全面协调发展的原则

区域生态环境是一个自然、经济和社会复合共生的生态系统，区域生态环境的可持续发展必须建立在各方面高度和谐、协调的基础上，强调在保持资源和环境永续利用的前提下促进社会经济的全面发展。因此，应强化生态环境建设，建立科学的城市运行、调控与管理系统，以维护复合系统的全面协调发展。

三、区域生态环境可持续发展的实现途径

（一）大力发展循环经济

正如前文所述的那样，传统经济是"资源—产品—污染物排放"的线性单向流动经济模式，而循环经济是"资源—产品—再生资源"闭路式的反馈流程经济模式，是在物质不断循环的基础上发展经济，在生产和生活过程中运用链的技术，建立起不同层次的循环链接，实现良性循环，达到经济、社会、环境相统一。循环经济的主要优

势在于：有利于提高资源的利用效率，促进经济增长方式的转变；有利于开发利用可再生资源，培育新的经济增长点；有利于进一步削减污染排放，从根本上改善环境质量；有利于促进资源枯竭地区的结构调整，实现资源型城市的经济转型；有利于开发二次资源，发展替代产品，促进经济转型。对生产来说，要使资源得到充分利用，如将上游企业产生的废物转换为下游企业的原料，以实现生产成本的最低、经济效益的最好、生态环境的最佳；对生活来说，应建立循环利用圈，如城市生活污水处理后的中水回用、生活垃圾的分类回收利用等。循环经济是从根本上解决社会经济发展过程中出现的环境问题的有效措施。

（二）强调清洁生产

按照联合国环境规划署工业与环境活动中心提出的定义："清洁生产是指将综合预防的环境政策持续用于生产过程和产品中，以减少对人类和环境的风险。"或者说，清洁生产是保持整个生产过程（从原料到最终产品）处于清洁状态。《中国21世纪议程》对清洁生产的定义为："所谓清洁生产，是指既可满足人们需要又可合理使用自然资源和能源并保护环境的实用性生产方法和措施，是对生产过程和产品的整个生命周期实施综合防治战略。"以往提倡"无废""少废"工艺观念，现已发展为"清洁生产"概念，其实质是一种消耗最少的人类生产活动的规划和管理，主张将废物减量化、资源化和无害化或消灭于生产过程之中，同时生产对人体和环境无害的绿色产品。

就生产过程而言，清洁生产就是指节约能源和原材料，淘汰有害原材料，尽可能不使用或少使用有毒有害的化学品和原材料，以减少产品使用过程中和报废之后，对人体和环境的污染和危害。就生产工艺来说，清洁生产是改进工艺流程和改善企业管理，改进操作步骤，实现物料闭路循环，废物循环利用，工业废物转化为二次原料，通过资源综合利用，使废物资源化、减量化和无害化。就产品而言，清洁生产是指革新原有的产品体系，开发清洁产品。就服务而言，清洁生产是指将预防性环境战略结合到服务的设计和提供服务的活动中。清洁生产对实现区域生态环境的可持续发展具有重要意义。

（三）倡导绿色消费

绿色消费是指既能满足人的生存需求，又能满足环境资源保护需求的一种消费形式。它的内涵如下：

首先，节俭消费，减少污染和浪费资源。随着生产力的发展和生活水平的提高，人们的消费动机日益呈现出多元化的趋势。提倡绿色消费，即提倡节俭，减少污染。人应当主动放弃多余的物质消费，充实精神生活，提高精神境界。在中国，节俭消费是大多数人的日常行为规范，在环境问题日益严重的现代社会，提倡节俭消费尤其重要。

其次，绿色生活，环保选购。即是指消费绿色产品、绿色食品与绿色能源。

再次，重复使用，多层利用，分类回收，循环再生。提倡对废物的资源化处理，通过重复使用和多层利用，提高物质利用率，改变过去对资源利用的一种单通道、高排放的线性过程，促进废物的循环利用，变废为宝。

最后，保护物种，万物共生。绿色消费主张不食用珍稀动植物及其制成品，保护珍稀动植物，维护物种的多样性等。多样性意味着稳定性，稳定性意味着可持续发展。

（四）发展环保产业

环保产业是指那些在国民经济结构中以防治环境污染、改善生态环境、保护自然资源为目的的经济技术活动。它是以信息技术和生态技术重整传统的生产工艺系统，有利于提高人类生存环境质量的新兴产业。

发展环保事业，既是培育新的经济增长点的有效途径，又是调整经济结构、实现可持续发展的重要手段。大力发展环保产业，可以为防治环境污染、改善生态环境质量、保障资源永续利用、实现可持续发展提供物质条件和工程技术支持，在保护区域生态环境、促进经济发展中起重要作用。因此，要大力发展环保产业，实现区域生态环境的可持续发展。

区域可持续发展的定义是：在区域空间范围内，以合理利用自然和社会资源为基础，以推动区域经济增长为手段，以解决环境问题为途径，以建设和谐区域为目标，实现国家每一个区域的科学、合理、安全和协调发展。

保证区域可持续发展的基础设施系统的内容十分广泛，它包括经济基础设施和社会基础设施两大部分，每个部分都是由交通基础设施、公用事业设施和信息产业基础设施构成的。区域基础设施建设是实现区域可持续发展的前提和保障。

发展循环经济是区域可持续发展的一个重要方面。人们可以通过对生产资源的循环利用，使资源达到最大的利用效益，从而达到发展经济、节约资源的可持续发展的目的。循环经济技术的研发起点要高，要有前瞻性，以引导循环经济的长期发展。要站在国家乃至全球可持续发展的角度，研究循环经济的技术发展方向。

　　区域生态环境可持续发展是以区域空间范围内的物质实体和社会因素长期持续演进为依托，既满足当代区域发展的现实需要，又不影响区域未来发展的能力。区域经济与生态和谐发展，是指在一定时空范围内影响经济与生态发展的各种因素的总和——包括自然环境、经济发展、法治环境等诸多方面，通过经济链、生态链以及经济与生态链环所构成的相互作用、相互影响、相互联动的庞大系统的和谐发展。

第八章 产业转移规律

理清产业转移规律是我们正确认识产业有序转移的基础，有助于政府有计划、有针对性地参与产业转移。因此，本章将从产业转移规律的理论和实证两个方面出发，分析产业转移的一般规律和我国产业转移发展过程中的演变趋势及特征。在分析我国产业转移演变趋势及特征方面，本书将构建产业转移相对净流量指标，从定量的角度去测度产业转移的趋势，进而更加准确地把握我国产业转移发展的状况与特征

第一节　产业转移的一般规律

虽然目前产业转移理论大多以国际产业转移为主要研究对象，但即使是受到很多特殊条件的制约和影响，一些公认的传统国际产业转移理论同样适用于一国内部的区域性产业转移。传统国际产业转移理论对产业转移内在规律的研究主要以产业转移出现的原因为核心展开。具体的观点包括：

一是产业转移随着动态比较优势的变动而变动。一国产业转移将从失去比较优势的产业开始依次进行。其中，比较优势包括技术优势或劳动生产率、劳动力成本优势以及资源禀赋优势等。

二是产业转移遵循产业生命周期规律。Vernon为代表的学者认为，产品生命周期性的变化规律是产业转移的根本原因。产业发展必然要经历产业初创阶段、成长阶段、成熟阶段和衰退阶段。当产业进入衰退阶段后，其利润开始减少，比较劣势突显，于是将进行转移。

三是相对于产业转入国家或区域而言，转移企业所具备的自身所有权优势和交易成本决定的内部化特定优势等因素是进行产业转移的可行性条件（Dunning）。其中，所有权优势是指相对于产业转入国家而言，转移产业应具备技术、经营规模、运营管

理、资产等方面的优势。内部化特定优势是指转移企业将上述所有权优势内部化，从而有效避免了因不完全市场给企业带来影响的优势。

此外，新经济地理学对产业转移的研究有了较新的进展，将空间因素纳入产业转移的研究中，在两地区两部门产业转移的理论研究上，探讨了多区域和多个产业的情况。结合 Fujita、Krugman、Venables 等人对 5 国 7 产业模型的模拟分析，新经济地理学关于产业转移的一般规律主要包括以下三点。

一是在产业转移过程中，转移产业的先后与劳动密集度有关。劳动密集度高的产业最先进行产业转移。这种类型的产业往往由于产业转出区域劳动力成本的不断提高而被迫重新选址。

二是后转移的产业（即劳动密集程度较低的产业）比先转移的产业能以更快的速度进入产业转入区域。这是由于，先转移的产业经过一段时间的发展，形成了跨区域前向和后向产业关联，从而便有利于后来转移的产业进入产业转入区域。因此，产业转移所带来的区域产业关联推动了产业转入区域的工业化进程加速。

三是产业关联的大小不同程度地影响了产业在区域或国家间的转移。具体表现在：首先，在其他条件相同的情况下，具有外向消费导向的产业较容易从已建立的集聚地迁出。原因是，产业需求集中本地区域或本国的程度较低，使得外向型消费导向的产业最先实现产业转移。其次，在其他条件相同的情况下，中间投入低的产业先转移，因为它们对原产业链的依赖程度低，所以该产业的区位选择对区域间工资差异会更加敏感，区域间弱小的工资差异变动就可能引起中间投入低的产业的区位变动。最后，在产业前向关联与后向关联均相同的情况下，最上游的产业（即具有强大的产业前向关联和较弱的产业后向关联）会具有最先进行产业转移的倾向。

第二节　产业转移测度的原理与方法

产业转移通过影响区域之间产业分工和贸易格局变化而对区域经济发展产生系统性的作用。因此，有学者认为，产业转移能够产生多种相关联的区域经济协调发展效应，成为促进区域经济协调发展的重要方式和有效途径。在国家"十一五"规划和"十二五"规划中，中央政府都强调要引导产业由沿海向内地转移，以促进区域经济协调发展。然而，中国现阶段的产业转移究竟是什么样的状态，却是一个存在争议的问题。产生争议的主要原因在于，产业转移数据难以获取，进而导致定量研究产业转移的学术成果较少，且研究结论偏差较大。基于目前产业转移研究方法的不足和相关数据可获取的难度，本书在指标增减方法的基础上作了进一步的扩展。具体来讲，在区位熵指数对区域间增减关系判断的基础上，引入修正后的引力模型，建立产业转移相对净流量测度指标，从而清晰地揭示产业转移的动态演变趋势、路径和相对规模，在一定程度上弥补现有研究方法的缺陷，探明中国制造业转移的事实，以回应上述有关争议。

需要说明的是，为更清楚地表达产业转移在区域间的动态演进，我们在产业转移测度的过程中将产业转移分为集聚性产业转移与扩散性产业转移。

一、产业转移测度原理

我们设计一个一产业三区域的产业转移模型来说明本书中的产业转移测度原理。假定有 a 产业部门和 A、B、C 三个区域，且三个区域的初始产业规模 S 是 $S_B > S_A > S_C$，它们之间的距离 d 是 $d_{AB} < d_{BC}$。在 t 时期，a 产业由 A 区域、C 区域向 B 区域集聚，形成 B 区域为 a 产业集聚区且发展水平高于 A 区域和 C 区域的区域产业专业化分工格局。到了 t+1 时期，B 区域的部分 a 产业开始向 A 区域扩散。这种扩散所引起的 a 产业空间分布的变化，使 A 区域成为新的 a 产业集聚区，并诱导 C 区域的 a 产业也向 A 区域转移，从而其 a 产业的专业化水平明显提高。相应地，B 区域和 C 区域的 a 产业专业化水平趋于降低。同时假定，B 区域 a 产业主要向 A 区域而非 C 区域转移的条件是 B 区域与 A 区域之间的经济联系显著地强于与 C 区域的经济联系。而且，这种经济联系是区域之间的距离、经济规模等因素综合作用的结果。

二、研究方法

根据上述产业转移测度原理，本书以 i 区域 k 产业为考察对象，把产业转移相对量与区域之间的经济关联度结合起来，分别以区位熵指数和修正后的引力模型为基本测量模型，建立产业转移相对量和区域经济关联度测度方法。在此基础上，构建产业转移相对净流量指标，用于测度产业转移的方向和相对规模。

（一）产业转移相对量测度方法

由于在现行统计体系中没有区域之间产业流量的统计数据，本书中对 i 区域 k 产业的区位熵指数 $LQ_{i,t}^k$ 进行差分化处理，用来测度 k 产业的转移相对量，于是有：

$$\Delta LQ_{i,t}^k = \left(LQ_{i,t}^k - LQ_{i,t-1}^k \right)$$

公式中有：

$$LQ_{i,t}^k = \frac{\dfrac{x_{i,t}^k}{\sum\limits_{k=1}^{m} x_{i,t}^k}}{\dfrac{\sum\limits_{i=1}^{n} x_{i,t}^k}{\sum\limits_{k=1}^{m}\sum\limits_{i=1}^{n} x_{i,t}^k}} \quad (i=1,2,3,\cdots,n; k=1,2,3,\cdots,m)$$

其中，x 代表 k 产业的从业人员数，t 代表时间。$LQ_{i,t}^k$ 代表 i 区域 k 产业的专业化水平，为 t 时期 i 区域 k 产业从业人员数占本区域 m 个产业总从业人员的份额与全国 k 产业从业人员数占全国 m 个产业总从业人员的份额之比。$LQ_{i,t}^k$ 越大，说明 i 区域 k 产业的专业化水平越高，其他区域向该区域转移的 k 产业份额越多。$\Delta LQ_{i,t}^k$ 代表 k 产业的转移相对量，是 i 区域 k 产业从 t–1 时期到 Z 时期的专业化水平的变动程度。这样设定的优点是，无须用区位熵与 1 作对比来衡量产业输出，从而直接计算出 k 产业转移相对量，同时也可以更好地描述 k 产业转移的空间过程。当 $\Delta LQ_{i,t}^k > 0$ 时，表明 k 产业转入 i 区域；当 $\Delta LQ_{i,t}^k < 0$ 时，表明 k 产业从 i 区域转出；当 $\Delta LQ_{i,t}^k = 0$ 时，表明 k 产业在 i 区域既无转出也无转入。

（二）区域经济关联度测度方法

根据本书的研究目的和所能获取的分析数据，我们对引力模型（Taaffe\Gauthier and O' Kelly）进行修正，用来测度区域经济关联度。即：运用修正后的引力模型计算出两区域间经济联系强度值，将其作为衡量区域之间经济关联度大小的指标。具体地，我们得到如下区域经济关联度计算式：

$$R_{ij,t} = W_i^{\alpha}\left(p_{i,t}, p_{j,t}, gdp_{i,t}, gdp_{j,t}\right) d_{ij}^{-\beta} = \left(p_{i,t} p_{j,t} gdp_{i,t} gdp_{j,t}\right)^{\alpha} d_{ij}^{-\beta}$$

其中，R_{ij} 代表 i 区域与 j 区域之间的经济关联度；W 代表 i 区域和 j 区域的"质量"变量；P 代表区域人口规模；gdp 代表区域生产总值；d_{ij} 代表 i 区域与 j 区域间的距离，是具有空间性质的变量。

（三）产业转移相对净流量测度方法

我们设 t 时期 i 区域与 j 区域之间的 k 产业转移相对量指标为 $\Delta LQ_{ij,t}^k$，根据公式有：

$$\Delta LQ_{i,t}^k = \sum_{j(j \neq i)}^n \Delta LQ_{ij,t}^k$$

又根据上述公式，我们设：

$$F_{ij,t} = R_{ij,t} \left(\sum_{j=1}^n R_{ij,t} \right)^{-1}$$

其中，F_{ij} 代表 i 区域与 j 区域之间的经济关联度占 i 区域与所有区域的经济关联度总和的比例。在本书的具体分析中，我们使用区域间铁路货物流量 (N_{ij}) 对上述公式进行修正，则有：

$$F_{ij,t}^{'} = \sqrt{R_{ij,t} \left(\sum_{j=1}^n R_{ij,t} \right)^{-1} N_{ij,t} \left(\sum_{j=1}^n N_{ij,t} \right)^{-1}}$$

根据前述研究思路，用区域间的经济关联度作为权重，使产业转移相对量指标按区域经济关联度的大小全部分配到转入或转出的各个区域，则由上述公式可得 i 区域向 j 区域的 k 产业转移相对量指标 ΔLQ_{ij}^k 为：

$$\Delta LQ_{ij,t}^k = \Delta LQ_{i,t}^k F_{ij,t}^{'}$$

其中，平衡因子为

$$\left(\sum_{j=1}^n R_{ij,t} \sum_{j=1}^n N_{ij,t} \right)^{-1} \circ$$

试图以区域专业化指标为基础，以区域间经济关联度为权重，计算出两区域间的产业转移相对净流量，以确定全国各区域的产业转移（转入或转出）的主要方向。但由于差分后的区域专业化指标是一个相对指标，没有考虑到区域的初始工业规模，从而使区域间的产业转移相对量不可比。因此，在由 i 区域流向 j 区域的 k 产业转移相对量指标的 $\left(\Delta LQ_{ij}^k \right)$ 基础上分别赋予 i 区域工业总从业人员数占全国的比重作为权重，于是修正后的产业转移相对量指标为：

$$\Delta LQ_{ij,t}^k = \Delta LQ_{i,t}^k A_{i,t} F_{ij,t}^{'} \left(\frac{\sum_{k=1}^m x_{i,t}^k}{\sum_{k=1}^m \sum_{i=1}^n x_{i,t}^k} \right)$$

然后，把 i 和 j 两区域间的产业转移相对量指标相减，得到其产业转移相对净流量$\left(TS_{ij}\right)$，即：

$$TS_{ij,t} = \Delta LQ_{ij,t}^{k^{'}}\left(\frac{\sum\limits_{k=1}^{m}x_{i,t}^{k}}{\sum\limits_{k=1}^{m}\sum\limits_{i=1}^{n}x_{i,t}^{k}}\right) - \Delta LQ_{ji,t}^{k^{'}}\left(\frac{\sum\limits_{k=1}^{m}x_{j,t}^{k}}{\sum\limits_{k=1}^{m}\sum\limits_{j=1}^{n}x_{j,t}^{k}}\right)$$

根据上述式，若$TS_{ij} > 0$，则说明 k 产业由 j 区域转入 i 区域，i 区域为产业转入区域，j 区域为产业转出区域；反之，亦反。若$TS_{ij} = 0$，则说明 i 区域与 j 区域之间没有发生产业转移。

第三节　我国产业转移时空演变趋势与特征分析

在市场经济条件下的企业自发性产业转移行为中，决定产业转移的主要因素不是政府的意志，而是利益的诱导。这种以利益最大化为目标的企业分散化行为必然伴随着一些无序的现象。因此，虽然有学者认为，产业转移是促进区域协调发展的有效途径，但这种说法并不绝对。正如扩展的 LS 模型所得出的结论：产业转移既可能推动区域经济增长，也可能阻碍区域经济增长；既可能推动区域经济增长的有效趋同，也可能使区域经济陷入低水平趋同。因此，产业转移并非对区域协调发展绝对有益，市场失灵和地方政府失灵所带来的产业转移的无序都有可能损害相关区域的产业发展，无益于区域经济协调发展。因此，为了避免产业无序转移，产业转移应当在理性政府的引导下有序进行，这样才能保证产业转移推动区域经济协调发展。

一、区域经济协调发展视角下产业无序转移现象及原因

（一）市场失灵导致的产业无序转移

企业以利润最大化为目标，随着区域生产要素、资源环境以及社会需求的变化，在区域间进行自发性产业转移。这种自发性产业转移易引致市场失灵，从而对区域产业结构优化调整、区域产业分工、区际产业关联和区域生态环境带来不利的影响，进而阻碍区域经济协调发展。因市场失灵导致的产业无序转移主要表现在以下三个方面。

1. 原始路径依赖或"低水平"发展陷阱不利于区域产业结构的调整优化

在产业转入区域，受历史和自然禀赋差异因素的影响，该区域与产业转出区域原始产业结构差异较大，长期以来稳定的产业结构使得产业转入区域难以摆脱"资源诅

咒"陷阱或"荷兰病"式的经济增长怪圈，从而形成原始路径依赖，致使新转入企业无法顺利融入当地经济环境。此外，在承接产业转移的过程中，部分区域仅将目光放在如何利用自身资源优势，过度依赖自然资源的开发与劳动力的输出，而不是依靠提高自身人力资本积累、技术和制度创新，从而削弱了其他经济优势，形成新的路径依赖，并陷入"低水平"发展陷阱。对于产业转出区域而言，在既定的路径依赖和大规模产业转移推动下造成的产业"空心化"，不仅不利于区域产业结构的升级调整，甚至会导致产业转出区域经济的衰退和地区竞争力的下降。

2. 区际产业同构弱化区域间产业关联性和分工合理性

自发性产业转移会带来区域间产业同构问题，这主要表现为产业转入区域之间的产业同构。在产业转移的过程中，由于信息的不完全性和个体偏好差异，使得转移产业与产业转入区域的功能定位和区域分工存在偏差，进而导致产业转入区域之间产业同构。以上两种情况下的产业同构所引发的低水平区际竞争将导致资源的低效利用和重复建设，进而弱化区域产业关联，扰乱区域分工。

3. 污染转移导致产业转入区域生态环境恶化

在产业转出区域，随着生产要素成本的增加和人们对生态环境质量要求的提升，高污染产业面临严重的生存困境。与之相对应的是，产业转入区域拥有发展潜力较大的市场，充足的土地、劳动力等生产要素，以及较为宽松的生态环境管理体系，为高污染产业提供了良好的发展空间。随着这类产业的转移，污染也随之转移。这种自发性产业转移所带来的污染转移，不仅给产业转入区域带来了较高的治理成本和风险，同时也降低了经济增长的综合效率。

（二）地方政府失灵导致的产业无序转移

市场的失灵为地方政府引导产业有序转移提供了必要性。然而，在现有的体制下，地方政府失灵同样会对区域产业结构调整、区域产业分工、区际产业关联和区域生态环境带来不利的影响，进而导致地方经济与国家战略的偏离。这种政府失灵主要表现在以下三个方面。

1. 区际恶性竞争带来产业同构或重复建设

产业转入区域地方政府以竞相降低土地成本、税收和重复建设基础配套设施等方式来争夺各种有利资源，吸引企业转入或防止本地企业外迁。这种区域之间的恶性竞争会滋生地方经济发展的盲目性，致使承接的产业与当地区域的功能定位发生偏移，形成区域间产业同构。产生恶性竞争的主要原因在于，在政治集权与财政分权相结合体制下，地方政府之间的"经济锦标赛"和"政治锦标赛"，推动地方政府采用急功近利的手段来获取经济短期效益。此外，由于信息传递机制和监督机制的不足，导致地方政策与宏观政策的偏离，致使国家统筹管理失效，也是产业转移过程中产生产业同构和重复建设的原因。

2. 地方保护主义和地域分割弱化了区域产业关联性

导致地方保护主义和地域分割的原因归因于地方政府的政绩导向。特别是在现有的体制下，地方政府在主观上拥有通过政府干预来扭曲资源配置、争取地方经济更快发展的激励。在产业转出区域，劳动密集型和资源密集型产业的转移会在短时间内减缓区域经济增速，降低就业率。同时，新兴产业的引进和成长存在很高的风险，从而使部分"风险厌恶"型地方政府人为阻碍产业转出，造成地域分割。在产业转入区域，面对激烈的区域竞争，部分地方政府往往会对适合当地发展的转移产业，特别是战略性产业，进行必要的政策倾斜和地方保护，以推动新进入产业的发展，维护区域经济竞争力和独立性。以上所述的地方保护主义和地域分割会破坏区域之间的正常贸易往来，减弱产业在区域之间的关联性，导致重复建设，降低经济增长效率。

3. 过度开发和"污染避难所"效应破坏了区域生态环境并降低了资源利用率

这主要表现在两个方面：一是地区政府管制的区际差异强化了"污染避难所"效应。影响污染密集型产业转移的主要机制是地方政府的管制因素。相比较而言，产业转出区域环境管制日益严格，而产业转入区域环境管制却相对宽松，再加上招商引资的优惠政策，是推动污染密集型产业转移的主要原因。二是由于地方政府的急功近利导致当地资源开发利用超出了生态环境的承载力，从而破坏了生态和经济发展的平衡以及资源的有效利用。地方政府的有限任期和以 GDP 为主的政绩考核是导致转入区域地方政府选择以生态环境为代价换取地方经济短期增长的主要原因。

二、产业有序转移的内涵

（一）产业有序转移的定义

关于产业有序转移的概念，国内外一些学者对此做出了抽象的描述。在国外，Martin 认为，引导产业转移的政策须在推动区域经济增长和缩小区域经济差异中寻找权衡，促进区域经济增长而扩大区域经济差异以及缩小区域经济差异而降低区域经济增长的产业转移，都是不利于产业有序转移的。Fujita 和 Krugman 研究发现，产业转移不是无序的，是存在一定规律性的，其转移的规模和速度与产业的劳动密集性、产业的前向和后向关联强度紧密相关。在国内，学者们结合我国区域经济发展的实际，提出了进一步的理解。产业转移应按自主互利的市场原则并在国家给予必要支持的作用下才能达到有序转移。引导产业有序转移应包括推动东部区域均衡发展和产业结构优化升级，优化中西地区产业布局，避免因产业转移而使生态环境遭受破坏。

基于上述产业转移规律、区域经济协调发展视角下产业无序转移的表现和已有研究对产业有序转移的理解，产业有序转移是指符合产业转移规律且促进区域经济协调发展的产业转移。其目的是，通过政府引导下的产业活动空间迁移和空间分布的变化，促进产业转入区域和产业转出区域的产业结构优化调整，推动相互之间产业合理分工和产业关联互动，提升区域产业发展总体效率，最终实现区域经济协调发展。产业有序转移过程中的参与主体包括市场、政府、企业和非政府组织，其中，政府在引导产业有序转移中发挥着十分重要的作用，是推动产业转移"有序"的主要力量。具体而言，产业有序转移的内涵主要包括以下三个方面。

1. 以区域经济协调发展为出发点和最终落脚点

即：政府在引导产业有序转移的过程中，应从区域经济协调发展的视角出发，以产业有序转移为路径，通过一系列的政策措施，协调好区域之间的经济关系，最终推动区域经济协调发展。

2. 遵循产业转移规律是推动产业有序转移的前提和保障

产业转移的产生是经济发展到一定程度后企业自发性转移的现象。这种现象具有一定的必然性，是市场机制运行下的结果。因此，政府要引导产业有序转移，必须遵从市场机制主导下的产业转移规律，在不违背客观规律的条件下顺势而为，进而更有效地发挥产业转移对区域经济协调发展的推动作用。

3. 政府是引导产业有序转移的重要力量

政府的参与并不意味着政府在区域经济发展过程中的完全主导作用，而是更强调发挥政府的主观能动性，在积极协调与市场之间关系的前提下，一方面，有效弥补市场机制的缺陷，避免产业无序转移现象的发生；另一方面，在把握产业转移发展规律和发展趋势的前提下顺势而为，以产业转移为路径，推动区域经济协调发展。

（二）产业有序转移的衡量标准

依据产业有序转移的内涵及其目标，产业有序转移的衡量标准主要包括以下四点。

1. 区域产业结构优化调整

区域产业结构优化调整主要是指产业之间的数量比例关系的合理化和产业结构形式由低级到高级的升级转化过程。美国经济学家西蒙·库兹涅茨所提出的产业结构理论对产业结构演化的一般性规律进行了较为完整的阐述。该理论认为，随着国民经济的发展，第一产业产值占国民收入的比重和劳动力占总劳动力的比重呈不断下降的趋势；第二产业产值占国民收入的比重大体是上升，而劳动力占总劳动力的比重大体不变或略有上升；第三产业产值占国民收入的比重总体上呈大体不变或略有上升的趋势，而劳动力占总劳动力的比重则是不断上升的。从我国改革开放后三次产业结构变动的过程来看，大体上经历了由"二一三"格局向"二三一"格局的转变，其主要影响因素包括我国经济政策和体制变动以及劳动力、资本和技术等生产要素投入结构变动的影响。

区域产业结构优化调整是产业转移达到有序的基本要求，只有推动区域产业结构优化调整，才能避免产业无序转移带来的区域产业结构紊乱，弱化区域在产业转移过程中的原始路径依赖，摆脱区域经济"低水平"发展陷阱。

2. 区域产业合理分工

区域产业分工是区域生产专业化的表现，是区域分工的主要内容。目前我国的区域产业分工演变大体经历了三个发展阶段：第一个阶段为部门间或产业间的分工，即不同区域发展不同的产业部门，它是经济发展早期阶段的产业分工形式。第二个阶段为部门内或产业内分工，即不同区域发展同样的产业，但生产的产品种类具有一定程度的差异。第三个阶段为产业链分工，即不同的地区生产同一产业链中不同的模块或环节。区域产业合理分工主要表现为，通过区域产业分工，能够减少区域贸易摩擦，使得因恶性冲突造成的产业结构趋同明显弱化，最终增强区域专业化收益和因分工协作所带来的规模经济效益。

在区域产业结构优化调整的前提下，市场失灵和地方政府失灵所带来的区际产业同构仍然会带来资源利用的浪费，阻碍区域经济持续增长。因此，要保障产业转移的有序进行，就必须要以区域产业分工作为标准，在推动产业有序转移的过程中，提高区域产业的专业化水平，增强区域之间的产业分工协作能力，从而处理好区域产业发展之间的关系，推动区域经济协调发展。

3. 区域产业关联互动

区域产业关联互动是以产业跨区域关联为基础，位于产业链同一环节或不同环节的企业跨区域协作的经济活动。产业有序转移作为企业跨区域流动的主要表现形式，是推动产业关联互动的主要动力之一。影响区域产业关联互动的因素包括区域经济发展水平、区域之间产业本身的关联度和互补性、区域之间的距离、交通基础设施的水平及区域文化和制度环境的差异等。

在区域产业结构优化和区域产业合理分工的前提下，地方政府之间的恶性竞争、地方保护主义和地域分割都会弱化区域产业关联，不仅会阻碍区域经济整体水平发展，更会强化产业转入区域和产业转出区域的经济发展水平差距，影响区域经济协调发展的进程。此外，如果片面地追求单个区域内部产业关联和产业价值链的延伸，将导致区域产业结构趋同，形成资源和市场的区域间恶性竞争，同样不利于区域经济的持续增长。因此，在加强区域产业分工的基础上，还要以跨区域产业关联互动为标准，构建覆盖整个区域的产业联动网络，从而保障区域之间的有序竞争和良好合作，更好地推动区域经济协调发展。

4. 区域产业发展总体效率提升

区域产业发展总体效率提升，是指通过技术创新和技术溢出，减少区域产业生产、管理和交易过程中的成本，最大限度地提高区域产业盈利水平的能力。它强调通过在产业转出区域（即经济相对发达区域）经济效率提升的带动下，较大幅度地提高产业转入区域经济效率，从而保证在区域产业发展总体效率得以提升的同时，单个区域产业发展效率均能得以提升。

区域产业发展总体效率提升是产业转移达到有序的最高标准。在产业转移过程中，缺乏技术创新的简单产业转移不仅不利于转移产业的长期发展，更不利于产业转入区域核心竞争力的提高，更有可能使产业转入区域陷入新一轮的低水平路径依赖。此外，污染转移问题和产业转入区域过度开发问题也是产业转移过程中所必须面对的问题，若处理不当，将破坏区域生态环境，降低资源利用率，不利于区域经济协调发展。因此，推动产业有序转移，必须要以区域发展总体效率提升为标准，从而避免新的路径依赖和区域生态环境破坏风险，有效推动区域经济协调发展。

三、产业有序转移的特点

产业有序转移赋予了产业转移更为丰富的内涵，它既是一个过程，更是在区域经济协调发展的背景下政府引导区域产业协调发展的有效途径。与一般意义上的产业转移相比，产业有序转移更强调政府有意识地引导产业转移。更进一步讲，是强调政府在区域经济协调发展的全局视角下，遵循产业转移规律，在有效避免产业无序转移现象发生的同时，顺势而为，通过一系列的政策措施推动区域经济协调发展。具体而言，产业有序转移的特点如下。

（一）客观性

作为空间结构的自组织动态演化的一个关键环节，产业有序转移必须在遵循客观产业经济发展周期和产业转移一般规律的前提下才能推动区域协调发展。这要求政府在参与产业有序转移的过程中，必须依照特定区域特定产业的发展阶段和发展规律，采取顺势而为的政策措施，才能真正引导产业有序转移。

（二）政府引导性

由于市场失灵和地方政府失灵，使得产业转移出现无序的状态，因此，只有在中央政府的统筹指导下，合理规范地方政府和市场的行为，综合运用多种方式，对转移产业施加影响，才能引导转移产业在所设定的框架下有序转移。

（三）规划性

规划性指政府应引导产业有计划、有步骤地转移。具体来讲，政府应依照区域经济协调发展的要求、区域的差异化特征和产业转移的一般规律，制定合理的产业发展规划，以避免转移企业盲目转移和地方政府的急功近利。

（四）整体性

整体性指产业有序转移要求理性政府从区域经济协调发展的整体视角出发，并以推动区域经济协调发展的整体目标为归宿点，确保区域之间利益的共同增进，并适当缩小区域差异，推动区域关联互动，从而使区域经济形成向上的整体合力。

（五）差异性

对某一特定区域、特定产业及其特定的发展阶段而言，其产业转移的类型、路径和规模均不一致，因此，产业有序转移不存在统一的转移模式，不宜对引导产业有序转移的政策研究作简单化和统一化的判断，理性政府要推动产业有序转移，需要根据各区域间的实际情况，有步骤、有针对性地制定措施，进而推动区域经济协调发展。

第九章 区域产业转移的影响因素及实现机制

第一节 产业转移的影响因素

一、产业转移影响因素的定性分析

比较优势理论认为，由于地区要素禀赋的不同，使各个地区的优势产业也有差异，从而形成了地区间的梯度差异。比较优势理论主要侧重要素禀赋对产业转移的影响，以克鲁格曼为代表的新经济地理学派则强调区域空间的距离对产业转移的影响；同时，我国的产业转移还受到政府政策的影响。因此，本章将主要从要素禀赋、区域间的距离和区域政策这三方面对产业转移的影响因素进行分析。

（一）要素禀赋

比较优势理论认为，不同地区优势产业的不同是由其要素禀赋的不同所决定的。也就是说，在不存在交易成本时集中使用某种要素的产业应该向该要素资源相对丰富的地区进行转移。而且随着区域内劳动力、资本和技术在内的生产要素的变动，本地区的比较优势也会发生改变，从而促进产业的进一步转移。下面将对劳动力、资本和技术这三大要素在中国近十年间的变化进行描述。

1. 劳动力要素

丰富的劳动力资源是中国制造业发展的基础，劳动力的相对转移趋势与制造业产值的转移趋势并不吻合，但结合细分行业的转移情况可以推测，在从东部向中西部转移的行业中并不是以劳动力密集型为主。

2. 资本要素

资本是生产要素的另一重要方面。然而，关于中国资本存量的统计数据却一直较为缺乏。虽然一些学者通过模型对其进行推算，但推算结果通常难以在时间上一直持续。因此，本节在分析资本要素时将使用固定资产投资作为替代。由于资本存量和投资流量在一定程度上存在协调性，这一替代有其合理性。

3. 技术要素

作为生产要素的第三个重要部分，地区技术水平的变化同样会对制造业的转移产生影响，尤其是对于技术密集型行业的影响最为明显。一个地区技术水平的变化可以通过该地区高新技术产业的从业人员或总产值的变化看出，另一方面也可以从其从业人员的受教育程度或者平均劳动生产率上进行判断。技术水平增强的地区将能够吸引更多的高技术产业向该地区转移，而由于技术的外部性，当某类行业向同一地区进行转移时，其能享受到的技术优势又将得到进一步提高，形成一个自我增强的循环作用。可见技术要素与劳动力、资本要素的最大区别在于，其本身具有一种凝聚力，在对制造业转移的影响上具有一定的内生性。

从比较优势理论侧重的要素禀赋角度，本节对劳动力要素、资本要素和技术要素三大生产要素地区特点及其变化进行了描述。从结果来看，除劳动力要素以外，资本要素和技术要素在中西部都得到了超越东部地区的增长与发展，这在一定程度上能够解释部分制造业行业由东部向中西部转移的现象。然而，比较优势理论假设地区间的交易及要素流动是零成本的，这显然不符合事实，非贸易品的存在以及地理位置和交通发达程度带来的经济距离对产业转移的影响在比较优势理论中得不到解释。另外，虽然中部地区的要素在加快追赶东部地区，东部在要素禀赋上仍然拥有比较优势，从这一点上看很难解释大量的不同性质的行业均出现向中西部转移的趋势。因此，还需要从其他方面对中国制造业的转移动因进行解释。

（二）空间距离

新经济地理理论为产业的地区分布、产业转移和集中提供了不同于比较优势理论的思路。自 Krugman 年提出新经济地理理论的最基本也是最重要的模型之中心——外围模型以来，越来越多的理论从新经济地理角度对产业的地理分布进行了解释。新经济地理理论与传统的比较优势理论不同之处在于，该理论从运输成本（不仅包括直接交运成本，还包括各种贸易壁垒等造成的交易成本）的降低及由此所引起的集聚经济、规模经济、范围经济等方面对产业在地理上的分布与转移进行了讨论。该理论所关注的因素正是比较优势理论在假设前提中所忽略，而又更接近现实情况的。在推动产业转移的因素中，新经济地理理论的主要分析包括市场规模、投入—产出关联、运输成本三个方面。下面将对中国制造业的这三个因素在东部地区和中西部地区特征及其过去十年间的变化进行描述。

1. 市场规模

一个地区的市场规模主要取决于该地区的最终消费能力，尤其是人均最终消费。所以，在讨论市场规模时可以引入的指标包括支出法中地区的最终消费量或是人均最终消费量。

2. 投入—产出关联

除市场规模外，投入产出的关联程度也是新经济地理理论解释产业转移的重要影响因素之一。这一理论认为投入产出关联具有"前向关联"和"后向关联"两种效应，一个地区行业之间投入产出关联度的提高会增强两种效应从而促进产业向这一地区的转移与集聚。然而投入产出关联很难进行数量化的衡量。由于投入产出的关联强度是和产业集聚正向相关的数据，在一定程度上可以通过某一地区企业的数量来观察其强度变化。

3. 运输成本

运输成本是新经济地理理论中的关键变量，"中心—外围"模型正是建立在对交易与运输成本不断下降的基础上讨论制造业的两个方向的转移趋势。这里所指的运输成本不仅包括由于地理位置所造成的一地到另一地要素、中间产品或最终产品流动的实际交运成本，也包含其他隐性成本，如贸易壁垒、地方保护主义等造成的运输成本的提高。这一因素对制造业转移的影响在幅员辽阔的中国更显突出。

从实际交通运输成本来讲，在过去十余年间中国的主要货运量一直是由公路承担的。中国的等级公路可以分为高速公路、一级公路和二级公路三类，其级别以高速公路最高依次下降。可以推测，在十年间里中部地区在高速公路和二级公路方面发展迅速，也就是说全国性长距离高等级的公路，和省内较低级的普通公路发展十分迅速。东部地区则在省级高中级公路方面发展迅速。但无论如何公路的发展都使得各个地区的交通运输成本急剧下降，其中以等级公路为代表，中西部地区占全国的比重在显著提高，为产业向该地区转移提供动力。

（三）区域政策

国家和地方政策在经济发展方面起着非常重要的作用，这一点对于国内制造业的地区分布与转移同样影响深远。改革开放初期，国内的产业政策基本以优先发展东部沿海地区为基础，通过非均衡的区域经济发展让一部分地区先行发展再带动其他地区，从而实现国家经济综合实力的全面提高。在这一政策的带动与促进之下，中国制造业向东部地区不断集中。然而，这一政策在推动东部经济发展的同时也加剧了全国地区间经济发展的不平衡性，地域差距不断增强。缩小、解决这一地区性差距，促进全国经济的均衡发展已经成为地区经济发展的重要组成部分，"区域协调"也成为我国科学发展观的重要组成部分。因此一系列国家层面的地区性发展战略应运而生。

除国家层面的地区经济政策以外，地方政府制定的产业政策也为制造业的转移提供了动力。具体来看，可以将地方政策归纳为两类：一类是从政府工作效率本身出发，在提高地方基础设施配套水平、加强经济法制建设、开放经济壁垒等制度方面缩小与东部地区的差距，解决制造业企业向该地区转移的后顾之忧；另一类则是从吸引企业进入地方出发，通过地方财政补贴等方式在税收、土地使用成本、人才引进等方面提供各类优惠政策，吸引留住从东部转移出来的制造业企业等。

本节分别从要素禀赋、区域间的距离和区域政策三个方面对影响我国产业转移的因素进行详细阐述与分析。虽然比较优势理论和新经济地理理论在解释产业的地理分布、产业转移与集中等问题上略有分歧，但两者之间仍然有相通之处。由于两大理论假设基础的不同，可以将两者进行合理的结合，从而对产业转移的动因做出更为全面更为准确的解释。从上文的分析可见，改革开放后，产业向东部地区不断集聚，而又在过去十年间逐渐向中西部地区进行转移的这一发展历程

与趋势能够从新经济地理理论中得到更为贴切的解释。但该理论对地区初始情况的假设并不符合事实，这里可以引入比较优势理论，将生产要素禀赋的初始条件不同看作是新经济地理理论中的"某些原因"或者说是"历史的偶然事件"，同时将政策的引导作用看作是新经济地理理论中的"外部冲击"。在三种类型的影响因素有机结合之下，可以得出对中国制造业由东部向中西部转移的解释：新经济地理理论是产业转移的内在机制，市场规模、投入—产出关联和运输成本三大因素是制造业转移的根本动力，劳动力、资本和技术要素则为制造业的转移提供了初始要素禀赋差别，地区政策作为外在冲击进一步促进了转移的发生与加强。

二、产业转移影响因素的计量分析

根据上节的分析，可以得出推动中国制造业由东部向中西部转移的三类影响因

素，包括区域间的距离（市场规模、投入—产出关联、运输成本），要素禀赋（劳动力、资本和技术）和区域政策。下文将在新经济地理理论的框架下，通过回归分析，研究以上因素的实际影响力。

（一）模型假设及变量解释

1. 模型假设

根据新经济地理理论的转移机制分析，此处对推动中国制造业由东部向中西部转移的因素做出以下假设：

第一，在运输成本不断下降的过程中，制造业倾向于向市场规模大、投入—产出关联大的地区转移。但运输成本与产业转移的关系则取决于前者是否越过"某一适中的水平"，即在适中水平以上，运输成本越小产业越向中心转移，而在适中水平以下，运输成本越小产业越向外围转移。

第二，制造业倾向于向生产要素密集的地区进行转移，这里生产要素包括劳动力要素、资本要素和技术要素。

第三，政府的开放政策和对产业的财政支持将促进制造业向地区的转移。

根据三条假设得到一般回归方程：

$$Y_{it} = \alpha_{it} + \beta_{1iu}CAP_{it} + \beta_{2u}LAB_{it} + \beta_{3i}TECH_{it} + \beta_{4ii}MAR_{it} + \beta_{5it}LINK_{it} + \beta_{6it}TRA_{it} + \beta_{7i}OPEN_{it} + \beta_{8u}ENG_{it} + \xi_{it}$$

其中，i、t，分别表示省份和时间，由于本书的研究对象为制造业由东部地区向中西部地区的转移，因此被解释变量 Y_{it} 代表发生这一转移的细分行业产值之和占全国总产值的比例，具体将在下文变量解释中进行阐述。自变量 CAP_{it}、LAB_{it}、$TECH_{it}$、MAR_{it}、$LINK_{it}$、TRA_{it}、$OPEN_{it}$、ENG_{it} 分别表示资本要素、劳动力要素、技术要素、市场规模、投入—产出关联、政策开放度、政府对经济的参与度等八个因素，其具体计算方法同样将在下文中进行阐述。α、β、ξ 分别为截距项、自变量系数和残差项。

由于面板数据既含有时间序列数据又含有横截面数据，在回归模型的选择上有三种具体形式：无个体影响的不变系数模型或称联合回归模型，变截距模型或称个体均值修正回归模型，变系数模型或称无约束模型。联合回归模型假设在截面成员上既没有个体影响也没有结构变化，对于这一模型可以直接使用普通最小二乘法对参数进行求解。变截距模型假设在截面成员上存在个体影响而无结构变化，并且个体影响可以用截距项的差别来说明。变系数模型则假设在截面成员上既存在个体影响，又存在结构变化，即同时允许截距项和自变量系数项根据界面成员的不同而变化。具体使用哪种模型进行回归可以构造 F 变量进行检验，本书将选择变截距模型进行回归。在变截距模型中个体影响又分为固定效应影响和随机效应影响，当时间序列长度 T 小而截面单元个数 N 大时，这两种影响的结果会有较大差距。一般而言，若研究仅以样板自身效应为条件，宜使用固定效应模型；若研究欲以样板对总体效应进行推论，则应采用随机效应模型。

2. 变量解释

本文使用的回归模型中总共有 8 个自变量，下面将对其各自的代表意义、构造方法以及预期自变量与因变量的关系一一进行解释。

Y：制造业转移的代表变量。以中国制造业由东部地区向中西部地区的转移为研究对象，有 11 个行业（分别为农副食品加工业、食品制造业、饮料制造业、造纸及纸制品业、医药制造业、非金属矿物制造业、金属制品业、通用设备制造业、专用设备制造业、电器机械和器材制造业、仪器仪表及文化办公机械制造业）发生了中心向外围的转移。因此，这里将使用该 11 个行业地区总产值占其全国总产值的比例来构造因变量 K 中西部地区 Y 的上升说明制造业向这一地区转移。

CAP：资本要素的密集程度。由于国内资本存量数据难以获得，这里将使用社会固定资产投资进行代替，具体而言这一变量为地区社会固定资产投资与全国总数之比。根据初始禀赋的解释，制造业尤其是资本密集型行业倾向于向资本存量更密集的地区集聚与转移，预期其系数符号为正。

LAB：劳动力要素的密集程度。这里主要是指劳动力数量，根据 James Hrrigan 的实证分析结论得出低技能劳动力对产业的产出有显著正影响，而高技能劳动力的影响并不显著，因此本书在考虑劳动力要素时并没有突出受教育程度对劳动力要素的影响，而直接以劳动力数量计算。这里借鉴 Traistaru and Martincus 的计算方法，劳动力要素的密集程度等于地区制造业年平均从业人数之和占全国总数的比例，预期其系数符号为正。

TECH：技术密集程度。技术水平的高低直接体现在劳动生产率水平上，产业尤其是以技术密集为特点的产业对区域的选择受地区技术水平的影响，技术水平越高，产业越集中。书中借鉴 Traistaru and Martincus 的处理办法，以地区制造业人均从业人员年产值与全国平均水平之比衡量地方的技术水平，预期其系数符号为正。

MAR：市场规模。在新经济地理理论中，市场规模是影响产业集中和转移的重要因素之一，产业通过向拥有大规模市场的地区转移可以获得靠近市场降低运输成本的优势。市场规模主要是地区人口最终消费能力的体现，这里使用地区人均最终消费与全国人均最终消费之比进行衡量，预期其系数为正。

LINK：投入—产出关联。新经济地理理论中，关联程度越高的上下游企业在中间产品上将面对低成本的中间品投入市场和较大的中间品消费上，从而促进其向同一地区进行转移。统计年鉴中缺乏投入产出关联的年度数据，只能通过一定的方法进行估算。

TRA：交通运输条件。交通运输成本是新经济地理理论中对产业集中与转移解释的最为关键的一个变量。交通运输成本在"适中水平"之上时，成本越低产业向中心地区的转移越明显，而在"适中水平"之下时，成本越低产业向外围地区的转移越明显，因此呈现倒"U"形曲线。在衡量交运成本时通常使用地区公路里程占全国的比重，考虑中国各省市土地面积的不同所带来的影响，使用地区公路的密度与全国平均水平之比进行衡量，即地区单位土地面积上等级公路里程与全国平均水平之比。地区公路密度越高代表其交通条件越好，那么运输成本则越低，两者之间呈反向关系。又由于倒"U"形曲线的存在，运输条件与产业向地区的转移方向之间关系不明确。中西部地区运输条件在近十年提高速度明显高于东部地区，而制造业呈现由中心向外围的转移，可以推测运输成本已经在"适中水平"之下，预期该指标系数符号为正。

OPEN：地区开放程度。地区的开放是政策影响的一种，这里采用地区进出口总额占地方 GDP 的比例与全国平均之比进行衡量，预期其系数为正。

ENG：政府参与经济活动的程度。这里使用除去国防支出、科教文卫和安防等支出的地方政府支出占地方 GDP 的比重与全国平均水平进行衡量。对政府在参与经济的过程中所产生的影响有所争论，一方面政府可能对资源的配置效率和使用效率产生扭曲，过度的参与会抑制地区产业的发展，但也有可能是地方政府通过财政支出对产业进行优惠减税等培养地方重点产业，从而带动关联产业向该地区的转移。在制造业向中西部转移的过程中，地方政府政策对产业转入有促进作用，预期其系数符号为正。

（三）计量结果分析

使用计量软件 EVIEWS6.0 对数据进行处理，在进行面板回归之前，先对所有变量序列进行单位根检验，以防止"伪回归"的出现。

初始要素禀赋类影响因素资本存量（CAP）、技术水平（TECH）、新经济地理理论内在影响因素投入—产出关联（LINK）、交通运输条件（TRA）和区域政策影响因素、地方政府经济参与度与中国制造业向中西部地区的转移与集中显著正相关；而初始要素禀赋类影响因素劳动力（LAB）、政策因素地方开放程度与其显著负相关；新经济地理理论强调的内在影响因素市场规模与其正相关，但相关关系不显著。下面将对这些因素逐一进行分析：

第一，资本存量对制造业的转移与集中有着显著的推动作用。无论是否剔除不显著因素，资本存量代表变量CAP都能够在1%的显著性水平上与11类发生转移的制造业的地区集中水平正向相关。通用设备制造业、专用设备制造业等资本密集型产业出现明显的由东部向中西部转移趋势得益于中西部地区资本存量的加速上升。同时，也符合对制造业向使用要素密集地区转移的理论解释，说明资本存量这一初始要素禀赋在过去十年内对中西部地区制造业集中程度的上升有明显推动作用。

第二，劳动力密集程度对制造业的转移与集中存在负效应。地区劳动力数量占比在10%的显著性水平下与11类发生转移的制造业的地区集中水平呈现负相关关系。虽然显著性水平较低，但负相关关系仍然与预期不同。本书认为：首先，书中使用的劳动密集程度并不是绝对量，而是地区从业者数量占全国的比例，是一个相对指标，因此某一地区相对全国劳动密集程度下降的同时劳动力绝对数量仍可能处于上升过程中，该地区制造业产值占全国的比重仍可能是上升的。其次，无论是比较优势理论还是新经济地理理论中都假设劳动力在地区之间不进行流动，然而随着户籍政策的放松以及"农民工"的出现，国内劳动力流动情况非常普遍，这会对研究成果产生影响。

第三，技术水平对制造业向中西部转移有明显的正向影响。在剔除非显著变量前后，技术水平与11类发生转移的制造业其地区集中程度分别在5%和1%的显著性水平下存在正相关关系。这说明技术要素作为生产要素的一部分，和资本要素一样在推动产业的转移中起到重要作用。随着地区经济的发展，中西部地区相对于全国落后的技术状况得到了明显改观，劳动生产率的提高为制造业向这一地区的转移提供了动力。

第四，市场规模的扩大对制造业在中西部地区比例上升有一定促进作用，但作用不显著。计量结果显示两者之间的正相关关系在10%的显著性水平下仍不显著。在新经济地理理论中，市场规模代表了范围经济的作用。中西部地区经济条件的转好与生活水平的提高为制造业产品提供了广阔的市场，吸引着部分制造业向这一地区转移。然而与东部地区相比中西部的消费市场仍有待培育，因此综合而言其对制造业转移的影响并不明显。

第五，投入—产出关联程度的提高对地区制造业占比提高的正面影响显著。两个回归都显示投入产出关联在1%的显著性水平下与11个制造业行业地区占比呈现正相关关系。这一结论与新经济地理理论的核心观点一致，纵向一体化的过程能够为产业降低成本，提高产业的竞争优势。可以看出，中西部地区通过建立重点行业或产业能够逐渐吸引其上下游行业向地区转移，形成更为完整的产业链条，从而推动制造业更多地向这一地区转移，这一政策思路从投入产出关联对制造业转移的正向推动实证中得到检验。

第六，交通运输条件的提高为制造业向地区的转移与集中提供动力。在对原始模型进行回归中，交通运输条件与11类制造业产值地区占比情况的正向关系在5%的显著性水平下能够通过t检验，而进一步剔除不显著的市场规模因素后，正相关关系的显著性水平提高到1%。可见，作为新经济地理理论中的关键因素，交通运输条件对产业集中的推动能够得到实证结果的支持。中西部地区大力改善交通条件尤其是高速公路和二级公路的努力得到了正面回报，交运成本的降低使得制造业向该地区转移的收益超过其产品向外地市场运输的成本。

第七，地方经济开放度与制造业的转移集中显著负相关。从计量结果来看，地方经济越开放，将越不利于制造业向该地区转移，这种关系在剔除市场规模因素后更加显著。结果与预期不相符，可以这样解释：书中使用衡量地方经济开放度的指标以地方进出口总额计算，因此进口的增加同样会提高经济开放度。虽然地区市场需求旺盛，但计量结果也显示市场规模对制造业的转入推动作用不显著。在经济开放度上通过进口产品（而不是吸引产业在当地投资生产）正是对制造业向地区转移的抑制，导致经济开放度显示出与制造业的转移呈反向关系。

第八，政府对经济的参与度与制造业的转移显著正相关。计量结果显示两者在5%的显著性水平下正相关。可见，在制造业由东部向中西部的转移中，区域经济发展战略与地方政府政策的作用功不可没。两者都可以通过政府在财政上的支持，如提高政府工作效率、减免部分赋税、提供土地资源优惠政策等使其转移得以实现。事实也正是如此，多处地方建立工业园区、高新技术开发区，以更多的优惠政策吸引企业在当地建厂生产正是产业向当地转移的外在刺激所在。

总体而言，实证结果表明以新经济地理理论为机制的产业转移分析基本能够得到支持。中国制造业过去十年间由东部向中西部的转移是以新经济地理理论为内在机制的，投入—产出关联和运输成本作为根本动力，资本存量和技术水平作为要素禀赋差别，政府对产业的支持政策作为外在刺激，三者共同推动这一转移的发生与加强。

第二节　承接产业转移的动力机制

目前对于产业转移动力机制的研究，不同的学者从不同的理论视角展开。有的从产业经济学视角对产业转移动因进行分析，有的从企业投资视角等分析企业对外转移的动因，但很少兼顾从不同的层面对产业转移的动因进行探讨。本书主要以产业承接地为研究对象进行分析，着眼于从区域、产业、企业、政府这四个视角展开研究，全面系统地探讨承接产业转移发生的原因。而承接产业转移的动力机制不仅包括所作用的要素，还包括各要素之间相互作用的过程 c 本节关于承

一、区域视角下承接产业转移动力机制

早期的空间经济学思想认为任何一个经济体内部经济活动的空间分布都不会是随机均匀分布的，而是块状分布。随着学者们研究的深入，空间因素对经济的影响越来越受到关注。在一个相对开放的空间内，一个区域的发展状况通过相互作用机制能对其他区域产业产生辐射或推动作用。产业转移现象是区域发展到一定阶段，区域之间相互作用的一种体现。

（一）资源禀赋与比较优势：承接产业转移的客观条件

比较优势理论认为每个地区都能根据自身的禀赋优势进行选择性生产。国际或区际产业转移的发生则取决于各地自然禀赋、要素密集、技术等各方面的差异。从理论上来说，承接地之所以能够吸引产业转移，主要取决于以下因素的影响：第一，资源状况。包括适合转移产业发展的原材料、能源优势、土地资源丰裕度等；第二，区位因素。地理位置的优越性越大，或同转移地的距离越大，越能促进产业转移的发生；第三，资本和技术要素。技术水平越高，产业承接的引力越大，资金市场的规范与完善，则对产业转移提供了良好的保障；第四，市场发展程度。一个地区的市场发展度越高，承接产业的市场饱和度越低，潜在的需求市场越大，越能吸引更多的产业向本

地转移。综上所述，承接地的资源、区位、资本技术和市场因素等直接影响着产业转移过程。在各个要素的相互作用下，比较优势越大，对承接产业的吸引力就越大，产业转移的活跃度就越高。

（二）要素流动和区域合作：承接产业转移的现实基础

在市场经济开放度较低的情况下，土地、劳动力、资本、技术、信息等各客观存在的生产要素禀赋作为静态比较优势，形成了区域分工的前提。随着市场开放度的进一步提高，生产要素开始自由流动。古典经济学家从动态的角度探讨了要素流动的特点，认为要素流动包含层次性、逐利性和与商品贸易的统一性等。一个区域的经济发展程度，是以要素流动为基础的。区域要素的流动遵循市场规律，总是流向利益最大化的地方去。一方面，不同产业承接地的要素禀赋差异导致了各地区具有不同的比较优势，直接影响了要素的流动情况。而要素是否充分流动是企业迁徙、产业转移的基础。另一方面，由于各区域地方保护主义的存在，一些阻碍要素限制了企业或商品的自由流动，无法使经济资源的配置效率达到帕累托最优，也影响了经济增长速度。对欠发达地区而言，要素转入促进了要素投入的扩大，还会带来知识、技术等溢出效应，加强区域内部分工。随着贸易和分工的发展，生产要素的丰裕度会发生相对变化，进一步导致区域间产业转移的发生。

（三）城市空间发展：承接产业转移的宏观动力

改革开放以来，我国城市化进程不断加快，成为经济发展的主要源动力之一。在不同的历史时期和生产条件下，城市发展所表现出来的形态、特征各有差异，随着时间的推移，势必要扩大规模，扩展空间。城市发展的模式也从最初的用地面积扩大等粗放形式向追求城市发展速度、提高城市效率等方式转变。这样城市空间的规划、优化等在一定程度上促进了经济的有效运转，为区域经济的可持续发展创造了良好的条件。反过来，区域经济的高速发展，推动了城市空间形态的转变与发展。当生产力水平提高时，产业形态呈多元化发展趋势，城市建设投资增加，城市拓展呈现必然的趋势。随着市场的逐步完善，所带来的正外部溢出效应逐渐变大。作为欠发达地区，主动承接转移产业，不断优化要素、产品、产业的空间结构，最根本的动力就是促进区域的城市化发展，提高产业竞争力及经济综合实力。

二、产业视角下承接产业转移动力机制

从人类社会发展来看,本质上就是产业不断演进的过程,即从产业的萌芽、成长、成熟、衰退再周而复始被更替的过程。伴随着区域经济一体化程度的不断加深,发达地区国家主动调整产业结构,实现全球化战略,欠发达地区国家也积极承接外来产业的转移,努力实现产业结构的升级,提高技术水平。从产业这个视角来看,产业转移是产业分工背景下演化和发展起来的,在比较优势的作用下,区域产业的空间结构不断优化,产品分布进行调整和重组,产业的集聚效应导致产业的升级过程。同时,产业转移实质上也是一种资源优化配置的动态结果。

(一)产业分工:承接产业转移的原始动力

产业分工和产业承接之间存在着极强的关联性。一方面,产业分工是承接产业转移的原始动力。产业分工不仅涉及多种生产要素的专业化生产,也覆盖了多个国家、多个地区相互之间或内部之间的转移。根据经济地理学的观点,各地区经济结构和经济层次存在差异,要素成本和比较优势不断转化,区域梯度不可消除,发展不平衡的两个区域发生要素转移,带来了大量的对外企业进行投资。在产业分工深入到产业内部,产业转移也发展成为价值链某一环节的转移。当代的产业转移中,产业分工和生产组织的主要方式是基于价值链拆分的产业空间分割。通过研究发现,一方面,承接产业转移主要源于产业内分工,而产业转移的主导方式也转变为价值链跨区域重组现象。另一方面,产业承接又反过来促进了产业分工的进一步深化。产业承接使得承接地更加专注于本地区优势产业的发展,分工协作的观念进一步加强,有利于调整产业发展的方向和目标,获取更大的分工效益和协作效益。在提高劳动生产率的同时,产业分工进一步深化,分工形式也由垂直型向水平型发展。产业内分工的快速发展,优化了产业分工的格局,产业分工链的重构,促进了产业分工的深化。

(二)产业结构调整:承接产业转移的优化导向

从区域工业结构演变的趋势来看,产业结构调整基本呈劳动密集型—资本密集型—技术密集型的态势。这种演变趋势,是要素供给推动与市场需求拉动的共同结果,也是经济发展过程中产业结构变动的内在要求,才使得产业转移现象的发生。在生产力水平较低的时期,国际国内市场分割,要素流动严重受阻,企业破产成为结构调整的主要方式。而随着现代化程度的加深,产业转移开始成为主流。经济水平不发达国家或地区,产业处于低梯度水平,产业结构的同构化和低度化现象明显,为了缩小与

发达地区的差距，主动承接发达地区产业转移开始成为众多企业产业结构调整的有效选择。首先，承接产业转移有助于资源的相对集中配置，促进产业布局的合理化。欠发达地区可以利用自身的成本优势，引进相对先进的产业和技术，集中力量发展先进产业。其次，产业的承接加剧了地方市场的竞争，对当地企业资源利用效率提出了更高的要求，由此推动了技术的进步，进一步促进产业结构的升级。一个区域的产业升级也需要承接外来高端产业，淘汰或转移相对低端产业。

（三）产业集聚：承接产业转移的重要推力

产业集聚是产业发展过程中不断演化的一种结果，是指在一定的范围内，某种产品的生产企业以及相关的上下游、服务企业等关联企业高度密集地聚集在一起，并能带来相对竞争优势。最早研究产业集聚现象并形成理论的经济学家是马歇尔，认为集聚的本质在于外部规模经济。关于产业集聚的现象及原因，国内外学者做了大量的研究，但集聚经济的概念直到 20 世纪韦伯在其《工业区位论》中才提出，他认为聚集经济能够达到企业在分散状态下所不能达到的效率，是在多种经济因素相对集中及相互作用下所产生的经济效益。随后，从集聚经济效应分析，许多学者认同集聚经济可以引发产业的转移，也是区域实现城市化的重要战略。从产业迁徙的角度出发，指出区域集聚经济是通过要素集聚、企业集聚、产业集群和城市群这个层次对产业转移发挥着正向的传导作用。

产业转移本质上是企业对于生产区位的重新选择。在不同区域存在竞争的情况下，企业为了生存和可持续发展，总会选择带来最大效应的区位。而区际产业集聚正是通过各种自然因素及社会因素的共同力量，逐步向着集群化、网络化和一体化方向发展，进而推动了产业转移的发生。对于承接地而言，产业集聚提高了经济运行效率，集聚效应的产生，也吸引了其他地区企业向产业集聚地实行产业转移。可见，产业集聚和产业转移存在互动关系，产业集聚的形成和发展离不开产业转移，它既是产业承接的重要推力，也是产业转移的结果。

三、企业视角下承接产业转移动力机制

企业作为产业转移的重要主体之一，承担着为区域经济发展和产业协调布局的重要使命，在微观层面上推动着区域产业转移的发展。在区域产业转移过程中，追求利润最大化是企业选择转移的前提和目的，企业成本效益作为重要的管理要素，已然成为企业产业转移选择的微观条件。在环境不确定性的前提下，市场环境因素便成为企

业承接产业转移的外部驱动因素，进而企业需要通过不断地积累和发展才能在产业转移中占据主动地位。因此，企业扩张是承接产业转移的微观动力。本节将从上述三个方面对承接产业转移动力机制进行分析。

（一）成本效益：企业承接产业转移的内部驱动力

Porter提出了"钻石模型"，认为区域竞争优势的主要来源是生产要素、需求状况、支撑产业以及企业战略与同业竞争之间的相互协调和制约。生产要素成本的差异是推动企业承接产业转移的重要因素。对于企业来说，土地、劳动力、原材料的供应是影响其获利的有效生产要素，而这些要素成本相比服务、交易成本，为企业进行区位选择提供更为灵活和有效的管理手段。发达地区将产业转移到生产要素低廉的欠发达地区，不仅可以降低区域土地、劳动力和资源的使用成本，还可以获得承接地提供的税收优惠、简化审批、金融服务等政策福利，从而推动区域经济的发展。

作为成本要素的另一极，有效收入水平差异也是影响企业承接产业转移的重要推动因素。在生产要素成本无法有效降低的情况下，企业会设法寻求提高有效收入来获得更为有利的竞争形势，有效收入水平较高的企业在区域内如果无法得到进一步的发展空间，那么将产业进行转移到使收入水平有进一步提升地区的可能性会越来越大。同样，如果有效收入水平处于平均水平以下，那么企业将会寻求竞争激烈程度相对较低的区域，这时发生产业转移的可能性会加大。

结合承接产业转移企业成本效益行为时，有学者提出了企业赢利空间界限论，该理论认为进行产业转移的企业需要有一个赢利空间界限，企业的空间收入和成本状况共同决定该界限的范围和定义。若企业处在赢利空间界限内，则企业将获得赢利，反之将出现亏损。在企业外部环境和内部条件发生变化后，空间成本和收入会发生变化，由此导致企业赢利空间的转变，进而引起企业对最优区位的重新定位和选择。

（二）市场环境：企业承接产业转移的外部驱动力

随着企业外部环境的变化，企业战略选择会进行相应的调整。一般来说，企业会选择将重要部门或部分活动转移到条件更为有利的区域。更为重要的是，市场环境的变化会产生竞争与合作。当企业面临变幻莫测的市场环境时，是否找到适合企业发展的转移目标是考验企业能否持续发展的重要因素，也决定着企业今后发展的方向。

从保持竞争优势的角度来看，经营战略的随机应变是考验企业应对环境不确定性的首要驱动因素。企业经营战略，包括成本战略，扩张战略或国际化战略都将影响到企业承接产业转移的方向。企业为了维持已有的竞争力,进入大市场进行规模化生产,以规模经济效应来追求成本的最小化,或是通过调整扩张战略实现企业的进一步升级,而这些都将推动企业实现产业转移的目标。

企业需要有竞争意识才能在市场环境中占据主导地位,国际生产折衷理论认为企业是否具备所有权优势,内部化优势和区位优势及其作用的强弱程度决定着企业是否以及如何进行对外直接投资。这些因素也使得企业在生产经营活动过程中必须要做好与承接地企业进行竞争的准备,需要拥有包括产品、专利、技术、组织管理能力和研发能力等承接地企业不具备的优势。总之,该理论不仅论证了产业结构、企业资源和能力对企业竞争力起着决定性作用,更将企业区位要素纳入企业竞争力的影响因素之中,由此也解释了企业在不同区域间进行转移的原因。

企业间面临的市场环境不仅只有竞争,还包括合作环境。集成经济理论认为,产业转移是企业实现市场集成的手段和方式。企业通过重新组合和集成的市场方式参与产业链中不同环节体现其自身价值,同时最优化利用这些价值实现利润最大化。这一过程中,强调生产、分销和物流等职能进行转移,从加工装配,到资本、技术和管理经验的积累,过渡到零部件和原材料等生产要素的区域化生产,从而实现产业转移。可以说,产业转移是企业利用市场环境和集成经济实现的结果。

（三）企业扩张：企业承接产业转移的最终目标

企业扩张不但使企业开拓市场空间,提高了企业知名度,更是企业产业转移的终极目标。一般来说,企业的发展会随着其经营范围以及规模的扩大而发生空间结构的变化,进而有不同程度空间扩张的呈现。企业成长空间扩张论是经济地理学领域内四大企业空间扩张模式的理论集合,包括组织变形与区域演化模式,全球扩张模式,市场区域扩大模式和全球转移模式。这些模式虽然切入点不同,但其共同构成企业成长的空间扩张理论模型,认为企业进行扩张战略的选择遵循的路径一般是从采取市场区位扩张方式的产品扩张开始,到销售部门的空间扩张,最后是生产部门的空间扩张。可以说,该理论从企业成长的微观视角阐释了扩张型产业转移,也从企业的角度解释了产业转移是企业成长的空间表现的结果。

随着经济全球化进入到新的发展阶段,企业为了选择更适合自己的战略,对空间扩张的选择范围也越来越大,围绕着企业价值最大化目标,其扩张战略也趋于多样化。从现有发展来看,主要有下列四种形式,分别是横向一体化,纵向一体化,经营多元化和垂直分散化。横向一体化是企业通过现有生产活动的扩张实现产品市场份额扩大的战略，一般有扩大原有产品生产销售，扩展原产品功能或服务，挖掘新客户或新市场。纵向一体化是指企业通过对原生产活动上下游进行扩张，包括前向一体化（介入原供应商生产活动）和后向一体化（控制客户放心的经营活动）。经营多元化是指企业在保留原产品生产线的同时，扩展其生产活动，从而开展若干新产品生产的表现。垂直分散化是企业发展到一定程度，在一定区域或全球范围内形成按价值链分工的新的扩张方式，是企业通过把价值链中低端环节转包出去减少成本的同时，专注于高附加值或高利润的战略。总之，企业在实施战略扩张的选择时，区位因素是其首要的考虑因素，在市场经济环境下，企业选择怎样的扩张关系到地方经济的发展，也是地方承接产业转移的重要驱动因素。

四、政府视角下承接产业转移动力机制

虽然产业转移是企业为了自身发展的需要提高市场竞争力的自我调节过程，但由于多方面条件的制约，承接地政府行为在很大程度上影响了产业转移的发展。从职能行为来看，政府要发挥自身有效职能，采取一些诸如财税政策，环境保护、收入再次分配和维护市场机制等行政手段，推动承接产业转移的有效进行；从经济行为来看，政府需要有良好的政绩来完成国家和人民赋予的权力。因此政府在其职能范围之内进行直接投资，加强公共产品供给，提升公共服务水平，以及优化资源配置，以促进承接产业转移的良好秩序，发挥政府的最大

（一）有效政府行为：承接产业转移的效率动力

产业转移的发生一般会朝着区位优势好的地区进行，在一定程度上放大了二元结构。经济活动正在扩张的地区更容易从其他地区吸引优质资源，从而加快自身的发展，使周边其他区域发展速度减慢，形成回波效应。而对处于经济扩张中心周围的区域，会从扩张中心地区获得有利资源，从而促进地区发展，逐步赶上中心区域，形成扩散效应。市场机制作用下，回波效应大于扩散效应，这时，政府的积极干预将会起到提高扩散效应的作用，从而刺激承接地的经济发展。在市场完善的国家进行的产业转移一般是不会自发形成的，有效的政府行为会使得承接区域建立新的增长点，协调平衡发达地区和落后地区的经济发展，因此，落后地区的经济增长也需要有政府进行有效培育，产业转移需要有政府的推动。

从我国现实情况来看，改革开放初期，政府对承接产业转移或是区域经济发展的

参与是比较积极的。随着市场开放程度的提升，出口导向战略的实施，承接国际产业转移、承接港澳台等地区的产业转移浪潮等渐渐成为我国早期对外开放的标志，而这其中政府的推动效应不仅为转移企业的资本安全和利润空间提供了有效保证，更减少了转移企业的不确定性预期。在这个过程中，逐渐形成了承接地政府与企业及与其他政府间的合作与博弈。由于我国区域之间发展极不平衡，落后地区劳动力成本和市场都没有形成一定规模和优势，此时，政府应尽量创造增长中心承接原有增长极的产业进行转移，创造良好的市场效益。

承接产业转移的顺利实现需要政府制定强有力的政策措施进行引导。但是，对于不同市场的国家或地区来说，却存在着市场效率问题，完全市场经济的国家或地区产业转移的交易成本相对要比不完全市场经济国家或地区小很多，对于不完全市场经济国家或地区，要想推动承接产业转移，政府仅仅完成经济干预或引导政策是不够的，还需要利用其行政职能手段强化执行力，解决亟待完善的市场规范，降低交易成本，从而使得产业转移能顺利且有效地实现。

（二）职能行为：承接产业转移的行政基础

政府行为在社会管理和服务过程中是多样的，但在承接产业转移中，政府应该积极发挥其职能引导作用，通过有效的财税政策，加强环境保护以及合理分配再次收入等有效措施推动区域产业转移的发展。

由于市场机制无法控制经济周期波动和通货膨胀或紧缩的发生。良好的财政政策和货币政策是考验政府执政能力的重要体现。市场经济机制无法预测长期的经济形势和变化，需要对其进行短期调节。通过制定有效的财税政策不仅利于政府收支平衡，稳定地方经济发展，更重要的是能吸引到外资的进入，做好承接地产业转移的政策引导，提供良好的营商环境，从而实现地区产业结构的调整。

在经济高速发展的同时，环境问题也日益凸显，政府也应当承担这一重要责任。在市场经济较为完善的国家，政府一般通过补贴政策或公共部门生产消除环境不利影响，通过行政命令的管制方式硬性限定排污量，对特别的企业征收排污税。尽管短期会影响到一些企业的进入，但从长期来看，良好的地区环境和生存空间是企业判断是否进入该区域的重要指标。因此，对地区环境的保护可以促进更多的企业进行产业转移。

在政府职能行为中，民众更为关心的是自己的收入水平。地方政府需要通过制定合理的收入政策，调节收入水平，让劳动力市场充满活力。企业选择产业转移，看重的是一个地区的营商环境，而这其中重要的一个方面就是劳动力市场的供应。如果政府能从全社会整体利益出发，在解决好效率问题的同时，有效解决公平问题，对各个阶层的收入和财产进行再次分配以调节和健全社会保障体系，形成稳定的社会协调发展局面，将更为有效推动承接地产业转移的实现和发展。

（三）经济行为：承接产业转移的内在动力

在承接产业转移中，政府在一定约束条件下，需要实现效用最大化，发挥其"经济人"的特点和本质。因此，在外部环境和各种约束条件发生变化的情况下，地方政府会采取诸如直接投资，合理资源分配以及提供公共服务来推动产业转移的进行。

直接投资是地方政府作为投资方直接进入到商业领域的行为，对承接产业转移活动起到了重要推动效应。在经营投资的方向中，企业主要的方向是国有企业或金融机构，由于新兴市场和国家垄断行业的高利润空间，诸如钢铁，矿山，石油开采和炼化以及科教卫和基础设施等公共服务领域进行大量的直接投资。政府的直接投资行为对区域间产业的流动起到了很强的拉动作用，同时改善了产业转移的环境，增强了市场信心，为企业经营活动注入了活力。

地方政府掌握着城市经济发展的重要资源，对资源进行合理分配，能起到有效推动产业转移的作用。土地、资本和排污权是承接产业转移生产成本的重要影响因素，地方政府对这些资源或权利有着绝对的控制，为了吸引外资，政府可以采取降低地租，减少企业转移带来的成本；在通过行政手段解决了环境保护的前提下，适当提供廉价的排污权，降低企业经营成本，能更加有效推动企业转移到承接地。

由于公共物品和服务具有非排他性，完全市场的价格机制不能达到生产和供给的最优，而私人部门由于投入与收入不对等也不愿承担这部分的责任，或者就算通过私人部门解决了，但很容易造成垄断现象，导致成本增加，而效率降低。因此，政府需要担负起公共物品和服务的生产和供给，在诸如交通运输，邮电通信，供电供水，公共教育和基础设施等进行投资和维护，从而提升政府的社会信用度，由此吸引外来企业的投资，拉动承接产业转移的有效运行。

不论政府发挥其职能行为还是经济行为，在这个过程中，想要做到政府、企业和民众三方均赢利的目标是很难的，但政府需要做的是采取有效的行政手段，在不影响市场机制有效运行的前提下，打造较好的承接地营商环境，这样才能形成良性循环，获得持续恒久的发展。

第三节 产业转移的实现机制

一、承接产业转移的微观实现机制

企业是市场经济的微观行为主体。在发达国家，百分之九十以上的专利源自企业，正是企业对自身利润的追求带动了区域经济的发展。法国经济学家佩鲁认为，企业通过专业化的分工能够使其实现"专而精"的发展道路，通过企业的聚集，形成区域内的"增长极"，"增长极"通过资本扩散、人才扩散以及技术扩散带动区域内的产业结构实现升级优化，实现对区域经济的辐射带动作用。因此，企业对推动区域经济发展上占有举足轻重的地位。

（一）鼓励企业技术创新

新古典经济增长理论认为，人口、资本和技术是带动经济增长的内生动力。

东部地区的企业经过数十年的发展，已经掌握了相当成熟的技术，而中部地区的企业与其相比，具有明显的技术差距。新经济地理学认为，产业集聚能够有效促进企业生产成本的降低，从而使本区域实现规模经济和规模报酬递增，增强了区域的吸引力。在区域的产业凝聚力逐渐小于扩散力以后，企业向外围区域进行产业转移就有了其内在动力。区域的扩散力不仅仅是由东部地区产业的过度集聚从而造成成本上升这唯一的因素构成，也应该包含承接区域的企业在技术上的成熟，进而产生技术的溢出效应，带动区域产业链的发展、成熟，为处于产业链条下游的企业提供良好的发展环境，节约企业的生产成本。企业为追求利润最大化，会向有成熟产业链，而要素成本又较低的地区进行产业转移，从而形成吸引东部地区的企业向本区域转移的向心力。

但是，由于中部地区的企业在技术上并不是一蹴而就的，要经历技术引进—技术学习—技术创新这一过程。

（二）发展壮大民营经济

经历改革开放多年的发展，中部地区民营经济已经成为经济发展的重要支柱力量。但与沿海地区相比，其发展还是具有一定的阻碍作用。特别是在市县基层中，民营经济的发展后劲严重不足。但民营经济是作为地区经济发展的主力军和希望所在，所以发展壮大民营经济是中部地区为塑造有效产业承接环境的先决条件。

一是要创新观念，创新体制。要树立不断创新的理念，为企业的发展不断地注入活力。因而要大力普及商业文化和现代经营策略，加大外部信息流量，努力营造一种放手、放胆、放开发展民营经济的浓厚氛围。同时要形成符合市场经济内在规律、增强经济发展活力的区域宏观调控环境和微观治理环境。二是要科学管理。科学的管理可以给企业节省成本，提高效率。由于民营企业多半是以家族企业的形式存在，因而在管理理念上与现代企业管理相比仍然存在差距，各个部门间的职能也不明确，权利主要掌握在少数人手中，严重阻碍企业的发展。因而要加强对民营企业家政治思想、管理素质等方面的教育、培训和引导，全面提升企业家经营管理素质。积极培育和发展地方企业家市场和研究、开发、生产、营销、管理等各种专业人才市场，为民营企业源源不断地输送优秀人才。三是要树立企业品牌。民营企业的竞争力另一个体现方式就是品牌的确立。品牌作为竞争力的代表是企业领先于其他竞争者的王牌，必须得到重视。要围绕区域经济发展战略和产业规划，重点发展企业产品特色，从特色中找优势，从特色中建立品牌标志。总之，中部地区民营经济发展除了依靠民营企业在市场化规则下自我积累，更需要国企改革与民营经济发展结合，使民营经济迅速在本行业积累核心竞争力，促进中部地区民营经济的跨越式发展。

（三）实施企业集团化战略

在经济全球化竞争中，企业作为竞争主体，其规模优势在竞争中也越来越明显。因而要将企业做大做强才能与国际大知名企业相抗衡。而中部地区产业发展过程中，企业集中化程度过低，规模过小，实力过弱，无力参与全球甚至国内竞争。因此，中部地区应该大力提倡和鼓励企业符合市场经济条件下的竞争、兼并、重组活动。

首先，要实施优势产业主导战略。以优势企业为龙头，通过辐射带动作用，强强联合，组建一批具有相同优势的企业集团，通过专业化、规模化生产、经营和销售，提高生产和经营集中度，形成优势企业集群。其次，要实施优势企业重组战略。通过选择一批具有特色产品的中小企业，进行重组来拓宽整个产业链，从而不断扩展市场发展。再次，要实施技术整合战略。对于一些量大、面广、专业技术性强的整机和重要零部件企业，要以技术为依托，将先进和传统的技术相融合，整合各企业的技术水平，从而平衡优化整个产业生产水平。最后，实施优势管理战略。要以先进的管理机制来顺应企业的发展，从而优化企业内部体系。加大对人才的重视和合理利用，发挥高校和科研机构的作用，推进科技与经济建设的融合，大力推进企业为主体的科技创新，提高企业核心竞争力。

二、承接产业转移的中观实现机制

（一）发挥要素禀赋优势，壮大优势产业

中部地区作为国家粮食、农副产品生产加工基地，能源和重要原材料生产基地、有竞争力的制造业和高新技术产业基地，在经过长时间的发展，已经形成了有色金属冶炼及压延加工业、能源业、农产品加工业等为主导产业的产业群。这些产业也成为中部崛起的主要支撑产业。因而要更好地迎接第四次产业转移就应该不断壮大原有的主导产业，以坚实的主导产业发展基础，为承接转移过来的产业提供更为完备的配套发展条件。其中要考虑到通过设置差别化的市场准入标准，给予转入产业土地、税收、信贷等政策的支持。同时对于粗放型发展的传统产业的移入有一定的限制条件准则，像对不可再生资源的高污染、高成本、高能耗、低效率的传统产业要限制进入或进行优化后才能准许进入。

在有色金属冶炼及压延加工业领域，中部地区应开放金属矿产开采权，在以龙头企业的带动下，引进国际先进的冶炼技术和设备仪器，通过延长产业链、增加附加值来实现其冶炼行业的推进发展。同时还要对传统的工艺流程进行改造，将落后的工艺、装备和产品淘汰掉，不断优化工艺流程和技术装备结构，降低生产成本，提高装备水平。严格限制对生态环境造成污染的企业经营，对于矿产资源输出型、粗放利用型项目也要限制。要改变发展方式，走集约化道路，不能以牺牲资源来求发展。同时还可以通过兼并、联合等方式扩大企业实力，组建跨省区、跨行业、跨所有制，甚至跨国界的具有国际竞争力的机械和冶金集团公司。

在能源业领域，中部地区首先要积极推动具有国际先进开发水平和有实力企业的进入，对煤炭行业矿井进行改造，从安全生产方面实现预警机制，提高安全生产管理及装备水平。其次要提高资源综合开发利用水平，不断延伸产业链条，促进行业可持续发展。最后要注意整个能源业结构的优化，支持建设大型煤炭基地和大型水、火电站，大力发展电力工业。小型的能源开发企业增多，会不断增加对资源的过度开采和浪费，因而要鼓励煤炭企业联合重组，鼓励煤电联营或煤电运一体化经营，调整、改造、重组中小煤矿，保持供需基本平衡。

在农产品加工业领域，中部地区要积极争取国际资本对该产业的投资，做好农产品种植的配套产业，合理利用这一优势。同时还应该帮助农业龙头企业进行良种培育、

加工技术改造和提升。对农产品生产环境和产品质量的监管体制要进行严格设定，加大对农业生产经营管理和食品安全监管力度，实行农产品市场准入制度，强化农产品质量安全的市场服务。

（一）以工业园区集中承接产业转移

由于东部地区的企业经过几十年的发展，已经形成了较为完整的产业链条，东部地区通过建立专业的工业园区来实现产业链中的不同企业在一定空间内的集聚，降低了生产成本，形成了技术溢出，提高了入园企业的生产效率，工业园区作为区域增长极的作用得到了充分的发挥。而中部地区在工业园区的建设上仍然较为落后，这些园区存在盲目引进企业、入园企业产业关联性不强和园区服务系统建设不足等问题，工业园区对区域经济的增长带动作用并没有得到很好地发挥。

工业园区是政府与企业利益的载体。我国经过几十年的发展已经形成复杂的产业园区的分类，既有专业的产业园区也有以高科技企业作为入园对象的科技园区。同时，也形成了一套成熟的园区运营服务支持体系。园区的利益主体包括了政府、园区承建单位、企业、科研机构以及园区的服务支持等，各个主体间的职责界定以及怎样实现各主体间的沟通配合机制是园区成功的关键。

作为园区的宏观规划者，政府正确发挥自己的服务作用，工业园区的建立和运营以及后期的服务支持体系建设都需要政府给予一定的政策指导、政策扶持。但是政府也应该注意调节自身和市场的关系，应以市场为主导，充分满足入驻企业对园区建设的切实需求，为园区提供良好的宏观发展环境。

工业园区的城建模式，主要有三种：政府、企业或者政府和企业的混合。现代工业园区的建设应充分体现企业对建筑、空间的需求，实现与企业的无缝对接，提高建筑的利用率以及企业的工作效率。

企业作为产业园的主体，对于工业园区其他不同的参与主体，有各不相同的利益诉求。企业的发展与科研机构以及金融服务支持机构则显得最为紧密。科研机构能够为企业提供必要的技术支持，通过双方的合作既实现了科研机构在成果转化方面对市场把握的不足，又可以使企业掌握科研机构现有的技术实现其技术升级；金融服务支持机构则可以为企业提供必要的金融支持，由于企业的运营具有一定的风险性，通过贷款可以实现企业与金融机构的风险共担，降低企业的风险，同时也为企业提供了必要的资金支持。

中部地区虽然在产业园的建设上已经取得了一定的成就，但是与发达国家以及东部地区在产业园的建设上还存在一定的差距。为了更好发挥工业园区作为"增长极"对区域经济发展的带动作用，就更需要中部地区在产业园建设进行大胆的创新尝试。

（三）加强产学研合作，增加区域创新要素供给

中部地区由于原有产业基础薄弱，自身创新能力较差，科研实力和学科实力与发达地区存在较大差距，而在相关产业领域积聚起相应的技术实力又往往需要较长的时间。因此有必要与区外高校、科研院所进行产学研合作，这是提高产业转移引入区域企业技术创新能力最直接、最有效的途径，也是短期内迅速培育起本地吸收创新能力的重要手段。目前产业转移引入区域的外部知识联结多以引进企业与公司的外部知识网络联结为主，本地企业围绕所引入产业通过产学研联结获取知识是迅速培育起相关领域产业技术能力的重要手段，同时也是产业转移引入区域短期内解决技术创新要素供给的现实选择。

1. 积极推进产学研合作联盟的形成与发展

围绕引入的产业领域，积极鼓励本地企业开展产学研合作，加大集结区内外优秀的人才、技术力度，形成优势互补、利益共享、风险共担和互相依存的紧密关系，推进产学研合作。积极开展对引入产业领域的应用跟踪，加强产学研合作解决问题的针对性，加强配对信息服务，促进本地企业与高校、潜在企业家与高校、科研院所的交流，吸引大专院校、科研院所有目的的考察、联络、洽谈合作，围绕所引入的产业领域建立科研战略联盟关系，积极探索，寻找可行的合作方式和合适的机制。完善产学研合作的服务体系，如利用产学研合作协作网络、科技创业服务中心等，为企业与潜在企业家提供技术项目和信息服务。要组织促进产学研合作的活动，营造鼓励开展产学研合作的氛围。

产业转移引入区域的政府部门，应发挥政府的引导作用，可在每年科技三项经费、技术改造经费以及科技攻关项目中，给予一定比例，设立产学研合作资金，一方面优先资助引入企业的产学研合作项目，提高引入企业的技术能力；另一方面要优先资助本地企业或潜在企业家围绕引入产业的配套而进行的产学研合作开发。相对来讲，后者对于产业转移引入区域更为重要。此外，还可鼓励有实力的高校和科研机构在当地设立研究机构。

2. 支持本地研发机构的建设

产业转移引入区域研发机构除了是作为区域创新体系重要的节点机构而存在以外，同时还是区域产业创新能力的重要组织载体，是区域产学研合作网络的主体，企业研发机构和半公共性的区域产业公共创新平台是其重要组成部分。

要支持引入企业建立研究开发机构，也要支持本地企业建立研究开发机构，鼓励引入企业建立研究开发机构是为了使先进的知识能够在本地落户，鼓励本地企业建立研究开发机构是为了实现本地区对先进知识的承接与内化，依托大中企业围绕引入的产业领域建设省级工程技术研究中心和企业技术中心是要长期坚持的一个目标。同时要加快区域产业公共创新平台建设，围绕所引入的产业领域以及产业创新战略的发展需要，高起点的建设一批具有先进水平的产业公共科技创新平台，为产业转移引入区域成为引入产业的研究开发基地和产业化基地打下坚实基础。这些工作尽管前期会遇到工作基础薄弱、技术水平制约以及资金不足等各种各样的问题，但这是产业转移引入区域创新体系建设所必须克服的一个瓶颈因素。

三、承接产业转移的宏观实现机制

（一）以"城市群"和"城市圈"促进产业承接

国家发改委印发《关于促进中部地区城市群发展的指导意见》，意见中明确指出，要加强武汉城市圈、中原城市群、皖江城市带、长株潭城市群、环鄱阳湖城市群和太原城市群这六大中部城市群一体化发展，发挥城市群的辐射带动作用，引导和支持中部地区城市群加快发展，这为以城市群和城市圈为主承接产业转移提供了可能。将优势产业承接点置于城市群和城市圈中发展，可以充分发挥中心城市的辐射带动作用，将有限的资源要素整合在一起，促进产业集聚，发挥创新能力，提高城市间的分工协作程度，相互分工互补，获得经济发展效益最大化。

目前中部6省都有自身带动经济发展的城市圈或城市群，这些城市圈或城市群能够在中心城市的辐射下带动周边城市的发展，同时各省之间的城市圈和城市群可以通过交通网络、商品网络、信息网络、人才网络、文化网络等紧密联系。通过省内带动效应和省际关联效应，中部地区以城市群和城市圈为主承接产业转移，加快承接产业的发展以及与自身产业的融合，实现中部地区经济的跨越式发展。

（二）进一步加大基础建设投入

基础建设直接关系到企业的运营成本，因此也是东部地区的企业进行产业转移所考察的重要指标。虽然中部地区在基础建设上的投资逐年加大，但是基础设施的条件与东部地区相比，仍然存在明显的差距。由于中部地区的财政收入有限，可以考虑对一些重点承接产业转移的地区实施基础建设的投入倾斜，通过这些重点区域的财政收入的增长，以点带面来带动区域其他地区基础设施建设。

（三）转变政府职能，营造有利的制度环境

政府行政行为的强弱直接影响到市场的开放度，我国解放初期正是采取了强有力的政府管制措施，使得民营经济几近于无。改革开放以后，政府逐渐改变直接调控市场的行为，以市场经济作为主导，进而带动了中国经济的高速增长。中部地区作为中国区域战略的重要组成部分，未来带动中国经济增长的重要增长极，地方政府作为区域经济的宏观调控者，对政府职能的界定将影响到区域未来的发展。因此，政府职能转变应主要分为以下几方面：一是实施以市场为导向的发展战略，政府在地方经济发展上起到宏观调控的作用，制定区域的经济发展战略；二是减少审批环节，使企业减少审批时间，抓住市场机遇，提高市场效率；三是通过立法的形式来规范市场秩序，保护企业的合法权益。

第十章 借助产业转移，构建国内生产网络

通过承接国际产业的不完全转移，我国东部发达地区以低端嵌入全球价值链的方式实现了经济的快速增长。承接产业转移促进我国经济发展，使我国成为制造大国的同时，也带来了一些负面问题。承接国际产业不完全转移对中国区域经济协调发展的负面影响主要体现在两个方面：第一，使我国东、中、西部地区经济发展差距急剧拉大。如何加快落后地区发展，赶超并缩小与东部发达地区的差距，是当前促进我国区域经济协调发展面临亟待解决的问题。第二，东部地区产业面临着如何进行全球价值链攀升从而实现经济持续发展的问题。因此，探寻促进中西部地区经济发展、东部发达地区产业升级的路径，对实现我国区域经济协调发展具有重要意义。这一路径应能够在缩小地区差距的同时，有助于实现东部地区产业升级。但是，发展中西部地区经济不能以损害东部产业发展为前提，东、中、西部地区经济发展不能是此消彼长的关系，这一路径应对东部发达地区和中西部欠发达地区产业发展是双赢的。本书第四部分关于中国台湾地区个人计算机产业升级的经验和启示，以及第五部分关于

借助产业区域转移促进我国东部发达地区制造业价值链升级和对落后地区自我发展能力的促进机制的探讨，使我们得出结论：借助产业区域转移，构建国内价值链分工基础上的国内生产网络，从而促进我国区域经济的协调发展。

第一节 构建国内生产网络在我国区域经济协调发展的作用

国内价值链（National Value Chain，简称 NVC）是指从产品的研发、设计、零部件的制造、加工组装、物流、分销渠道、品牌等整个价值链全部或大部分由国内企业完成的价值链分工生产体系，从而形成产业的国内生产网络。它基于国内本土市场需求发育而成的，由本土企业掌握产品价值链的核心环节，在本土市场获得产品链高

端竞争力，最终进入区域或全球市场。NVC 条件下发展起来的产业在国内乃至全球市场上，既可以完整地实现工艺升级、产品升级、功能升级、链条跨部门升级的不间断升级过程，又可以表现出可持续的国际竞争优势。国内生产网络的构建以中国东部发达地区和中西部欠发达地区产业联动为目的，在分割生产基础上，以东部发达地区企业为主导，欠发达地区企业为支撑，不同地区分别在国内生产网络中承担不同环节的生产，实现区域内产业的关联和互动。通过构建国内生产网络，以实现我国东部发达地区产业内价值链升级和欠发达地区产业的上位，提升我国总体竞争力，从而促进我国区域经济协调发展。整个逻辑关系具体来说：

第一，我国东部发达地区向中西部地区产业转移是构建国内生产网络的重要环节，并能实现东部地区在国内生产网络中的主导地位。我国东部发达地区经济和产业经过多年发展，要素成本尤其是土地和人力成本与欠发达地区成本有着显著差别。发达地区企业通过选择价值链分割生产，将部分劳动密集型生产环节转移到欠发达地区，有利于其降低成本，提高竞争力，并能形成由国内企业完成的价值链分工生产体系。同时，企业通过将某些生产环节纵向分离，实施业务归核，将低附加值的业务环节迁移出去而在发达地区专心做核心企业，发挥其产业核心企业的辐射、示范、信息扩散和销售网络作用。分割生产纵向分离后形成的国内生产网络使东部地区企业不仅没有因失去"肢体"而使经济规模有所萎缩，反而在网络生产的运营下大大增强了对市场的影响力和控制力，获取了组织学习，即在经验和活动的基础上开发或者发展相应的知识和能力，并将这些知识和能力应用于今后行动的过程。

第二，中西部地区积极承接来自东部发达地区的产业转移是中西部地区嵌入国内生产网络的重要途径。分割生产分工方式是将不同的生产环节放在要素禀赋不同的地区来生产，这就增加了欠发达地区参与国内生产网络的机会。因为如果按照传统的比较优势原则和传统的产业间分工模式，只有当产业在中心城市失去优势时，其他欠发达地区才可能承接该产业。而现实中，产业价值链的不同环节，要素密集度不同。一个产业在研发、销售和部分零部件的生产环节可能是技术密集型或资本密集型的，而另一部分生产环节是劳动密集型的。基于价值链的生产分割方式，可实现产业的部分转移，为欠发达地区提前嵌入到不完全具有比较优势的产业生产网络中提供机会，促进其经济的发展。

第二节　促进我国产业转移，构建国内生产网络的策略

一、建立中央政府以及地方政府间的协调机制与政策

我国东部地区向中西部地区产业转移是实现我国区域经济协调发展的必要途径。在对待产业转移问题上，东部地区和中西部地区政府选择上陷入了"囚徒困境"，从而出现了东部发达地区向中西部地区产业转出积极性不足，而中西部地区为了拉拢外来资本而出现恶性竞争局面。中央政府是区域经济发展宏观调控的主导者，掌握着政策资源、公共投资的配置权和庞大的国家财政收支分配权。因此，中央政府的区域经济发展战略和区域经济政策对区域经济能否协调发展产生重大而深远的影响。在我国产业区域转移进程中，中央政府、各地方政府应当明确各自的职能，正确扮演各自的角色，通过相互间的互惠合作，共同建立高效的协调互动机制。

首先，逐渐改革现行官员考核制度，制定科学的地方政府绩效评价体系，建立奖惩机制，规范地方政府行为。政府的决策和发展战略对区域经济发展具有重大影响与作用。产业转移态度和政策是多地区主体的动态博弈过程。在中国现行地方政府绩效评价体制环境下，对于国内生产总值的过分追求导致忽视环境损害以及国家整体利益的最大化，晋升的竞争可能会激励地方政府为地区利益最大化在经济竞争中相互拆台，损害国家利益的情况，从而陷入"囚徒困境"。为了追求自身利益最大化，地方政府可能不计成本地开展恶性竞争，而且根本不考虑承接产业是否符合本地区产业结构布局的实际需要，结果造成重复引进和承接地产业结构的严重趋同。所以，完善考核内容和指标体系，可以在一定程度上约束官员在承接产业转移中区际间以邻为壑的"道德风险"。此外，建立奖惩机制约束地方政府在产业转移中的竞争与合作关系。设计一种制度促成区域间政府的长期合作，对于我国能否实现有序的产业转移和集群升级具有重要的现实意义。长远地看，促进区域合作协调，建设国内统一大市场是大势所趋。中央政府的建立奖惩机制约束要达到灵活有效，需要在满足个体理性的前提下达到集体理性。

其次，完善区域合作协调互动机制。中央政府要适时编制出台示范区产业发展指导目录和重点产业发展规划，引导各地发挥各自比较优势，明确承接产业重点，形成合理分工、有序承接、错位发展的产业新格局。通过在空间、功能、产业链和机制方面的有机结合，避免无序化的诸侯经济。加强区际产业转移的统筹协调，根据特色产

业，协调产业承接地之间的产业分工，明确各自重点承接产业，防止出现在承接产业转移上的恶性竞争。同时优化产业布局，鼓励不同地区尤其是临近地区共建承接产业工业园区，减少重复建设、资源损耗和规避恶性竞争，中央政府可设立网站，宣传中西部地区投资环境以及介绍地区特色产业、公布招商项目等，为东部地区搜寻最佳的产业承接地促进产业转移有效对接。

再次，仅有中央政府相应的配套政策是不够的，还需要建立具体的区域产业协调模式和机制才能提高产业转移政策的效果，实现产业结构调整与优化的目标。地方政府可自行建立协调机制，例如可以建立中部地区经济发展联盟和西部地区经济发展联盟，通过地区联盟研究协调经济发展规划及实施问题，在规划、主体、项目、产业、资源等方面实现联动，有目的性地进行承接地点选择，促进地区间产业承接的互补与合作。在经济联盟中应完善利益协调机制，地区间的发展利益不能着眼于眼前，如果各个地区的利益分配不协调，最终会导致一个混乱竞争的局面。因而通过经济联盟，区域合作建立规划、建设、管理以及税收利益分成等合作机制实现互利共赢；同时对参与区域合作的各方在合作中所遭受的有形或无形的利益损失进行补偿，以调动各方参与区域经济合作的积极性。

最后，深化经济体制改革，完善市场体系，发挥市场在产业转移中的基础性作用，推动资金、人才、技术等要素跨区域自由流动。保障企业在产业转移中的主体地位，做好转移企业工商登记的跨区衔接。完善土地、资本、劳动力、技术等要素市场，促进生产要素的合理优化配置。

二、中西部地区承接产业转移时的具体政策建议

中西部地区承接产业转移时的具体政策建议有以下几点：

第一，转变单纯追求资本数量的政策思路，将"引资"变"选资"，有选择地承接产业转移。

落后区域自我发展能力提升的两个障碍因素，即要素存量不足和要素配置效率不高，承接产业转移之所以能够提升落后区域的自我发展能力，有赖于"外力转化为内力，增量盘活存量"的机理的实现。从现实的绩效差异也看出了在承接产业转移过程中，提升自我发展能力的重要性。所以，我们应该改变过去那种对资本的盲目崇拜的倾向，而忽视了产业的相关性。唯有选择相关性高的产业，落后区域才能更好地增加要素存量；唯有进行产业链整合，落后区域的要素配置效率才能够提高。

此外，要以经济发展与环境保护并重为指导，因地制宜，因时制宜，选择产业转移项目。在承接产业转移的时候"有所为，有所不为"，可以通过政策导向，在承接发达地区的产业转移时防止简单的、低层次的转移。不能因单纯追求短时间的经济利益而饥不择食，盲目引进污染严重的企业。中西部地区承接东部产业转移，目的是为了增强本地产业的竞争力，而不应是追求短期利税和国内生产总值的增加。在承接转移产业的过程中，要避免引进那些资源、环境代价大、技术水平又太低的产业和企业。把承接产业和保护生态环境、实现可持续发展有机地结合起来，走循环经济和可持续发展之路。为此，要强化产业转移承接地的环境监管，采取有效措施防止外部产业的引入对本地区自然生态环境造成的不利影响。严格控制能耗高、污染严重的项目，严禁引进不符合国家产业政策和技术政策的行业和项目。对化学制浆、电镀、纺织印染、制革、化工、建材、冶炼、发酵和危险废物处置等重污染行业实行统一规划和定点。要加强自然保护区和生态功能保护区的建设与管理，禁止在自然保护区和具有特殊保护价值的地区实行开发活动，进一步加强矿产资源和旅游开发的环境监管。对于有污染但不得不发展的产业，承接的同时应加快技术进步和设备更新的步伐，将负效应降低到最低程度。在承接以优势资源为依托的产业时应改变某些不适当的开发方式，提高资源的综合利用率。总之，中西部地区要改变单纯追求资本数量的、盲目引资，要"引资"更要"选资"，才能实现持续科学发展。

在"选资"的过程中，尤其注意产业对接问题。产业对指的是产业转移过程中，基于比较优势基础上，地区间产业内的分工与协作，转出地与承接地之间产业内的有效结合，以推进产业价值链及各个环节之间的相互衔接与整合，实现利益互补为目的的跨地区产业合作。产业转移的核心动力来自双方利益，东部沿海发达地区的企业，在进行投资区位选择时，不仅考虑的是中西部廉价的劳动力，土地和优惠的政策，还考虑当地是否有较扎实的产业基础。由此，中西部在承接产业转移过程中，要进行分类选择，根据各自的资源禀赋和产业特点，认真研究自身的具有优势的产业，实行有差别地吸纳或承接，避免招商竞争的盲目性，应从长远的角度出发，承接能为本地区真正带来经济效益的产业，有针对性地进行有产业转移基础的产业承接。事实上，中西部各地区的优势产业是不同的，在承接的过程中应秉持理性的态度，不能盲目承接，承接能为本地区真正带来经济效益的产业。

第二，中西部地区要进一步加大承接产业转移的软环境与硬环境建设。

硬环境建设方面最主要的是加快交通等相关基础设施建设，加强公路、铁路、水运、航空等交通网络建设，以及与东部地区的对接，构建便捷通畅、安全高效的现代化综合交通运输体系，进一步降低物流成本。要加强工业园区的建设，把工业园区作为承接东部沿海地区产业转移的有效载体，科学布局，统一规划，分步实施，加快培育和发展区域特色产业集群。

中西部地区单靠硬环境不行，硬环境是交通和区位，如果讲一个地方尽管区位很好，交通优势也很显著，软环境不好，外来资本进入后审批环节问题很多，那就会效率很低。所以，软环境建设同样重要。在软环境方面，主要包括：一是政策环境。对到中西部投资的沿海企业给予相应的土地、信贷、财政贴息和税收刺激等政策优惠和支持。二是市场环境。消除不合理的产业进入壁垒，促进市场有序竞争，加强市场诚信建设，优化交易环境，降低市场交易成本。三是法律环境。形成有利于市场竞争和技术创新的执法环境，维护市场竞争秩序，加强技术、知识产权保护，促进技术创新。尤其是对知识产权的保护将直接影响产业转移中高新技术研发环节向该地区的转移。四是提高政府服务效能。要切实转变政府职能，着力打造服务政府、责任政府、法治政府和廉洁政府，推进审批事项改革，减少政府审批环节，优化办事流程和治安环境。坚持依法行政，切实保障投资者的合法权益。总之，要努力成为一个服务型政府，促进地区软环境的改善。

第三，实施模块化战略有助于突破中西部地区在生产网络中可能的被锁定状态。

当前，全国各地包括中原经济区各地市的招商竞争却异常激烈，而且东部地区向中西部地区多数仍是产业不完全转移。

这使得即使招商成功，在产业不完全转移背景下，承接地经济也未必能健康发展，但如果抓不住这次产业转移机遇，承接地经济发展就不可能成功。所以，我们既要充分重视并积极承接发达地区的产业转移，包括产业不完全转移，还要突破产业不完全转移给承接地产业发展。因此，中西部地区在积极承接产业转移时，也要考虑到产业不完全转移带来的负面影响。实施模块化战略，有助于突破中西部地区在生产网络中可能被锁定的状态。模块化生产网络以产品的可模块化为前提，对产业价值链进行分解而形成，通过编码化信的交流与传递，并利用契约，将生产和组装模块的企业连接起来所形成的开放式网络生产体系。所以，采用模块化模式的供应商的产品可供给多家企业，使其从生产网络中的附属地位逐渐走向独立地位，不完全依赖于主导企业，避免锁定状态。

实施模块化战略有利于处于附属地位的供应商成为新的、有一定市场控制力的企业，从而获得较高的附加值。这是因为生产网络中的领袖企业倾向于选择那些能提供更多附加价值的供应商，为其提供同类最佳的生产服务并迅速获得创新的价值，这也就促使制造商展开竞争，将其业务的触角不断延伸至新的领域，如应用型研发、工艺、外观设计、物流、供应链管理等，从而降低成本、提高质量、缩短交货周期，进而使其规模逐渐扩大，能力逐渐深化，竞争力逐渐提高，成为有一定实力和影响力的供应商，从而避免其沦陷于初始的生产网络中，避免锁定状态。

第四，扩大需求，促进产业的不完全转移，并进而向产业的完全转移演变。

当市场容量达到一定规模后，企业在不同地区进行分割生产，才可能降低企业成本，提高企业竞争力。也就是说，市场容量较小时，企业将无法分割生产，也就不会发生产业转移。随着市场容量的扩大，企业将越来越有动力进行分割生产，进而发生产业的不完全转移。事实上，产业的不完全转移对于承接地来说，只是实现了产业的在位，并不能独立完成产业的生产，并且还存在承接地产业处于被治理的地位，缺乏产业自主独立发展能力，实现的产业附加值较低等不完全转移带来的弊端。但产业的不完全转移却可以成为过渡，因为通过产业的不完全转移，可以带动当地就业，提高收入，实现地区经济发展，需求由此会不断扩大。而随着承接地需求的扩大，产业转移将产生以满足消费需求的最终产品的生产转移，由此，产业转移的最终产品特征将逐渐明显。并且，随着产业转移向消费导向的转变，产业转移主导方就需要将生产转移与市场需求紧密结合，研发和营销环节的转移就更加必要，生产网络中的中西部企业将会逐渐承揽更多环节的设计和生产任务，这使其在整个产业价值链上的地位与作用也与日俱增，从而有可能成为品牌制造商，与生产网络内的主导企业展开激烈竞争，并将逐渐引致产业的完全转移。

第五，注重发展产业集聚区，增强主导产业配套能力，做好承接产业转移工作。

如何吸引企业"扎根"是中西部地区承接东部产业转移面临的困难之一，所以把重点放在"引"上无疑是正确的。然而，一方面"引"要有所选择，另一方面企业"落地"以后，如何使其"生根"又是另一个重点所在。而事实上，如何将"落地"企业与本地企业"整合"成本地优势产业要比"吸引"外地企业难度更大，也即"生根"比"落地"要更加难。产业转出地因产业结构调整和要素禀赋发生变化而需要将部分产业向外转移时，一般来说，转出地企业除了考虑承接地劳动力等生产要素是否丰富和成本低廉外，还十分重视承接地的产业配套能力是否有保障，并且随着产业转移实践的深入，后者在产业转移中的作用愈发重要。产业配套能力是指在一个特定区域范围内，围绕主导产业经营的其上游和下游产业为其提供相关配套产品与服务的能力。如果一地区产业配套较好，该地区将会吸引越来越多的转出地有关产业的落户；同时随着大批量项目和产业向承接地转移，又一定程度上形成和强化了产业承接地的有关产业发展的集聚，并进一步促进该地区承接相关产业的转移工作，两者相互促进，形成良性循环。当前，我国中西部很多地区已形成的产业集聚大多属横向产业集聚，表现为大量生产同类产品的企业在同一区域的集聚。集聚区内企业间的关系以相互竞争为主，相反，企业间为了共同利益而分工协作的良性关系尚未形成，集聚区内企业间的专业化分工不明显。产业关联度低，产业集聚难以形成合力，竞争优势不能得到充分发挥，致使转入产业的配套问题无法得到解决，从而增加了转入企业的经营成本，抵消了当地在劳动力及土地等成本方面的优势。所以中西部地区为东部地区转出产业提供良好的协作配套条件，通过产业集聚发展加强企业间联系。鼓励企业采取多种形式，按照产业链的不同环节进行专业化分工协作，大力发展产业链经济，并围绕主导产业链培育和完善地方产业配套体系。总之，只有建设产业协作配套能力，才能有效承接东部地区的产业转移，使承接过来的产业扎下根。因此，中西部各地区应对产业集聚区的功能分区进行科学布局，集约利用产业集聚区的土地资源，严格按照确立的产业集聚区主导产业和功能布局安排项目，凡不符合该产业集聚区主导产业的项目一律不准入驻。还需要将产业集聚区打造成完整的产业链，集研发、原材料采购、生产加工、物流、贸易为一体，并使之形成产业集群，从而进一步增加产业集聚度，增强产业集聚区承接产业转移的竞争力。

此外，具体实施中要积极研究和开发作为产业集聚的主要表现形式和承接产业转移的"强磁场"——产业园区。要提高制造业竞争力，产业园区可成为媒介，成为国内外产业转移的承接区。借助产业园区吸引更多的外来资本，引进先进技术和管理经验，促进承接产业在承接地产业园区的聚集。为避免重复建设和恶性竞争，各开发区应实行错位发展，突出各自的特色产业。白小明（2007）建议国家级、省级开发区可考虑裂变为若干个专业化园区，专业化园区可细化到小行业乃至产品层次，形成"块状经济"的产业集群，从而避免重复建设，增强地区整体竞争力。

第六，在注重龙头企业引进的同时，注重发展为外来龙头企业的"肢体"企业。

事实上，中西部地区当地企业在为龙头企业做肢体时，只是实现了产业的在位，也存在产业处于被治理地位，缺乏产业自主独立发展能力，产业附加值较低等不完全产业转移带来的弊端。但分割生产模式下的产业不完全转移却可以成为过渡，因为通过产业的不完全转移，可以带动当地就业，提高收入，实现当地经济发展。同时，产业集群也可以提升逐渐提升企业的创新能力，这有利于促进知识和技术的转移扩散。产业集群是相互关联、高度专业化的产业有规律地聚集在一个区域，由于空间接近性和共同的产业文化背景，增强了知识、技术的传播与扩散。产业集群内由于同类企业较多，竞争压力激励着企业技术创新，也迫使员工相互竞争，不断学习，带来了现场参观、面对面交流。在这种环境下，产业集群内企业会逐渐改良产品，甚至创新产品，这就使得中西部地区产业链开始被逐渐展开。

（三）东部发达地区应积极开展产业转移，促进价值链攀升的具体政策建议

产业转出地进行产业转出面临着"产业空心化"的困扰，所以转出地迫切需要确定可以升级到更高层次的产业或价值链环节并逐步占据主导地位，才会积极主动地将低层次的产业转移出去。当前，东部沿海发达地区新的、高层次的主导产业尚没有完全发展起来，因此有必要采取措施加快东部地区产业结构升级，促进边际产业转出。本书第四部分已经研究，从全球价值链的角度来看，产业升级遵循由流程升级、产品升级、功能升级和部门间升级的循序渐进过程，这体现了要素禀赋比较优势的循序渐进与在价值链治理地位的不断改善。一般来看，在产业升级过程中始终存在着发挥静态比较优势嵌入劳动密集型价值环节，和注重动态比较优势嵌入资本和技术密集型价值环节之间的动态平衡，经济增长促进了资本、技术积累和人均收入的提高，改变了资本和劳动力的相对价格。在要素禀赋逐渐发生变化的背景下，企业在生产过程中进行技术选择时就会以资本替代劳动，即通过资本深化实现产业升级以保持和提升竞争力。产业升级就是相对于劳动力和其他资源来说其禀赋更加丰裕时，国家在资本和技术密集型产业中发展比较优势。从这个意义上说，产业升级是经济增长过程中要素禀赋变化的体现，内生于经济增长。由此要想实现产业升级，就必须提高资源配置效率，尽快地进行资本和技术积累，以改变区域要素禀赋，提高产品的附加值和获取更多的经济剩余可以说是产业升级的出发点和归宿。当要素禀赋发生变化，旧有产业结构的

竞争力已经下降，则必须根据要素禀赋变化进行产业升级。目前，我国东部发达地区要素禀赋已发生基础性变化，资本、技术的积累相对于过去已比较丰裕（尤其是嵌入全球价值链程度较深的珠三角地区）。适时进行产业升级，是提高竞争力的必要途径。具体来说：

1. 利用国内市场，构架国内生产网络，并占领国内价值链高端

对于外资主导下发展起来的加工产业，需要企业将核心能力从制造、组装向销售、市场推广、终端销售等方面转换，以品牌建设、营销渠道建设来引领产业升级。但是很明显，目前珠三角企业并不控制这条价值链，而比较先进的西方国家已经占据了全球价值链所有中高附加价值环节。在对这些企业进行约束与治理的情况下，东部地区企业要想继续顺利攀登上去是很困难的。当前这些东部发达地区企业可以充分利用国内市场，尤其是国家扩大内需市场的有利时机，将现有产业若干低附加值环节和不具备竞争优势的非核心价值的生产环节外包或通过直接投资向中西部转移，而东部发达地区这些企业重心集中于高附加值环节，致力于自有品牌、营销渠道与会展等中高端价值环节的建设。东部地区这些产业通过产业转移，以国内市场为基础创造出一条新的价值链。面对国内市场，东部发达地区的这些企业，可以直接接触市场，针对市场需求，又可以针对市场需求对产品进行改良升级，积累研发经验和能力。同时，在国内市场竞争环境下，也可获得一些市场营销、品牌维护的学习。当在国内市场获得经验知识后，再到国外市场扩展，从而克服国外品牌厂商对现有价值链较高的控制力而形成的升级困难，通过占有国内价值链的高端环节而实现在全球价值链高端环节的攀升。

具体来说，东部发达地区外资主导下的产业在当地虽已形成了大中小型企业分工合作、上下游联动、配套完善的产业集群，但这些产业并未真正嵌入或根植于当地。当前这类产业能否顺利实现升级的一个关键在于是否需要将本土企业纳入生产网络。如果这些外资企业不能和本土企业之间建立联系，就无法带动当地本土企业的发展，更不会出现技术扩散与产业前后向联系。但本地企业融入外资企业的生产网络过程是相当困难的，因为引进外资企业的生产联系以外向联系为主，尤其与海外企业的联系占主导地位，与本地企业的生产联系比较薄弱，核心企业也倾向于与本地外资企业联系的强烈趋势，这种封闭式的产业联系网络使本地企业或其他经济行为主体很难融入该关系网络中。同时，本土企业需要提高管理水平，降低成本、提升质量和产品周转

速度等。总之，对这类产业，将本土企业与外资纳入一个动态的经济互动进程中才能达到地方产业升级的目的。当然，产业转移尤其是前后关联的配套企业是一个慢慢发展的过程，所有配套企业并不一定都有能力完成这种空间转移，实际上只有那些大中型企业和机构才能完成，空间上大跨度的转移，还有相当一批配套企业由于能力限制而无法跟进。因此，东部发达地区需要采取鼓励措施，将核心企业通过合资或合作的方式将国际上的部分配套企业吸引到广东来，这样就可以使本土企业拉近生产网络，改善目前脱离本土企业而产生的全球生产网络，并且通过知识外溢，本土企业也可以逐渐成长，增强竞争力。此外，政府还应同时加大对本土企业技术引进和改组的扶持力度。

2. 东部地区要重视发展生产性服务业，促进分割生产模式下的产业转移

随着服务成本的下降，将促进分割生产的发展，有利于企业积极采取分割生产来降低成本，进行建立在价值链分工基础上的产业转移，提高竞争力，因此，中西部地区要积极发展生产性服务业。生产性服务业是与制造业直接相关的配套服务业，它的产生与发展也是价值链分割的结果，是由一体化企业将一系列以前由内部提供的生产性服务业活动（研发、设计、内部运输、采购、融资等）进行垂直分解，并实施外部化的结果。生产性服务业是从垂直一体化的制造业内部生产服务部门而独立发展起来的新兴产业，它的主要功能是为企业生产过程的不同阶段提供服务产品，它贯穿于企业生产的上游、中游和下游，主要包括以下五个方面：现代物流业、科技服务业、金融保险业、信息服务业、商务服务业。生产性服务业本身就是一种黏合剂，与生产过程的不同环节形成前向关联、后向关联等多维关系。金融网络和物流网络等服务活动为价值链分割下形成的生产网络内的企业提供了联系。当前，在制造业的产品价值增值中，生产性服务业所提供的价值，在产品的总价值中占据了越来越大的份额。因此，发展生产性服务业，有利于降低企业跨地区分割生产的成本，促进企业基于价值链基础上的区域分工生产，从而促进我国产业的区际转移，实现地区间经济的协调发展。

同时，增进生产性服务业同制造业之间的互动，通过打破行业界限提升产业层次。要促使二者形成分工协作，强化信息交流和知识技术溢出效应，在工业集群中建立生产性服务业集群，以"群对群"的方式实现互补合作、共同增长。引导工业企业重点发展技术研发、品牌设计、售后服务。一方面增加产品附加值和行业竞争力，另一方面拓展生产性服务业市场需求。建立大型综合性服务企业。进行以提供服务产品为目

的的制造业生产。同时，政府和相关社会组织要搭建平台以更好地连接供需双方。总之，制造企业在加强内部管理的同时，要关注生产性服务业的动态，将企业内部同生产性服务业相联系的业务外包给专业的服务型企业，致力于打造有核心竞争力的环节，实现整体的产业升级。

3. 发展资本和技术密集型产业，改造和替代传统劳动密集型产业，摒弃污染产业

在机械化、自动化水平不高的劳动密集型产业或生产环节，通过引进自动化程度更高、劳动效率更高的机器设备来部分替代劳动，特别是低技术含量的手工或半手工劳动，这也是快速实现劳动密集型转变为资本密集或技术密集型的有效途径。这一阶段中，从政府到企业都有积极的投资意愿。但是资本替代除了需要大量机器设备投资以外，还应注意与企业自主创新能力的培养联系在一起。因为此阶段，企业由于缺乏能够积累经验和高度专业化的高级人力资源要素，企业只能吸收或获得一些产业的技术，所发展的生产流程技术也无法持续，并没有形成自主创新的能力。此外，东部地区在加快经济增长方式转变的同时，应注重摒弃污染产业，实现资源节约型、环境友好型的经济发展目标，坚决限制高耗能、高污染行业发展，鼓励和支持企业进行节能技术改造，淘汰落后产能为经济发展提供宝贵的用能空间。对企业生产制定严格的环保标准与审查制度，加强对企业排污的监管。

4. 培养和提高本土企业的自主创新能力

在产业转移中，东部地区应注重培养本土企业的自主创新能力。一方面要充分发挥企业在技术创新决策、研发投入、科研组织和成果转化中的主体作用，加快构建以企业为主体、市场为导向的产学研相结合的技术创新体系。本土企业可联合本地高等院校和科研院所等实现产学研结合，促进资源优势互补和先进技术的有效扩散，提高本土产业技术水平和自主创新能力。另一方面要注重发挥地方政府的主导作用，完善支持企业创新的政策措施，鼓励企业加大研发资金投入，提高企业对外来核心关键技术的消化吸收能力以及技术自主研发能力。制定并强化落实科技财税优惠政策，切实做到应减则减、应免尽免，激励企业增加研发投入；建立支持企业自主创新的多元化投融资机制和政府采购机制，制定完善财政资金采购新技术、新产品政策举措，将重点新技术、新产品优先纳入政府采购目录；完善知识产权保护制度，重视保护知识产权和创新者积极性，促进自主创新以及技术合理有偿地扩散。总之，借助机制创新、制度建设和支持政策，加强区域核心技术的自主创新能力，促使转出地产业结构升级

和实现制造业价值链攀升，营造有利于产业转出的环境和氛围。

第十一章 区域产业转移的政府调控机制

第一节 产业政策引导机制

一、产业政策内涵

在一定社会情况下，一国政府制定产业政策的起点是基于某种考虑（比如，为了实现经济赶超，技术进步等），或者对国民经济中的某一产业的发展状态的不满意。产业政策由于研究视角不同，在国际上尚没有统一的定义，但因其在日本得到大力推广与成功而著名。"产业政策"一词的概念正式出现于 20 世纪 70 年代经济合作与发展组织（OECD）出版的《日本的产业政策》里；我国在 20 世纪 80 年代中期《中共中央关于制定国民经济和社会发展第七个五年计划的建议》正式将"产业政策"一词予以定义。可以表述为：由于市场失灵和市场功能的有限性，国家或地区政府为产业全局性和长期性发展，针对产业实体和产业关系而采取的关于产业成长、结构优化、布局优化和组织优化的政策法令。

二、产业政策制定的依据及合理性评估

（一）制定产业政策的理论依据

1. 市场失灵论

由于市场机制存在一些不完善之处，如垄断、信息不对称等，而不能实现资源的有效配置，这时仅仅依靠市场的自发作用，很难达到预期效果。因此需要政府的适度干预和调控作用来弥补市场缺陷。而在产业转移上，同样适用，产业转移如果只是市场的作用，那将出现的局面会是发达的地方还是一如既往地走在发展的最前沿，经济落后的地方得不到机会，因此很多产业也将得不到合理的发展。但是产业政策的制定

并不是代替市场，它只是作为一只"看不见的手"在"市场失灵"的情况下来引导产业的转移。

2.赶超论

该理论认为，发展中国家以及一些落后地区可以根据本国（地区）的情况，吸收发达国家的成功经验，以及他们的科学技术水平来发展本国的产业，以缩短超过发达国家的时间。通过制定产业扶持政策和确定优先发展的产业，加速经济的发展。我国在"七五"计划开始的时候也成功的实施了赶超战略，对我国经济的发展确实起到了积极的作用。同样，一国内部相对落后地区，通过有效的产业政策扶持，可以实现经济发展的赶超与腾飞。

3.信息外部性和协调外部性论

一方面，信息和知识的溢出效应在特定情况下会妨碍新兴企业的发展以及企业对新发展的关注度，因此需要政府的干预来提升这些企业对新产品，新产业的支持力度。另一方面，一些初具规模的企业要完成某一生产链，需要其他地区、其他企业的援助，完全依靠企业的力量，无法实现利益的最大化，因此需要政府的协调，从而促进多企业、多部门的合作。

（二）产业政策合理性的评估

产业政策的制定，对产业转移实施机制来说至关重要，而产业政策的合理性，又是产业政策在制定时必须要考虑的问题。从目前我国产业转移的情况来看，对产业政策合理性的评估必不可少。因为产业政策有它的时效性和地域性，在特定的时期会有特定的效果，比如说，如果我们现在还用"赶超战略"来发展我国的经济，势必对经济的发展产生消极的作用。因为"赶超战略"大多是采用计划制度代替市场机制，扭曲产品和要素价格的办法，有些甚至是不顾资源约束，以重工业乃至整个工业体系去赶超发达国家，大力强行发展重点产业，最终以不能形成竞争优势而失败结束。

要判断一个产业政策是否符合当前的形势发展，我们可以从以下几个方面来进行探讨：

1.是否能够正确反映产业结构变动趋势

由于对产业结构的内在联系机制的认识存在差异，形成了两种不同的政策倾向：以主导产业为中心的产业政策和以瓶颈产业为中心的产业政策。瓶颈产业是指产业结构体系中未得到应有发展而已严重制约其他产业和国民经济发展的产业，通俗而言就是国民经济中跟不上的产业，但又是关键的产业，因此要优化产业结构，提高综合产出能力，就必须克服瓶颈限制，优先发展瓶颈产业。合理的产业政策往往被寄希望于能兼容这两大效应，但是在具体实践中是不可能的。前者是基于非均衡增长理论，强调主导产业的带动作用，后者是基于均衡增长理论，松动瓶颈限制，抑制长线产业的增长。但无论是哪一种效应，必定引起产业结构的变化，根据局域的实际情况，判断哪种效应更适合该地的发展，从而判断产业结构是否在向相应的趋势发展。

2. 是否能够最大限度的发挥主导产业的带动作用

在市场经济的框架中，拉动主导产业的发展是产业政策的长处所在，在主导产业中，产业政策作用会大于市场自发的调节作用。因为从某种意义上来说，产业政策比市场机制更具有推动非均衡增长的功能。而产业转移的过程中，其实也是着重发展当地的主导产业，比如说东部在资金技术上占有优势，因此劳动密集型等产业向中西部转移，这样合理发展当地产业，同时也使中西部地区合理利用当地的资源优势。对于东部地区来说资金技术上的产业可以成为他们的主导产业，而对于中西部来说劳动密集型产业会成为该地的主导产业。产业政策的作用就是协调好这二者之间的利益与矛盾。

3. 是否能够根据产业结构信息，做出适应的调整

在现代经济发展中，由于信息的不完全和不确定性，产业政策在制定与实施过程中或多或少会与当地的实际情况有冲突。尽管在政策制定前，对产业政策产生的效果会做出预测，但并不排除产生偏差的可能性。而一个合理的产业政策就是要在产生偏差的情况下能及时做出调整，从而更好地促进该地的经济发展。

三、产业政策引导机制的构建

前面我们已经讲述了我国产业转移的现状、存在的问题以及影响因素，对我国产业转移的基本情况有了大致的了解。本节从产业政策角度来分析政府对产业转移的引导作用，主要从产业发展政策、产业结构政策和产业组织政策来进行阐述。

（一）产业发展政策

产业发展政策是指围绕产业发展旨在实现一定的产业发展目标，而使用多种手段所制定的一系列具体政策的总称。在产业政策分类中我们将它划分为 5 个具体政策，各项具体政策都有自己作用的特殊性和实施范围。它们是在同一宏观控制系统中发生作用，有共同的政策目标，彼此之间有共同作用的联系机制。强调它们之间的协同与

配合，就是强化各项政策措施的作用力度，使总的效力大于各部分之和，从而促进产业转移有序进行，推动区域产业经济的发展。

1. 产业技术政策

产业技术政策几乎贯穿国民经济的所有产业，因此也被看作整个国家的技术政策。在承接产业转移过程中，承接地应注意承接产业的层次与技术水平，不要盲目地进行承接与本地实际技术水平相差甚远的企业，政府应实施相应地产业政策，联合本地企业、高等院校以及科研组织，建立产学结合的自主研发机构；政府通过制定直接或间接的经济刺激或制裁制度，对移出地或承接地企业、民间科研机构的研究开发以及技术引进予以鼓励。实施优惠政策，加大研发资金的投入，引导和支持企业进行技术改造，促进产业转移地的产品、技术升级。如建立创业服务中心，通过税收等优惠政策吸引技术含量高的企业，同时考虑提供补贴，低价住房等方面吸引科技人员入住承接地，从而为承接地的技术发展提供保障。

总而言之，政府依据有关产业技术进步的各种法规所实施的行政干预，对产业技术的发展前景、战略目标项目重点等提供指导，以及对产业技术开发提供补助金、委托费、税收优惠和融资支持，来促进产业有序转移。

2. 产业布局政策

产业布局政策即产业的空间配置政策，是各地域的空间动态分布或组合。在产业转移中主要有两种作用形式：一是通过政府规划的形式，确立有关产业的集中分布区域，建立区域有关产业开发区，将产业结构政策重点开发的产业集聚发展。二是倾向政策扶持，在经济发展的不同程度制定不同的布局政策，对地区发展的重点产业进行政策选择。政府应加强区域布局的总体规划，打破行政区域分割的局限，实现优势互补，协调发展，推动区域间产业对接、联动，使资源得到合理的配置。也可以实施优惠的政策来引导产业布局向合理化方向发展，如美国采取财政转移支付来促进产业布局合理化，德国通过财政补贴的措施来实施产业布局政策，而且效果都很明显，值得我们效仿。我国目前产业布局政策在实现地区经济协调发展的目标下，要建立地区间的合理分工关系，充分发挥财税、金融等方面的政策优势，在政府的调控下，进行科学合理的产业布局，从而使产业转移的效果更为明显。

3. 产业外贸政策

产业外贸政策即产业结构的调整以及重点产业的选择都以提高国内产业在国际市

场的竞争力为目标。支持在条件成熟的地区设立与经济发展水平相适应的海关特殊监管区域或保税监管场所。支持有条件的沿边地区设立边境经济合作区、跨境经济合作区。培育和建设一批加工贸易梯度转移重点承接地。对加工贸易重点企业给予贷款支持。加大对"大通关"建设和口岸建设的支持力度，推进区域产业转移大通关。不管是对出口导向型产业的扶持，还是对纯粹国内产业的扶持，要根据所选择的产业或者产业集团的特殊性质制定不同的扶持政策，政府应提供资金支持，例如可以设立专项基金鼓励加工贸易本地化，并简化相关审批程序；还可以在民间成立风险基金，并通过减免税改革等，使企业愿意投资在这一类项目上。

4. 产业金融政策

产业金融政策是产业内部或以产业群体为对象的金融政策，在产业转移中，金融政策的作用至关重要。符合产业转移条件的金融政策对于产业结构优化调整具有积极作用，产业金融政策是对薄弱产业的金融保护政策，是发展基础产业的融资投资政策，是产业集团化和区域化的金融协调政策，是多层面的金融组织结构政策，但是这些政策在有效实施过程中还需要财政金融政策的支持，没有相应的财政政策，它也难以发挥作用。如企业的折旧、红利分红政策；风险基金提留政策；保险费率政策等。

要具体发挥好产业金融政策，离不开政府的引导。对符合条件的产业转移项目，政府应当鼓励和引导金融机构提供信贷支持；鼓励金融机构对信誉良好的企业开辟"绿色通道"，发放信用贷款等，指导和帮助产业转移企业在境内外上市融资；对产业转移相关载体的企业实行一定范围的财税优惠减免，减少其发展的资金紧张问题，从而加快目标产业的承接和发展，吸引其他地区企业参与以及外资的注入，进而实现对区域产业转移的调控。在东中西部产业转移中，要增强西部地区对东部经济发达地区产业转移的吸引力，为迁移企业打下基础，因此在对东部地区企业并购、重组中西部地区企业方面，鼓励金融机构在风险可控前提下提供支持，对中西部地区，鼓励支持金融机构参与全国统一的同业拆借市场、票据市场、债券市场等投融资活动，引导外资银行到中西部地区设立机构和开办业务。另外还需要专门组建中小企业银行、农村信用合作社、农业公库金融机构来为乡镇企业和城市中小企业提供稳定的金融服务，使他们的金融服务得到满足，进而打破规模和技术水平的限制，增强实力。

5. 产业可持续发展政策

可持续发展产业是集经济、技术和社会于一体的新型产业形态是一项系统工程，涉及多个行业与部门，不仅需要资金的投入，还需要相应的协调机制和政策法规的保障。在承接转移产业，进行产业调整和升级时，承接地应以可持续发展为根本原则，经济利益、社会利益、生态利益和环境利益并重。下面主要从资源和环境两个方面来讲述产业可持续发展政策的引导作用。

在资源方面，首先，要完善资源开发利用的制度体系，具体包括：一是政府给予一定优惠支持，强化废品回收的社会公益职能；二是在体制上实施政府的专项统一的管理和经营；三是提供技术支持，加强废品回收再加工水平，实现资源合理、循环利用。其次，要制定政策引导企业为本地区提供信息服务，参与资源市场竞争，从而实现资源优化配置，促进产业聚集。再次，承接地在承接产业过程中要限制高能耗、高污染产业的进入，节约资源、提高资源利用率，保护当地稀有资源并形成自开发。最后，要发挥本地资源的优势，就地发展，发展特色产业。

在环境方面，一方面是加强基础设施等硬环境建设。产业转移发展中需要的基本环境包括现代化的基础设施、便利的交通通讯，配套的生产服务设施等，因此政府在完善这方面的建设有着重要的作用，为产业转移提供硬件基础，促进产业转移。另一方面是加强软环境建设。区域间的产业转移发展要充分利用地区的外部环境，要解放思想，加强区域间的合作交流，吸收其他地区的优秀经验并培养开拓精神。利用政府做后盾，根据环境的动态更新及时做出调整，高污染的企业必须严厉制止，对于有往高污染方向发展的企业给予警告或加大税收方面的处罚，对不达标的企业不予承接，限制进入。

（二）产业结构政策

产业结构政策指一国政府制定的通过影响与推动产业结构的调整和优化来促进经济增长的产业政策。在整个产业政策体系中，产业结构始终占有中心和主导地位，它的优劣，在很大程度上决定一国经济的兴衰成败。国家为了实现区域协调发展和产业结构优化，制定各种政策加快产业转移，鼓励先进产业移入，加快衰退产业退出等，使部分产业从发达地区向欠发达地区转移。尽管产业结构政策的形式多种多样，但具体我们将它划分为三个部分：主导产业选择政策、弱小产业扶持政策、衰退产业调整政策。

1.主导产业选择政策

主导产业是指在国民经济中居主导地位的产业。主导产业关联性强，技术领先，能够为后续产业的发展带来更多的产品和技术，创造更好的条件。政府应结合具体的实际，制定科学合理的发展规划，围绕培育主导产业，制定主导产业发展的扶持政策措施，整合资源。从主导产品入手，建设公共服务平台，大力扶持、培育一批重点、名牌企业和高新技术企业。地区政府利用有利政策，抢占承接产业转移的先机，在所得税和增值税方面予以主导产业一定的支持和倾斜优惠政策。如主导产业部门是技术先进的新兴产业，那么制定产业政策要根据新兴产业部门的发展状况和未来趋势，有针对地引进国外先进技术和设备，消化吸收先进技术，从而提高其他产业对主导产业扩散效应的接受能力。因此，在引进外国设备方面国家可以在税收方面予以支持。如主导产业是服务业，那么政府可以相应地在服务资源上予以优惠帮助，如：构建老年服务机构使用城镇土地，暂免征收城镇土地使用税。

2. 弱小产业扶持政策

弱小产业是指具有生命力的幼小产业和发展滞后的瓶颈产业；而弱小产业扶持政策是对弱小产业的鼓励、刺激和保护作用的政策。

在具体实施过程中，政府应当制定较高的进口关税来减少外国竞争力强的同类商品的冲击；在提供优惠政策方面，采用积极的金融政策和财政资金支持幼小产业的发展；在技术方面，幼小产业的技术水平和国外先进金属水平相差甚远，因此解决技术上的问题是关键，用技术来保护幼小产业已成为各国的首选举措。同时在扶持弱小产业的同时注重资源的合理利用，尽量减少对环境的负面影响，走可持续发展道理。总结起来就是，对我国幼小产业的扶持政策从政府直接投资、直接资源调拨和财政扶持三方面入手。因此，要充分发挥政府的作用，发展地区的弱小产业，为承接产业转移做好准备。在产业转移过程中，也会有大批弱小产业的转移，政府应该将这些弱小产业加以引导，从而促进区域经济的发展。

3. 衰退产业调整政策

衰退产业是指在产业结构中陷入停滞甚至萎缩的产业。它经历了幼小期—成长期—成熟期之后，进入了生命周期的最后一个发展阶段——衰退期。衰退产业的处理对该地区的产业结构会产生很大的变化，产业结构的调整，可以说是新兴、优势产业的培育和衰退产业的退出的两极发展。衰退产业的调整从某一方面来说就是产业的转移，在比较利益的驱动下，进行区位调整，将生产环节迁离中心城市，已成为发展的必然趋势。

在处理衰退产业中，通过提高转产贷款、减免税、发放转产补贴等方式，促进衰退产业资本转移；在产业能够融合的情况下，政府应制定政策促进衰退产业与高新技术产业融合，而不是一味地寻求衰退产业的收缩和转移。对衰退产业实行一定的保护政策，即在消除重复建设，小规模多分布引起生产能力过剩的前提下对其在投资、技术改造方面进行扶持，给予财政补贴和银行贴息贷款等。衰退产业在正确的引导下会成为新的产业，使衰退产业"回春"，从而拉动地区经济的增长。

（三）产业组织政策

产业组织政策是指为了实现产业组织的合理化、防止企业通过不正当竞争等手段获取超额利润和垄断地位而采取的鼓励和限制性的政策措施。从政策导向角度看，产业政策通常分为两类，一是竞争促进政策，规范市场秩序；二是产业合理化政策，防止过度竞争。在产业竞争模式的不断变化和市场范围不断扩大的趋势下，政府应该通过产业组织政策来达到获取规模经济，优化资源配置，提高产业竞争力的目标。从而在政府的推动下，进一步完善产业升级创新、引导产业战略联盟等产业组织优化问题。下面将从反垄断和反不正当竞争政策、公共规制政策和中小企业政策三方面来阐述其对产业转移的引导作用。

1. 反垄断和反不正当竞争政策

反垄断和反不正当竞争政策是政府对垄断性的市场结构、市场行为和市场绩效的一种法律制约和政策限制。由于市场中可能存在的不正当竞争，需要制定反垄断和反不正当竞争的政策，在产业发展到某一定阶段，就会出现某一行业的领头羊企业，所占市场份额较高，这说明垄断苗头已出现，而垄断将会阻碍产业进一步发展，同时也会遏制区域承接产业转移，因此政府的作用就要在此时发挥出来。由于有些产业的创新效果很容易被模仿，很多企业就想联合起来形成壁垒来共同压制其他企业，所以政府必须制定一些政策来反垄断，保护和促进公平竞争，为产业转移中的一些企业营造一个有序发展的环境。承接地要承接产业转移，需要在垄断上下功夫，要打破地区封锁，坚决打击不法势力的恶意垄断。对于天然形成的行业垄断，政府要通过引导市场主体方法加强竞争。政府的反垄断政策主要包括：一是政府干预市场结构，降低卖方集中度或产品差异，降低进入门槛，以此来打破市场垄断的形成。二是政府干预企业行为，禁止企业合谋哄抬物价，禁止采取降价倾销的方法争夺市场、禁止采取欺诈性行为来垄断市场等。

2. 直接规制政策

直接规制政策是指政府机关以其法律权限，通过许可和认可等手段，对企业的进入和退出、价格、服务数量和质量、投资、财务会计等有关行为加以规制。直接规制政策的对象主要是自然垄断产业，其目的是防止因重复投资与过度竞争等所带来的资源配置低效率，并确保产品的稳定供应、收入的公正分配、物价的稳定，以及产业的健康发展。直接规制政策的主要内容包括：进入规制、数量规制、质量规制、设备规制、价格规制和退出规制。在这里主要从进入规制和退出规制来分析其对产业转移中企业的管制。

要塑造合理的产业组织结构，必须调整产业的壁垒状况，对承接地进行企业进入管制，降低转出地企业的退出壁垒。进入管制是通过控制厂商的进入行为，限制产业内现存厂商数量进而避免过度进入导致低效率的有力措施。对申请者进行资格审查，即对准备进入的有关企业，严格按照一定的程序进行申报，政府通过对申请者的审查，条件合格的才可以进入，并颁发工商营业执照等。另一方面，以法律的形式限制新进入企业的技术水平，对于技术落后、质量低劣，没有安全保障的企业要予以拒绝进入。对于承接地来说，并不是来者不拒，而是选择性的承接产业，加强进入管制有利于区域经济的发展。退出规制是政府为了保障公共产品与服务的稳定供应，而不是随意就能撤出原生产与服务领域，比如电力、煤气、自来水等自然垄断的经营者，这些产业的撤退直接影响公众安定生活，因此必须对这类产业退出予以管制。对于那些必须退出的产业应施以援助，降低退出壁垒，帮助解决企业职工的再就业和退休职工的养老问题。克服地方保护主义造成的障碍，破除市场分割，建立全国统一市场。

3. 中小企业政策

中小企业政策是指政府根据中小企业的实际情况和本地区有关产业发展的特点，对各产业的中小企业采取的一系列方针、措施和规定。中小企业作为国民经济最活跃的部分，同时也是产业转移的新生力量，在经济发展中占有重要的地位。随着中小企业生产管理成本不断上升、竞争激烈、生存空间受到挤压、与转移出去的大公司有较强的依赖性、经济转型升级时期等因素影响导致中小企业有大量外迁的动力，但就目前形势来看，中小企业的发展并非一帆风顺，因此需要对中小企业予以援助支持，而中小企业政策就是最好的证明。

中小企业在发展过程中面对环境的变动时，抵御风险的能力弱，常会出现管理欠缺，融资困难和技术水平有限等问题，从而使自身的竞争力减弱，为此，政府必须采取相应的措施来扶持中小企业成长。首先，完善法律法规，通过立法来保障和保护中小企业的发展。其次，提供金融支持政策，拓宽融资渠道，如：政府的专门机构提供信贷支持、信用保证、贴息政策及其他的金融支持政策。还有就是在财税政策上给予优惠，如财政补贴，税收减免，贷款援助，以此来减轻中小企业的法人纳税负担。协助中小企业创新和技术升级也是促进中小企业发展的一大举措，明确中小企业发展应以技术创新为主攻方向，把中小企业技术创新的重点引导到高科技先导产业、战略产业等方面。

第二节　产业布局导向机制

产业布局是指产业在一国或地区范围内的空间分布和组合的社会经济现象。从静态上看，产业布局是指形成产业的各部门、各要素、各环节在空间上的分布态势和地域上的组合；在动态上，产业布局则表现为各种资源、各生产要素甚至各产业和各企业为选择最佳区位而形成的在空间地域上的流动、转移或重新组合的配置与再配置过程。由于区域资源、地理位置和生产力等的差异，不同地域空间开展的经济活动也存在很大的差别，科学、合理的产业布局有利于优化生产力要素分配和资源分配，提高经济社会效益，从而使产业布局成为经济发展模式中的关键要素之一。

一、产业布局导向机制构建

产业布局必须遵循全局性、分工协作、因地制宜、效率优先、协调可持续发展等原则，科学、合理的产业布局将企业组织、生产要素和生产能力优化分配于一定的地域空间，有利于发挥区域优势，充分利用当地资源，加强区域分工协作，提高经济社会效益，促进各地区经济社会的协调发展。目前，中国的产业空间布局状况不甚理想：东部地区产业过度集聚，中西部工业结构不合理与不完整并存共生。随着我国区域产业转移速度的加快，一定程度上优化了生产力空间布局，完善了产业分工体系，但是，产业转移的总体效果不佳，自发性产业转移易导致市场失灵，对区域产业结构调整、区域产业关联性和生态环境等造成了不利影响，例如，产业转移过度依赖原始路径导致转入企业无法快速融入当地经济环境，简单承接外来产业而缺乏创新使转入地陷入"低水平"发展陷进，盲目学习和模仿其他地区产业转移导致产业转入地和转出地的产业同构，弱化区域产业关联，等等。此时，正需要政府有序规划和引导产业转移，创新产业布局导向机制，引导东部地区部分产业向中西部地区有序转移，科学、合理的布局优势产业，优化产业结构，促进经济协调快速发展。

（一）统筹和规划产业转移空间布局，对不同的产业转移进行分类指导

对产业空间布局进行统筹规划是我国产业转移的一项重要内容，科学、合理的产业布局规划是产业有序转移的前提和基础。我国幅员辽阔，拥有 34 个省际行政区，各地资源禀赋很不均衡，在产业规划上若放任其各地各自为政，缺乏统筹管理，势必影响我国区域经济协调发展。为规范和优化产业空间布局，推动区际产业合理分工，中央政府和地方各级政府要发挥其引导作用。从产业空间布局规划上来看，各级政府要依据本地区位、资源环境承载能力、产业发展基础和综合成本优势，在遵循市场运行机制的前提下，明确不同区域在全国产业有序转移过程中承担的主体功能定位和产业布局，制定和实施适用于不同主体功能区的产业发展导向和区域产业转移指导目录，并通过市场手段调控产业转移空间"准入"与"禁入"，对产业转移行为进行有效的引导。产业转入地和转出地政府应在上级行政区政府的总指导下，制定本区域主体功能区规划和产业转移空间布局规划，进一步细分区域产业分工，推动区域空间开发效率的提升。从产业转移项目上来看，产业项目的区际转移与投资方面，进行产业布局规划还必须对产业转移项目进行统筹管理。一方面，国家要对转移的产业项目定期编制指导目录，明确产业转移的时间安排、转移区域，同时建立对产业转移项目的审批制度，提出转出以后的要求标准，如凡是经评估确定转移之后技术得不到优化、产能得不到提升、节能降耗水平得不到提高及市场竞争力得不到增强的产业和项目，要一律拒绝转移。

（二）引导转移产业向园区集中，促进产业园区规范化、集约化和特色化发展

产业园区是推动产业承接、加速产业集群的重要载体和组成部分。引导转移产业向园区集中，有利于优化资源配置、共享基础设施、集中治理污染、集约利用土地。东部地区的实践证明，产业转移园区作为产业承接载体能吸引大量外来投资，上海、深圳、广州、苏州等城市均依靠园区建设提高产业转移吸引能力而得到高速发展。但如果园区建设不当，也容易造成资源流失、成本增加，不利于经济增长。因此，在产业承接中要强化政府支持和引导，结合本地产业规划和产业布局，积极建立和发展规范化、集约化和特色化产业园区。第一，把加快产业园区建设规划工作作为优化区域

产业结构，提升产业竞争力的突破口来抓，统筹规划产业园区建设，明确各类园区产业定位和发展方向，打造特色优势产业园区。产业转移园区所在地政府要以培育和壮大一批经济实力雄厚、承载能力强的工业园区为着力点，立足于本地的产业发展基础和方向，通过产业结构调整、区域结构调整等办法，引导工业进园、企业进园、项目进园，形成区域产业集中和集聚。并通过提高工业园区的集约化经营水平、园区产业层次和整体竞争力，发挥产业园区的引领和带动作用，以充分发挥园区的聚集辐射功能、示范功能和体制机制创新功能，为产业承接有序推进打好基础。第二，打破区域行政区划限制，加强对现有工业园区的资源整合，构建园区合作共建机制。合作共建园区是承接产业转移园区在规划制定、资金投入、开发建设和运营管理方面进行全面合作，有利于形成跨区域合作的大规模效益，进一步提升园区的辐射效应。合作共建园区对跨区域整合资源、实现自身更好发展、带动其他区域发展都产生了积极影响。区域政府要加强异地合作，建立多渠道多形式的产业信息交流平台，应充分考虑自身发展条件及战略需求，利用异地特色资源与相对充足的发展空间，引导企业在共建园区建立科技成果转化基地。同时，加强与合作区域政府的协商，支持其将共建园区的规划、咨询、科技服务、法律、财会、审计、信息等服务业务优先委托自身园区。第三，创新园区发展模式，以区域资源和产业优势为基础，注重产业技术创新，加快由"园区制造"向"园区创造"转变，建立促进企业技术进步的承接政策，完善高层次人才引进和培育机制，加快推进政产学研结合，优化科技创新创业投融资环境，抢占发展的制高点。第四，加强园区基础设施建设，做好园区配套工作。充分发挥各级政府的导向作用，加大政府对园区基础设施建设的财政投入，对园区建设实行财政、税收、信贷等各种优惠政策，完善金融服务体系，拓展园区建设融资渠道，鼓励和引导各类资金和资源向工业园区聚集。推动园区道路、水电、绿化、暖气、管网、通讯、排污等基础设施建设，加大园区标准厂房建设，不断优化园区生产、生活环境，推动园区物流、生活服务、教育、环保等基础设施建设，提高园区综合治理能力，夯实园区发展的基础。

（三）发挥重点地区引领和带动作用，强调点轴面发展

中西部承接东部地区产业转移后不能盲目布局，东部地区进行产业转移之前也需要考虑承接地区的区位条件、资源环境、配套基础措施等。所以，承接地要在政府的支持和引导下，发挥重点地区引领和带动作用，以重点地区为核心向四周延伸，构建

由点而轴，由轴而面的产业空间格局，促进资源要素的横向流动和经济的横向联系。我国的承接产业转移的重点地区主要是指城市群、产业转移示范区等，过去几十年，中西部地区在区域发展总体战略和主体功能区战略的指引下，依靠国家政策的大力支持和自身努力，已经建立了5大城市群"武汉城市圈、长株潭城市群、太原都市圈、中原城市群、环鄱阳湖经济生态区"和3大承接产业转移示范区"湖北荆州承接产业转移示范区、湖南湘南、皖江城市带承接产业转移示范区"。这些地区具有良好的产业基础，拥有完善的配套设施，具有极强的带动作用和辐射作用。各省主要以城市群和产业示范区为核心，构建产业发展轴，依托高速公路、城际铁路、江河黄金水道等交通运输优势，承接优势产业，形成横向、纵向发展轴，最终构建网络状产业空间格局。中央政府和地方各级政府按照重点地区产业定位，制定一揽子财税引导政策、金融引导政策、投资引导政策及其贸易引导政策，引导城市群和开发区增强自主创新能力，加强产业配套能力建设，增强吸纳产业转移能力。

（四）完善产业布局的生态建设机制

过去产业转移中"三高"产业的盲目承接造成了转入地一系列生态问题，不利于我国经济长期、可持续发展。所以，产业布局关心的内容要突破以第二产业为主的传统意识，通盘考虑第一、第二、第三三大产业，将资源承载能力、生态环境容量作为承接产业转移的重要依据。把粮食、森林、水利、旅游、野生动植物保护、基础设施等项目列为重要布局内容。地方政府严格把关承接的产业，制度严格的准入标准，严禁国家明令淘汰的落后生产能力和高耗能、高排放等不符合国家产业政策的项目转入，避免低水平简单复制，坚持不接受不经环保评估产业；鼓励企业采用节能、节水、节材、环保先进适用技术，鼓励和支持承接产业转移园区发展循环经济；加强产业园区污染集中治理，建设污染物集中处理设施并保证其正常运行，实现工业废弃物循环利用，大力推行清洁生产，完善节能减排指标、监测和考核体系。要在强化产业配套和环境兼容等发展环境的基础上，有的放矢地开展承接产业转移工作。建立产业转移指导目录和负面清单，积极承接产业落户。促进产业布局与生态环境相协调，切实避免虚假项目和污染转移。坚决淘汰落后产能、污染产能，大力发展环保产业。

第三节　区域合作与联动机制

区域协调发展是国民经济平稳运行、较快发展的前提，早期的观点认为，区域间的产业转移是实现区域协调发展，缩小区域发展差距的有效途径。然而，多年来我国一直实行东部向中西部产业转移，实施振兴东北老工业基地、西部大开发等协调战略，区域间发展差距还是在持续扩大。原因在于我国东部沿海地区处于"世界加工厂"地位而中西部地区处于"原材料和劳动力供应基地"地位。中西部难以接收发达区域高新技术产业部门的技术溢出和转移扩散，"低门槛"效应普遍存在，因此难以形成区际协调发展。为改善这一现状，必须发挥政府作用，推动区域间和区域内部合作与联动促进区域协调发展。

一、区域合作与联动的必要性

区域联动发展是指以地理上相邻、彼此间关联的经济区域为基础，以资源优化配置和促进区域协调为目标，以市场力为主导、行政力为推手，通过人流、物流、资金流、信息流等各种经济要素间的相互关联，交通运输网络和通信网络等基础设施的互通共享，形成交互联合、功能分工、协同发展的区域经济系统和发展模式。在产业转移背景下，深入研究区域合作和联动发展问题，对我国经济一体化具有重大的现实意义。

（一）建立开放、统一市场的内在要求

市场是区域经济发展的"第一资源"和"第一资本"，区域合作与联动协调发展，有利于建立开放、统一的大市场。产业转移过程中缺乏统一市场易造成区域之间转移成本扩大、产业结构同化、转移产业相似度高、过度竞争等问题。因此，建立一个开放、统一的市场，既是社会主义市场经济的内在要求，又是我国区域产业转移的必要条件之一。离开开放的市场体系，区域间人力资源、自然资源、技术、信息、资金等要素很难在区域间合理的流动。东部与中西部之间、产业承接区域内部的合作与联动协调发展有利于建立公开、公平、公正的市场竞争机制，打破行政区划限制，消除市场割据和地方保护，促进更大范围内资源要素的合理流动与有效配置，实现利益最大化，推动东中西部经济在更高层次和更大规模上持续发展。

（二）提升发展质量，拓展发展空间，促进区域协调发展的现实途径

经济全球化和市场一体化加速推进使得区域间的合作和联动成为大势所趋，而能源资源、生态环境和地域空间对发展的约束日益严重，需要通过区域合作寻求新的发展空间和机遇。在这种形势下，加强产业转移的区域合作与联动，可以推动东部地区产业向中西部地区有序转移，既为东部地区产业结构提升腾出空间，又延伸拓展中西

部地区产业链条；可以推动形成合理的区域分工格局，增强区域经济竞争力；可以汇聚各地区力量破解仅靠一个地区难以解决的重大瓶颈问题；有利于构建跨行政区的利益协调机制，实现东中西部各地区优势互补、资源共享、协调发展。

（三）优化产业结构，提升产业竞争力的客观需要

根据产业生命周期理论，任何一个产业部门，都会经历创新、发展、成熟、衰老四个阶段。一个地区经济兴衰，主要取决于该地区主导产业在产业生命周期中所处的阶段，我国东部沿海地区劳动密集型、资源密集型等传统行业面临资源环境约束，已经步入生命周期的成熟阶段，新能源、新材料、高端装备制造等战略新兴产业尚在培育中。区域合作和联动发展，从实质上讲，就是资源配置在不断增长的空间范围内的调整与重组，在更广阔的市场空间谋求最佳组合。我国沿海地区和内陆地区要实现产业结构优化升级，不断提升产业竞争力，就必须加强区域合作联动，将东部沿海地区和内陆地区有机地连为一体，推动东部地区产业向中西部的转移和市场的纵深扩展，加快内陆地区国际化步伐和资源优势的转化，也为东部地区承接发达国家新兴产业提供发展空间，提高整体竞争力。

二、区域合作与联动的可行性

（一）资源要素互补

我国东部沿海地区具有密集的港口群，可以为内陆地区货物外运提供便捷通道。还能为内陆地区提供资金、技术、人才等优势资源。内陆地区则与东部沿海地区在资源禀赋方面形成互补。例如，东北黑龙江省煤炭、石油、天然气等矿产资源丰富，可以为辽宁沿海经济带优势产业如装备制造、石化产业提供支撑；湖北交通便捷，劳动力资源丰富，承接交通运输设备制造业和服装业方面比较有优势；四川省依靠得天独厚和地理优势，不仅中药材资源丰富，且中医药研发力量强大，在医药制造业领域具备比较优势，与东部沿海具有很强产业互补性。

（二）基础设施互通

我国东部沿海经济带港口集疏运体系发达，内陆地区大部分的海运货物和外贸货物是通过东部地区的港口进出，例如，国家修建了青藏、兰新、成昆、北疆等铁路，与东、中部交通干线连接，将边远地区及东部沿海地区紧密相连；能源设施不断完善，例如，大连和锦州已建成国家石油储备基地，大庆到锦西原油管道建设正快速推进；

水利设施建设成效明显，区域水资源供给能力显著提高；通信设施不断改进，建成了国家信息通信基础网络和公用邮政网络，网络规模、用户数量和发展速度都居世界前茅。

（三）经济发展存在梯度

中国自然要素禀赋空间差异显著，各区域凭借要素禀赋差异，在发展过程中形成了自己的产业特点和相对优势，在客观上存在着通过互利合作而实现利益最大化的相互需要。美国、日本、韩国等发达国家属于高梯度地区，具有资金技术优势，是新兴产业部门的发源地。我国东部沿海经济带属于中等梯度，具有承接国外产业转移的基础，但能源和原材料比较缺乏。而中西部内陆地区属于低梯度地区，产业结构相对单一，能源矿产资源和劳动力资源丰富，但缺乏的是资金、技术和科学的管理经验。因此，东西部之间存在相当的区位梯度势差，形成东西部合作与发展的基本动力。根据梯度推移理论，我国东部沿海地区可以借助其地理区位优势，一方面承接高梯度地区产业转移，推进产业结构高级化，另一方面把一些不再具有比较优势的传统劳动密集型、资源密集型、"三高"（高耗能、高污染、高占地）产业逐渐向周边和外围地区转移，为先进制造业、战略性新兴产业腾出发展空间。

三、区域合作与联动机制构建

区域经济合作的目的，从根本上说，就是基于市场规范，通过行政性力量扫除行政壁垒，促进区域内部要素的流动，实现资源的有效配置。区域合作和联动是一种利益驱动下的战略选择，在产业转移过程中，中央政府和地方政府、转出地政府和转入地政府在各自利益的支配下，合作的目标各不相同，合作风险较大。这时，市场机制在区域合作联动中只能起到基础性调节作用，政府则在区域合作中发挥引导作用。因此，需要发挥政府调控作用，构建完善的区域合作和联动机制，来平衡区域经济协调发展的关系。从目前来看，我国最引人注目的区域合作是泛珠三角区域合作、长三角区域合作和环渤海区域合作，合作机制具有以下特点：区域合作以协议为基础，以高层联席会议和论坛为交流平台，以合作项目为载体，建立信息共享机制。从全国来看，区域合作在一定程度上促进了区域经济发展，取得了一定的效果。但目前区域合作的效果还不明显，仍然存在产业结构相似、过度竞争、地方保护等问题。从侧面说明，我国目前的区域合作机制存在问题，需要寻找突破口，进行改革。因此，为促进区域合作的顺利进行，应创新区域合作与联动机制，保证合作具有可持续性。我国区域经济合作与联动机制主要从三个方面来构建，即保障机制、推进机制和约束机制。

（一）建立区域合作与联动的保障机制

1.良好的信息沟通机制

信息经济学认为，达到帕累托效率最优状态的条件是"完全信息"，而我国地区资源禀赋等的差异十分显著，为推动产业转移顺利进行、区域经济协调发展并获得区域利益最大化，东部地区和中西部地区、承接地之间需要全面构建区域经济合作的信息共享机制，进行良好的信息沟通，建立双边或多边协商机制。地区信息完全有利于降低交易成本，优化资源配置，也有利于政府在产业转移过程中做出最精准的决策。因此，要构建良好的信息沟通机制，首先，要做到区域间信息透明化，地方政府要建立合作信息交流平台，尽可能公开区域之间经济政策和相关措施，克服区域间信息不对称的缺陷；其次，共建区域信息化交流网。区域性政府网站建设必须和区域经济合作发展紧密结合，把各类政务、商务、招商项目和合作项目等通过网站实现信息共享，还要大力提高区域信息合作的质量水平；最后，要畅通诉求通道，中央政府根据区域合作成员上诉各自的利益需求制定实施符合区域实际情况的决策。

2.建立科学的生态补偿机制

中西部承接东部地区产业转移存在非合作博弈现象，转入地政府为了追求地方利益，不顾当地产业基础和资源条件，竞相盲目引"三高"产业，造成环境污染和资源浪费严重。生态建设的局部观念也不利于区域合作，它必须建立在公正、平等的基础上，以京津冀地区为例，京津冀区域要求建立区域内"圈层网络式"的生态环境网络，形成一个保卫整个京津的生态环境圈，这样就必然会使河北省在经济上遭受一些暂时的损失。所以，在产业转移中，地区间要在生态环境保护方面建立合作关系，发挥政府的协调和财政转移作用，建立科学的生态补偿机制。例如，湖南省政府协调的长株潭地区湘江流域生态补偿。由高层政府牵头，大力加强区域内各省区生态功能区划、环境保护规划的协调、衔接与合作，共同促进清洁生产，推动区域发展循环经济，引导区域整体产业结构的合理布局；注重对区域内的土地、能源、矿产、森林和水资源等自然资源进行整体规划、统筹安排、科学管理、合理利用，共同推进重要生态功能区、重点资源开发区、生态环境良好地区特别是自然保护区的保护管理。

3.建立制度规范机制

在区域合作中，由于合作方之间利益冲突或局部利益与全局利益不统一，会导致合作风险增加，此时，单单依靠各地方政府的自觉意识是难以实现区域合作和联动的健康持续发展的，必须要有适当的制度规范来支撑和保障。目前，我国区域合作机制中对合作方进行规范和限制这一块的内容还比较缺乏，而实践表明，没有约束的合作会大大提高合作中的交易成本，造成低效。因此，在区域合作和联动发展中，一方面，要在国家层面设立法律法规，规范区域合作。我国目前缺乏与区域协调合作方面的法律法规，现行宪法以及各人民政府组织法都从不同的角度规定了地方政府在国家政治经济生活中的地位和作用，但对于地方政府之间如何发展对等关系，各地方政府在区域合作中的地位，区域管理机构的法律地位等方面却无相关的法律依据，这就不能给区域内地方政府间的合作提供一个科学有效的框架。因此，国家有必要用立法手段来规范和引导区域经济合作。另一方面，地方政府领导下的区域合作组织可以指定规则，约束合作方和区域合作执行机构的行为，例如，约束成员搭便车的行为；约束合作成员任意干预经济的行为；违反区域合作条款要承担责任，对其造成的损失要进行赔偿等。

（二）建立区域合作与联动的推动机制

1.发挥政府在建设统一的市场体系中的作用

市场机制是区域经济合作发展的核心动力之一，它通过"无形的手"引导区域内资金、技术、人才等生产要素在地区间、产业间进行资源配置，是加强区域合作的基础，也是区域合作发展的重点。为此，政府要深入改革，塑造市场主体、推动统一市场体系建立，行使监管职责，促进企业主导型区域经济合作的顺利进行。第一，政府加快劳动力市场建设。各区域应加强协调、合作，建立完善的人才流动机构，强化其相互之间的有机联系，实行区域劳动力资源共享和互补，形成全国统一的劳动力市场网络。东中西部地区加强合作，引导东部地区高级人才支援中西部地区，中西部廉价劳动力为东部服务，建立统一完善的区域人才市场。第二，政府应培育统一的区域金融市场，为区域合作提供有力的金融支持。目前，我国各区域各地区金融市场的发展水平差距很大，而要实现区域资源优势的整合，就必须建立统一的区域金融市场，解决资本在区域内的自由流动问题，弥补区域间经济发展水平的巨大落差，促进各区域经济协调发展。第三，完善企业体系。企业体系是区域经济合作的核心内容，各地区政府要在遵循市场配置资源的运作机制基础的同时，充分发挥政策引导、公共管理和公共服务等功能，尤其是在产业转移过程中涉及规划的引导、产业转移基地的确定、转移实施的指导和产业转移配套政策机制建立等方面有所作为，努力为企业的跨地区竞争和合作创造更为宽松的条件和环境。实施产业转移和集群是企业的市场行为，是实现区域经济合作的有效途径。政府在积极推进企业主导型区域经济合作发展中，应高度重视和支持企业产业集群的发展，为产业集群提供良好的政策支持。

2. 有效的激励机制

利益分配问题在很大程度上会影响区域合作和联动发展的效果，甚至能决定合作的成败。为了提高区域内各地方政府参与区域合作的积极性，需要中央政府和地方政府强化对区域合作关系的支持力度，通过一些制度性安排，鼓励成员积极参与合作。一般而言，激励机制应包含三个方面：一是中央政府要用政策手段对区域合作给予鼓励和支持，例如，对区域合作项目的投资给予政策倾斜和扶持，给予不发达地区专项资金补贴，带动不发达地区的自身发展与合作积极性，对参与区域联动的企业给予工具性政策的优惠，对区域合作产业给予目标性政策的扶持，对区域合作开发给予制度性政策的肯定；二是参与区域合作的地区之间应积极推进区域合作方面各项指标的量化评价，以促进、鼓励区域合作的发展；三是参与区域合作的各地区内部、各级政府也应积极制定评价激励指标和办法，推动内部区域合作的不断发展和创新。例如，制定一套合理科学的政府政绩考核评定标准，将地方政府在区域合作中部门和官员所取得的政绩量化纳入考核，加入一系列指标，除了考核地方官员发展经济的能力之外，将其在社会管理、发展教育、社会保障、环境治理等工作中成绩也纳入考核项目，以引导其重视社会的协调发展。考查绩效评估较高者给予奖励（或优惠政策），反之则给予惩罚，这样地方政府才会有动力贯彻落实区域合作的各项政策，从而促进区域合作发展。

（三）区域合作和联动的约束机制

1. 建立规范区域合作行为的约束机制

在区域合作中，为了防止区域经济合作中的机会主义行为，保障区域经济合作关系的健康发展，需要建立一种区域合作的约束机制。规范和完善区域合作法律、法规对区域内各地的合作行为进行有效约束与制衡，禁止区域内的恶意垄断行为。要对违反区域合作协议的地区应承担的责任进行明确规定，应对"违反游戏规则者"与采取机会主义者予以充分的惩罚以使违规者望而生畏，对其违反规定所造成的经济损失和其他各方面损失做出明确的赔偿规定，保证区域合作、联动的可持续发展。

2.建立具有约束力的区域合作组织体系

目前，我国区域合作和联动的交流平台以高层联席会议和论坛为主。例如，高层联席会议包括：行政首长联席会议、政府秘书长会议、发改委主任联席会议。论坛包括：泛珠三角区域合作与发展论坛、泛珠三角区域经贸合作洽谈会。这些会议和论坛主要是研究制定区域内合作规划，解决合作中的重大问题，协调推进合作事项的开展等。但是，我国是一个行政区划及行政隶属关系复杂的国家，仅依靠各种松散的、非制度性的"会议"是很难解决区域合作中的种种实际问题的。区域合作和联动也就难以进入到真正的实质性阶段。为了克服行政区划的障碍，应建立具有约束力的区域合作机构或组织体系，从体制上能够协调好区域局部利益和全局利益关系。这种合作组织隶属于中央政府，其权利主要包括制定产业政策、投资政策、税收政策、就业政策等，有利于发挥权威性、稳定性、灵活性的优势，避免区域发展的无政府状态，避免区域发展与特定成员实际发展状况的冲突，避免区域合作与中央政策规划相矛盾。

3.建立严格的监督机制

区域合作监督机构主要负责对区域合作成员的行为、合作项目全过程等进行监督，并有权对其中任何有地方利益倾向的行为提出质疑和询问。构建严格的监督机制，一方面，可以在中央政府下设区域合作机构，来指导区域合作和联动，协调合作方的利益冲突问题；另一方面，为弥补上述机构效能低下、无法真正解决利益争端问题的缺陷，可以在区域之间自主成立区域自治合作组织或论坛，制定统一的章程和规定，包括索赔和惩罚条款，设立专门的监督小组，监督组织内部成员的经济行为。中央政府部门和区域内自治合作组织共同约束和监督区域合作，才能维持合作的稳定性和长期性。

第十二章 产业转移服务平台构建及产业转移合作组织创新

第一节 产业转移服务平台构建

一、转变政府职能，为转移产业构建政府服务平台

建设服务型政府，用服务导向来代替管理型、权力型、命令型政府，在企业产业转移过程中政府所起的作用是提供信息服务，在转移过程中出现的问题进行协调。具体而言就是在推进产业转移的过程中要树立诚信政府的形象，产业在区域之间进行转移时政府要为转移的企业提供其所需要的各种信息以及服务支持，积极提高政府的行政效率，为产业转移构建平台。根据平台在产业转移中作用的层次以及在政策着力点的不同，可以把政府转移平台分为三个层次。

（一）建立中央政府协调平台

中央政府平台宏观导向性较强，主要作用是在各区域之间定期组织各种形式的交流，建立沟通协调的平台。区域经济政策以及产业引导政策是此类平台发生作用的基础，如为了加快推进加工贸易型产业向中西部地区转移国家制订了各种政策文件《关于调低部分商品出口退税率的通知》《关于公布加工贸易限制类商品目录》《关于支持中西部地区承接加工贸易梯度转移工作的意见》。健全和完善国内市场体系。打破省区之间和省内市县之间的区域封锁和投资贸易壁垒，以生产要素的流动促进企业跨区域横向联合协作，为企业进行跨区域产业转移、再造企业核心竞争力提供良好平台。

（二）建立区域协作平台

改革开放以来，由于各种政策性原因，我国各区域经济发展不平衡，如珠江三角洲地区、长江三角洲地区和环渤海地区的发展要快于其他地区的发展，随着经济的发

展，东部地区的产业需要优化升级而中西部地区的基础设施有所改善，承接劳动密集型产业以及资源型产业上已经比较成熟，而东部转出地主要是上述三个区域。因此，在现有的区域经济合作的背景下建立区域间的协调平台制定产业转移与承接的对接机制促进产业的有序转移。

（三）建立地方政府服务平台

产业转出地政府层面，需从"互惠互利"的原则出发，在市场经济条件下，鼓励和引导不适合在当地发展的产业向所需地区转移，有偿和无偿地向所需地区提供设备和技术，通过联合、联营、合作等形式发展生产，促进当地经济发展，从而实现共同发展的目的。产业承接地政府层面，需要提供多方面的服务。首先，加大对交通、通信等基础设施的投入，提高自身产业转移的承接能力，缩小与发达地区的经济距离，使之逐步融入沿海发达地区的经济圈。其次，要搞好产业转移园区的规划，坚持从实际出发，合理布局，以形成产业集聚优势为目标，促进企业间的分工与合作。再次，要转变思想观念，完善企业的市场环境。积极倡导竞争、效率、开放、诚信等市场经济观念，完善企业契约环境，稳定企业间的合作预期，从而推进产业转移。最后，要建设高效服务型政府，完善企业营商环境。由于市场化程度较低，政府对经济领域存在过多不必要的干预，增加了企业的外部成本。承接地政府要超越靠优惠政策招商引资发展的模式，转变政府职能，简化办事程序，提高行政效率，建设高效服务型政府，完善企业营商环境，降低企业运作成本。

二、构建融资服务平台，为产业转移企业拓展融资渠道

产业转移的调整过程是需要大量的人力、物力、财力等，其中资金在产业结构调整过程中的作用是非常大的，可以说如果没有资金，基本上所有的项目都寸步难行，因此，解决产业调整过程中的资金问题将至关重要。同时，也应该注意到产业结构的调整所需要的资金不能完全依靠政府提供，只要符合国家规定又能够提高资金的使用效率的融资渠道都可以用来为中西部地区产业结构的调整提供服务。这样既可以提高资金的利用率，又可以分摊风险。

（一）建立专门的金融服务机构

伴随着我国金融机构正在朝着专业化程度不断加深的方向发展，为产业结构调整而专门建立的银行将会应运而生。实践证明，企业实力越雄厚越能受到金融机构的贷

款，其中，大的金融机构主要是为大的企业服务的，而对中小企业，即使是有专门的部门也仅仅只是一种摆设。在政府的支持下为产业结构调整专门建立的金融机构，既会支持大的企业，也会支持中小企业，同时也有利于金融机构积累为中小企业提供金融服务的经验。

（二）建立银企对接长效机制

鉴于大银行一般不愿意向中小企业贷款的现实情况，中西部地区为了更好地完成产业结构的调整有必要构建针对不同规模企业和不同规模金融机构的多层次银企资金对接平台，建立健全银企资金对接的长效机制。

（三）发挥行业协会在融资中的作用

中部地区应加强各省的行业协会建设，发挥行业协会信息以及信誉方面的优势，加强企业与银行之间的引导和沟通，使行业协会真正成为转移企业的依靠，凭借其社会影响力为企业融资提供担保，积极为转移企业搭建融资平台。

（四）在政府帮助下形成配套企业资金圈

各地政府要为转移企业形成产业集群提供扶持和引导，在承接一些大型转移企业的同时，可以同时引进一些配套企业，也可以自主设立一些配套企业，帮助转移企业形成一个完整的产业链，也就可以解决转移企业难以形成资金圈的难题。

（五）中西部地区为产业结构调整共同建立融资平台

中西部地区各省作为战略合作伙伴应发挥各自的优势互相帮助，产业转入地的中小企业是初创、技改和出口业务的企业最需要资金的支持，而中西部地区各个省份的资本环境是有差异的，有些省份资金流入多就会出现资金闲置的问题。如果能够发挥政府的调控作用，在中部各省之间建立资金的融通渠道，那么就可以缓解中小企业的融资问题，也可以提高资本的使用效率，为融资开辟新的道路。

（六）借用电子商务模式

电子商务是指企业利用互联网处理日常业务、交易，即与供应商、顾客、银行、分销商和其他贸易伙伴的日常关系。资金也可以看作是一种特殊的服务商品，跟任何一般商品一样，资金的零售比批发的成本高，因此转移产业的单个的中小企业的融资代价也较高。银行与企业，企业与企业，企业与个人之间都存在着"货币"这种特殊的交易商品。因此，可以通过银行、企业、个人的通力合作，联手打造"转移产业的中小企业融资信息平台"，开展政策咨询、银企公共信息、在线咨询和贷款申请等有利于企业融资的全程信息服务，利用这个平台，在开展银行已有融资业务的同时，创立新的动产质押融资新模式。还可以对转移产业的中小企业进行注册登记，定期公开政府评审结果，是银行、企业、个人能够清楚的了解该企业的经营状况，给值得投资的企业提供融资便利。使之成为产业转移的中小企业的网上"融资超市"。

当然也应该看到，这种模式需要政府部门的监管，还有网络技术的支持以及网络安全技术的发展作保障。

三、完善中西部地区基础设施服务平台，夯实承接产业转移的基础

不断完善公共服务配套体系，提高地区的竞争力和吸引力，要想办法尽可能地降低企业在产业移入过程的成本，建立优质的产业转移平台为企业解除产业转移的后顾之忧。具体来说主要从以下几方面入手：

（一）完善现代物流及保税仓配套

现代物流体系的构建在企业的生产、经营活动中占有非常重要的地位，特别是对于一些转移到中西部地区的外贸企业，其中大多数产品还需要通过上海、广东等地的口岸出境，这些产业转移前后的流转实效差别大。因此，要根据中部地区的实际情况，尽快建立和完善现代物流体系，尽量地避免由于物流不便造成的物流成本过高，进而导致产品的积压。当前由于国际环境的变化，虽然油价微降，但是随着中国工业化的不断推进，对能源的需求会不断增加，特别是柴油。油价的下降只是暂时的，油价的上调会导致企业运输成本的上升，加油难度增大使得货物到达目的地的时间延长。政府应该出台相应的政策给物流公司相应的财政补贴，降低物流成本，以保持物流畅通，降低企业的成本，解决企业转移的后顾之忧，公共型保税仓属于基础设施配套的组成部分，可以为企业货物进出提供便捷通道，避免多次运输而增加企业的资金压力。中部地区要向东部设有保税仓的地区学习他们的经验，根据本地区的情况考虑考虑保税仓的建立。

（二）提高工人质量，提供与产业转移相适应的劳动力

中部地区在劳动力上是有优势的，在数量上是相对富余的，在成本上是相对廉价的，但是也存在一定的招工问题。在东部地区劳动力的价格要比中部地区高出较多，而且中部地区劳动力的稳定性不够。要适应产业转移特点对劳动力的要求以及储备稳

定的劳动力，必须对劳动力进行必要的培训，提高他们的技能。首先，要与劳动力相对富余的地区互通信息，必要的时候可以建立长期的合作关系如订立长期的用工合同。其次，引导就业，对农村新增的劳动力进行培训，解决劳动力质量和数量上的不协调。最后，与高等院校合作，中部地区也有全国较多较强的高等院校，可以与高等院校共建合作平台，培养年轻的产业工人本地就业，为产业转移储备相对稳定的劳动力。

（三）面向市场经济，开辟基础设施建设多元化投融资之路

发展完善基础设施建设不能像原来东部地区那样仅仅借助国家投资、银行贷款，中部地区完善基础设施建设要借助市场的力量，充分发挥市场的作用，基础设施建设投融资要多元化。一是政府主动退出与基础设施相关的竞争性、经营性投资的领域，把这部分资金用于投资数额大、周期长、不确定性和风险高的自然垄断区域基础设施建设。同时，政府也可用财政政策如财政贴息税收优惠等来支持区域基础设施建设。在争取银行贷款的同时也可以积极引导民间资本参与基础设施建设。二是在对基础设施项目进行融资时，要尽可能地选择那些经济效益较好的项目如在道路建设上走贷款修路、收费还贷的路。三是利用国家对贫困地区开展的以工代赈和交通等专项基金，来支持贫困地区交通等基础设施的改进。四是充分发挥中西部地区土地、资源和口岸的优势来吸引东部地区的资本进行投资，共同开发中部地区特色资源和建设基础设施，用共同开发特色资源换资本和技术。五是有长期稳定现金流的需大范围筹资的交通基础设施项目适宜采用 ABS 融资模式。由于 ABS 融资模式能够以较低的资金成本筹集到期限较长、规模较大的项目建设资金，因此，对于投资规模大、建设周期长、资金回报慢的基础设施项目来说，是一种理想的融资模式。随着国际经济合作的发展与深入，ABS 融资模式受到越来越多的筹资者和投资者的重视。凡是可预见未来收益和持续现金流量的基础设施和公共工程开发项目，都可以运用 ABS 融资模式筹资，如三峡工程通过发行债券方式募集到了部分资金，在一定程度上解决了资金缺口问题。六是调整政策，放宽民间资本进入基础设施领域的限制，在建设道路、桥梁、供水、电站、医院、学校等基础设施和公用设施项目中，争取政府牵头，民间入股，法人联合出资或 BOT 等方式，吸引民间资本。七是有长期、稳定现金流的准经营性交通基础设施项目适宜采用 PPP 融资模式。PPP 融资模式更多地适用于政策性较强的准经营性公共基础设施项目建设。这些项目有一定的现金流入，但无法实现自身的收

支平衡。政府需要对这类项目给予一定的政策倾斜和必要的资金补偿。由于这类项目政策性较强，政府应对这些项目有较强的调控能力。八是在政策允许的条件下开发国外常用的项目融资的方式，吸引国外资本进入中部地区的基础设施建设项目。

四、加强信息服务平台建设，为承接产业转移提供快速信息服务

产业转移合作信息平台的结构应该是以数据为核心，中西部与东部地区各级政府、企业共建共享以及社会有关方面积极参与的平台，它是一个具有综合的、权威的、开放的平台。它涉及面广，环节众多，要科学建设，严格管理。

（一）信息平台的设计

应该具有信息的有效整合性、数据综合整理性、网络互通性、项目网上洽谈。一是功能模块设计。信息平台用户在各功能模块、数据库的支持下，可进行信息交流、项目接洽等不同形式和不同层次的产业转移互动合作。二是信息发布模块。东部与中西部相关政府部门、开发区、企事业单位等如果通过了申请和注册，就可以通过平台发布相关信息，信息相关内容可以包括高层声音、招商新闻、办事指南、分析报告等。该平台必须保证信息发布的及时、准确。三是查询检索模块。为方便用户提供相关信息的查询服务的，主要包括有转移产业信息、承接地投资环境、有关地区展会信息等。四是商谈互动模块。用户可以通过该模块享受在线咨询、投资问答、融资等服务。在相互了解后产业转移双方可以开展合作项目洽谈与推进。五是合作成效示范模块。东部与中西部地区相关政府部门应通过该平台上及时对产业合作以及产业合作成果进行汇报。该模块既可以通过展示最新的合作进展项目成果，也可以给其他正在观望的转移企业提供示范。六是移动终端服务模块。为了更方便地给用户提供服务，该平台应提供相应的移动终端，这样用户就能够随时随地获取信息平台提供的各种新信息。该信息平台的移动终端应支持其用户在平台上发布和查询检索信息，增强整个信息平台的影响力。

（二）信息平台的运行维护

信息平台内动态信息的及时发布和不断更新，是信息平台可持续运行的基础和保障。因此信息平台建设必须建立长效运行机制，在管理制度、人才队伍和经费保障三个方面建立健全信息平台的运行维护机制，从而真正实现信息平台功能的有效发挥。

1.管理制度

东中西部地区产业转移合作部门作为信息平台建设的指导者和参与者，应发挥好战略导向、综合协调和服务功能，建立健全信息平台运行维护的管理制度，明确各相关主体在信息平台运行与管理方面的权利与义务，通过制度保障来推进信息平台的建设。在信息平台数据库的使用中可能会产生诸如安全、责任、权限等各种问题，因此有必要制定并完善信息平台数据使用的相应管理制度，使得信息平台数据库的使用与管理制度化。

2.人才队伍

在信息平台运行前期，需组织开展关于信息平台相关知识的业务培训，打造一支高水平信息平台内容保障和运行维护队伍，这是确保信息平台建设水平和运行效果的关键因素。在信息平台运行过程中，要完善信息平台管理人员薪酬分配、人事和社会保障等利益保障制度，健全人员评价与激励制度，充分调动信息平台管理人员的积极性与创造性。在此基础上，逐步形成一支在网络技术、数据采集、数据挖掘、信息分析、知识发现等方面一专多能的高层次人才队伍。

3.经费保障

信息平台在建设和运行过程中涉及的数据库种类较多，且数据源较复杂，故需要充足的资金支持，主要用于硬件和软件的开支。硬件方面包括采购信息平台所需的应用服务器、数据库服务器、数据存储备份设备、网络安全设备等；软件开支是指支持信息平台正常运行的软件采购、技术开支和人力开支，需要相对稳定的经费保障。前期建设维护费用可由政府出资以及各金融机构融资支持；后期运作可借鉴以色列等国家的经验，实行"3/3/3"的模式，即三分之一由政府产业转移合作部门提供补助，三分之一通过注册会员缴费，三分之一借助信息增值服务收费。在资金投入和使用过程中，要切实加强经费管理，提高资金使用效率。

信息平台的设计和运作应围绕"专业化建设、制度化管理、常态化服务"的要求，有序开展基础数据采集、审核和运用，及时做好相关信息的发布和更新，以信息平台具有的数据全面、信息权威、查询方便、资源共享等优势，吸引东部与中西部地区更多的企事业单位、商会组织等积极参与信息平台建设，从而形成良性互动。

随着信息平台的正式运行和功能完善，应该积极拓展延伸服务，如开发信息平台论坛模块。论坛将为广大企业会员提供一个自主交流沟通的平台，一定程度上可以完善和补充信息平台数据库，加大注册会员的参与度。在信息平台运行过程中，东部与中西部地区产业转移相关政府部门和研究机构还可以运用信息平台形成的数据资源进行数据挖掘和深度分析，科学预测各地区地区产业转移的趋势和动向，为政府决策和学术研究提供参考。

第二节　产业转移合作组织创新

产业转移是优化生产力空间布局、形成合理产业分工体系的有效途径，是推进产业结构调整、加快经济发展方式转变的必然要求，而区域之间的合作特别是各区域地方政府之间的合作是产业转移能否顺利推进的关键。本节重点讨论如何创新我国区域经济合作及地方政府合作的组织形式，来达到顺利承接产业转移和区域经济协调发展的目的。

一、区域经济合作创新

区域经济合作是增强地区竞争优势、优化资源配置的重要手段。西方发达国家的区域经济合作主要通过市场机制、市场政策和市场体系来实现，市场力量在其中居主导作用。但是，由于我国有着特殊的行政区划体制，并且市场经济还不完善，约束了跨行政区的区域经济合作顺利进行，区域经济合作很难通过市场力量来实现。因此，在现有的体制下，为了适应外部的竞争压力，加快地区经济的发展，需要突破制度障碍，寻找区域经济合作的新路径。

（一）区域经济合作存在的主要问题

在我国现行体制下，区域经济发展具有浓厚的行政色彩。在这种基本以行政区域划定的经济区域，诸侯经济特色的形成是难以克服的，这也是导致区域经济合作产生以上问题的关键。突破行政区域限制，建立区域合作机制是中部地区承接产业转移的重要保障。此外，区域经济合作市场经济联系不平衡问题也直接关系到区域合作的成败，因为区域经济合作建立在各区域内不同行政区相互间紧密的经济联系基础上，如果地区间经济联系强度不足且极为不平衡，企业不能在区域范围内有效配置资源，区域经济合作进程将难以展开。而区域经济合作机制是区域经济合作顺利进行的制度基础。区域经济合作协调机制不健全也是当前我国区域经济合作所面临的急需解决的问题。

（二）加快推进城市群建设，破除行政壁垒

中部地区无论从经济实力还是在城市基础建设等方面与东部地区差距很大，城市带动能力不强，承接产业转移基础弱。中部地区为了承接产业转移，不得不形成了许多承接产业转移的示范区和城市带，通过整体的力量来弥补单个城市或区域承接产业转移的不足。此外，中部地区要加强基础建设，建立适合承接产业转移的公路网、铁路网和航空运输线，就必须通过各个区域之间的协调努力。并且中部地区在承接产业转移过程中也要面临着相互之间竞争以及配套协调的问题。种种的这些因素表明，中部地区要顺利承接产业转移，就需要打破区域行政限制。通过打破区域行政限制，才能更好地实现中部地区区域内资源的整合，实现区域内要素的高效流动和完善城市化进程加快带来的社会保障、基础建设等问题。通过建立区域合作机制，才能更好地分享区域之间承接产业转移的状况，做到相互配合合理竞争，避免盲目引进项目重复建设等问题。下面我们重点讨论破除这种行政壁垒的方法—加快推进城市群建设。

城市群，即在特定的地域范围内具有相当数量的不同性质、类型和等级规模的城市，依托一定的自然环境条件，以一个或两个特大或者超大城市作为地区经济的核心，借助于现代化的交通工具和综合运输网的通达性，以及高度发达的信息网络，发生与发展着城市个体之间的内在联系，共同构成的一个相对完整的"集合体"。城市间的紧密联系和协同互动，促进城市间要素自由流动、资源高效配置、产业关联配套，消除相互之间的行政壁垒，逐步实现区域内共同的协调发展和资源的优化配置。因此，城市群的构建，能在很大程度上减少承接产业转移过程中城市和地区间盲目而无序的竞争，减少相互间产业重复建设、产能过剩和恶性竞争，充分发挥城市群的规模效应、集聚效应和协同效应。中国现有长三角城市群、珠三角城市群、京津冀城市群、呼包鄂城市群、长江中游城市群、中原城市群、成渝城市群，哈长城市群共8个国家级城市群。城市群建设取得了明显成绩，破除了区域在承接产业转移过程中的行政壁垒，避免了恶性竞争。由此可见，城市群的构建是当前区域合作非常有效的一种组织形式，在促进产业转移和协调区域经济发展过程中起着重要的推力作用。因此，我们应把区域经济合作创新的重点放在加快推进我国城市群建设上，城市群建设的日趋完善，将是我国区域经济协调发展和顺利承接产业转移的强有力后盾。

二、地方政府合作创新

在国内产业转移中，地方政府的决策（政策）是极为重要的经济变量。偏重于经

济增长导向的绩效考核机制，使我国的各级地方政府对经济增长及其投资有内在的冲动和偏好。因此，在承接产业转移的过程中，地方政府出于各自的利益考虑，容易出现区域封锁和贸易壁垒等地方保护主义，最终导致重复建设、牺牲下游区域环境、产业结构趋同等无序竞争。如何创新地方政府合作模式，是我们接下来要讨论的重点。

（一）地方政府合作组织存在的问题

1. 政府合作的组织形式制度化程度相对低

地方政府合作的组织形式较松散，没有一套制度化的议事决策和执行机制，也没有建立一套功能性的组织机构，基本停留在各种会议制度与单项合作机制和组织上。政府之间的合作形式很多，如各类协调委员会、联席会议等等，层次也颇高（相当一部分为省级合作），但大多停留在讨论、协商性层次的合作形式，很多区域合作规划、政策往往流于形式，常常停留在讨论、协商阶段，缺乏强有力的贯彻、落实与推进的组织机构与运行机制。

2. 法制建设滞后，合作组织缺乏权威性

我国《宪法》和《地方组织法》中只对中央政府及地方政府职能做出明确规定，对区域经济合作中地方政府间合作组织建立方式、职能无明确法律规定。地方合作组织不是一级行政机构，在法律上缺乏授权，因此缺乏权威性。尽管区域政府之间有关于区域合作的行政协议，但协议仅是地方政府之间的行政合同，不是地方性法规，在规范性、强制力方面缺乏有效保障。自20世纪80年代以来，国家相继出台的《关于开展和保护社会主义竞争的暂行规定》《关于打破地区间市场封锁进一步搞活商品流通的体制》《关于禁止在市场经济活动中实行地区封锁的规定》等规范地方政府行为的管理条例和法规中均提到区域协调问题，但在地方政府间合作组织方面依然缺乏相应的依据。地方合作组织缺乏明确的行政管理权力，如行政首长联席会议与论坛模式下的合作，主要职能为"减少行政壁垒、整合区域资源"，缺乏上级政府或同级政府的明确授权。由此也导致地方政府合作组织往往具有临时性，成为地方政府某个职能部门的下设机构，负责政府间的交流与合作，很难制定区域内部的政策，如长三角城市经济协调会联络处设在上海市人民政府合作交流办公室；即使制定了区域内部政策，由于合作组织没有纳入地方政府的行政编制系列，当面临政府机构调整时，合作组织政策的稳定性就会受到影响。

3. 单一老套的政府合作形式

过去的政府合作形式基本以跟踪模仿为主，产业政策容易形成一刀切模式，形成了全国一盘棋，鼓励某个产业的发展全国各地都鼓励，限制产业的发展全国都限制，这本身不符合国家地区不同的实际情况。如果一个地方在承接产业转移过程中政府间合作取得了重大成功，很快就会形成地区跟风现象，而这种合作形式对不同的地区往往不一定试用，其结果是事倍功半。因此政府在合作组织的形式上必须考虑到地区文化差异和经济结构差异，我们既要有模仿，也要有创新，不能千篇一律，机械套用其他地方的合作模式。

4. 被动承接产业转移

政府在承接产业的过程中，由于资源、环境的承载力、劳动力等因素的影响，往往是以承接地的被动接受为最终结果。在区域公共管理方面，由于经济的竞争，使得政府不会积极寻求合作，即使合作也常处于被动，更谈不上互动了。政府要致力于改变这种状况，在承接产业转移工作中，西部地区不要被动地"接受转移"，而是要真正结合资源禀赋和区位优势，对技术、环境及政策演变有更多前瞻性考虑。要处理好产业转移与产业升级的关系，防止落后产能转移流动，不能造成产业雷同和新的产能过剩。只有聚焦长期的集群战略导向，才能逐步形成兼具规模经济优势和主导产业特色的专业化产业园区。

5. 单一行政区政府合作

目前我国已经形成的经济区中，同一省级行政规划下的城市间的合作主要有：珠三角经济区、长株潭经济区、北部湾经济区等。我们

地方政府间的合作越来越具有跨区域性，而且所跨区域成扩大趋势，城市的规划与发展不仅局限在周边市，更涉及周边城市群，跨省级行政规划下的城市或省级间的合作：长三角经济区、京津冀经济区、环渤海经济区、中原经济区、成渝经济区等。区域经济的一体化和产业转移的大跨步，使得目前地方政府间的合作也应该由单一行政区政府合作向区域性政府合作转变。和产业转移的大跨步，使得目前地方政府间的合作也应该由单一行政区政府合作向区域性政府合作转变。由于历史地理原因，省际接边地区具有诸多相似性，往往形成特定的不同于行政区的地理或文化概念区域，跨行政区边界的公共事务多而复杂。也由于省域发展不平衡，而省际接边地区远离各自省域的中心地带和核心发展区，在行政区经济发展之路上处于发展弱势，有的被边缘

化，往往发展落后。可见，以行政区划为基础的地方政府合作模式难以胜任复杂的行政环境和行政治理目标需要。

（二）地方政府合作组织创新对策

1. 成立国家产业转移管理专职机构

产业转移是一项系统工程，也是一个长期的过程。因此，建议成立国内产业转移管理局，隶属于国家发改委，从国家层面全面统筹管理国内产业转移工作。主要职能：一是从全国产业结构优化的角度规划国内产业转移，制定产业指导目录与促进政策，指导国内产业科学转移。二是对地方转移和承接产业转移进行跟踪监控，通过制定科学的产业转移评价体系、考核体系和管理条例，及时矫正地方政府的错误行为。三是建立产业转移项目信息交流平台和投资促进平台，积极开展产业转移促进活动，促进产业项目洽谈和对接，为中西部地区有效承接产业转移和沿海企业有效寻找产业转移最佳地点提供服务。

2. 健全的法制保障

区域经济合作需要法律保障，地方政府合作组织虽不是一级行政机构，但其组建、运行更离不开法律的支持。国外地方政府合作组织的设立均在法律授权下设立的。马克思·韦伯认为，只有法理型权威才最具理性，是效率最高的权威形式。因此，组织的领导者应该努力把管理建立在法理型权威之上。政府合作组织也应当是一种法定的组织形态，从设立原则、机构设置、组织职能、成员构成、基本权利和义务、经费以及职能等都要有法律依据。根据我国区域发展现状，将地方政府合作组织定位为准行政组织，其原因主要为：一是国内区域间合作大多已不仅仅限于省域内部，更多的是跨省区域合作，关于区域合作组织的管辖权问题会存在争议；二是如果定位为行政机构将会面临行政层级定位难题，增加行政层级，与行政体制改革中的精简机构背道而驰。因此只有将其定位为准行政机构才能即使地方政府合作组织有一定的行政管辖权，有权制定区域间发展的区域政策，保障区域合作的有效实施，又不增加行政层级。

3. 由跟踪模仿型向自主创新型合作转变

很多学者认为西部地区的产业承接，过于依赖物质资源的投入和劳动的简单加工，基本都是对先发地区的跟踪模仿。同样，在区域公共管理上，政府间合作也是以跟踪模仿为主。诚然，前期的跟踪模仿确实能够降低创新所带来的不确定风险，但是由于各地区资源禀赋、产业基础和区域主体偏好等的不同，使得跟踪模仿在某些时候显得力不从心，甚至起到反作用。当前，西部地区的多数企业仍缺乏核心技术和自主知识产权，在东部加快转型升级的同时，西部地区也要迎头赶上，而机制创新在中国经济增长和公共管理合作方面同等重要。我们需要自主创新，探索出一些不同于合同、条款的合作治理方式，例如行政专区、都市联盟、增长极等，慢慢从把政府间的区域性合作从跟踪模仿型转向自主创新型。

4. 由被动承接型向互动合作转变

在东部地区产业的转出与西部地区产业的承接过程中，公共问题的产生，客观上要求地区间进行互动，合作治理转移地区间的公共事务。转出地与转移地通过投资、合作等多种方式，实现资本、人才和劳动等生产要素的流通与互动，顺利实现产业转移的转入转出。东部沿海地区一些企业出于自身结构调整和升级的需要，到中西部进行投资、建立新的园区和厂区，在此过程中，这些企业向西部地区输送了先进的管理理念、科技和高层次的人才等，同时，这些输出的管理理念、科技和人才可以整合西部地区的已有的资源、劳动力，并且以此留住已有的人才。如此，先行区域的企业在西部的成功投资与合作建设，会带动更多企业到西部，最终实现东部沿海地区与西部地区产业互动型发展。

5. 区域性政府合作

建立在府际合作和区域合作基础上的区域行政和区域治理模式符合当代信息化、区域经济一体化，符合服务型政府对于组织运行扁平化、行政方式协商化、治理机制网络化的要求。目前我国已经形成的经济区中，同一省级行政规划下的城市间的合作主要有：珠三角经济区、长株潭经济区、北部湾经济区等我们地方政府间的合作越来越具有跨区域性，而且所跨区域成扩大趋势，城市的规划与发展不仅局限在周边市，更涉及周边城市群，跨省级行政规划下的城市或省级间的合作：长三角经济区、京津冀经济区、环渤海经济区、中原经济区、成渝经济区等。区域经济的一体化和产业转移的大跨步，使得目前地方政府间的合作由单一行政区政府合作向区域性政府合作转变。

参考文献

[1] 关爱萍.劳动力流动、产业转移与区域发展差距 [M].北京：中国社会科学出版社 .2020.

[2] 刘秉镰著.中国区域产业经济研究 [M].北京：中国人民大学出版社 .2020.

[3] 文余源等.京津冀城市群产业分工协作与产业转移研究 [M].北京：经济管理出版社 .2020.

[4] 周向红著.区域产业优化升级研究 [M].长春：吉林大学出版社 .2020.

[5] 祁苑玲著.国内外产业转移的理论与实践 [M].北京：经济管理出版社 .2020.

[6] 孙久文主编.中国区域经济发展报告 2019 区域经济与现代化产业体系 [M].北京：中国人民大学出版社 .2020.

[7] 郭丽娟著.我国价值链重构与成渝地区产业转移研究 [M].北京：经济科学出版社 .2020.

[8] 郑丹著.中国区域环境规制政策的空间效应 [M].北京：经济科学出版社 .2020.

[9] 吕小明，黄森.高质量发展视角下中国绿色经济效率研究 [M].北京：知识产权出版社 .2020.

[10] 张晖著.基于空间视角的产业链升级问题研究 [M].北京：经济管理出版社 .2020.

[11] 王菲毛琦梁.交通基础设施建设与经济空间格局塑造 [M].北京：经济管理出版社 .2020.

[12] 曾繁华著.科技创新高质量发展论 [M].北京：经济科学出版社 .2020.

[13] 翟仁祥著.要素流动、产业转移与区域经济协调发展研究 [M].哈尔滨：哈尔滨工业大学出版社 .2019.

[14] 李建军著.全球价值链视角下的产业转移与区域经济发展 [M].吉林出版集团股份有限公司 .2019.

[15] 刘洁，陈静娜编著.区域发展的经济理论与案例 [M].北京：海洋出版社 .2019.